U0685019

乡村中小学美育教师专业发展叙事研究

◎ 肖辉 著

湖南省教育科学『十四五』规划 2023 年专项课题
『乡村中小学美育教师专业发展研究』（编号：XJK23BJSF028）阶段性研究成果

湖南师范大学出版社

图书在版编目（CIP）数据

乡村中小学美育教师专业发展叙事研究 / 肖辉著. —长沙：湖南师范
大学出版社，2024.2
ISBN 978 - 7 - 5648 - 5297 - 9

Ⅰ. ①乡…　Ⅱ. ①肖…　Ⅲ. ①农村学校—中小学—美育—师资培养
—研究—中国　Ⅳ. ①G633. 75

中国国家版本馆 CIP 数据核字（2024）第 024316 号

乡村中小学美育教师专业发展叙事研究

Xiangcun Zhongxiaoxue Meiyu Jiaoshi Zhuanye fazhan Xushi Yanjiu

肖　辉　著

◇出　版　人：吴真文
◇责任编辑：赵婧男
◇责任校对：谢兰梅
◇出版发行：湖南师范大学出版社
　　　　　　地址/长沙市岳麓区　邮编/410081
　　　　　　电话/0731 - 88873071　88873070　传真/0731 - 88872636
　　　　　　网址/https：//press. hunnu. edu. cn
◇经销：湖南省新华书店
◇印刷：长沙印通印刷有限公司
◇开本：710 mm×1000 mm　1/16
◇印张：16
◇字数：280 千字
◇版次：2024 年 2 月第 1 版
◇印次：2024 年 2 月第 1 次印刷
◇书号：ISBN 978 - 7 - 5648 - 5297 - 9
◇定价：52. 00 元

目 录

绪论 …………………………………………………………………………（1）

　一、为什么要关注乡村中小学美育教师的专业发展？…………（1）

　二、乡村中小学美育教师专业发展现实困境与诉求 …………（7）

　三、乡村中小学美育教师专业发展治理路径 …………………（20）

　四、为什么选择这十位教师？……………………………………（34）

第一章　引领学校美育教育的女校长 ………………………………（38）

　一、案主简介 ………………………………………………………（38）

　二、专业发展历程 …………………………………………………（38）

　三、学校美育的成功案例 …………………………………………（43）

　四、教育教学中存在的问题及诉求 ……………………………（51）

　五、我的反思：多维度促进美育教师专业成长 ………………（53）

第二章　柯达伊教育教学法的践行者 ………………………………（61）

　一、案主简介 ………………………………………………………（61）

　二、专业发展历程 …………………………………………………（62）

　三、心怀大爱，坚持公益事业 …………………………………（65）

　四、致力于柯达伊教育教学法的传播与推广 …………………（68）

　五、我的反思：发挥柯达伊教学法育人功能，拓宽其推广途径

　　　…………………………………………………………………（75）

第三章　乡村音乐教师的一千零一夜 ·················· （80）

　　一、案主简介 ······························ （80）

　　二、专业发展历程 ·························· （80）

　　三、一千零一夜的双向奔赴 ·················· （82）

　　四、教育教学中存在的问题及诉求 ·············· （86）

　　五、我的反思：提高教师专业素养是振兴乡村美育的关键 ······ （88）

第四章　公费师范生的坚守 ························ （96）

　　一、案主简介 ······························ （96）

　　二、专业发展历程 ·························· （97）

　　三、课后服务的实践者 ···················· （102）

　　四、教育教学中存在的问题及诉求 ············· （103）

　　五、我的反思：教师专业发展的路径探究 ········· （106）

第五章　新生代乡村音乐教师 ····················· （112）

　　一、案主简介 ····························· （112）

　　二、专业发展历程 ························· （113）

　　三、开展学科融合活动的经验分享 ············· （119）

　　四、教育教学中存在的问题及诉求 ············· （120）

　　五、我的反思：敢为人先，勇于思考创新助力教学 ······ （122）

第六章　首席名师的成长之路 ····················· （125）

　　一、案主简介 ····························· （125）

　　二、专业发展历程 ························· （125）

　　三、名师工作室的引领工作 ················· （128）

　　四、音乐教学信息化——教学改革的成功案例 ······· （130）

　　五、我的反思：多元途径，全方位助力美育实施 ······ （132）

第七章 为顶层设计出谋划策的教育科研引领者 …………………（139）

一、案主简介 …………………………………………………（139）

二、教学教研经历与业绩 …………………………………（140）

三、关注乡村美育，坚持艺术教育扶贫 …………………（144）

四、教育教学中存在的问题及诉求 ………………………（145）

五、我的思考：完善测评体系，发挥教研员引领作用 ………（150）

第八章 乡村中学中成长起来的首席名师 …………………（158）

一、案主简介 …………………………………………………（158）

二、专业发展历程 …………………………………………（159）

三、发挥示范引领作用，提升教师专业水平 …………………（164）

四、教育教学中存在的问题及诉求 ………………………（168）

五、我的反思：完善遴选制度，发挥名师名校长引领作用 ………（172）

第九章 潜心校本教材、校本课程美育文化资源的研发者 …………（180）

一、案主简介 …………………………………………………（180）

二、校本教材、校本课程美育文化资源开发 …………………（181）

三、校本课程研究三阶段 …………………………………（186）

四、课程研发中存在的问题及诉求 ………………………（187）

五、我的反思：因地制宜开发校本课程 …………………（190）

第十章 坚持美育非物质文化遗产创新的传承者 …………………（197）

一、案主简介 …………………………………………………（197）

二、关注留守儿童，情暖"三区"支教路 …………………（198）

三、学校非物质文化遗产美育课程实施建设 …………………（200）

四、教育教学中存在的问题及诉求 ………………………（214）

五、我的反思：非物质文化遗产传承发展策略 …………………（215）

参考文献 ·· （222）

附录1 **湖南省乡村美育教师队伍建设问卷星调查结果** ·············· （229）

附录2 **稳定乡村中小学美育教师队伍建设调研访谈提纲**

（访谈对象：教育行政管理人员及校长） ·············· （242）

附录3 **稳定乡村中小学美育教师队伍建设调研访谈提纲**

（访谈对象：教师） ····················· （243）

附录4 **中小学美育教师专业发展叙事研究访谈提纲**

（访谈对象：教师） ····················· （244）

后记 ·· （246）

绪 论

一、为什么要关注乡村中小学美育教师的专业发展？

（一）乡村中小学美育教师专业发展研究背景

美育是全面发展教育不可缺少的组成部分，没有美育的教育不是完整的教育。美育教师作为学校美育工作的实施者，推动着美育教育的发展。2015 年 9 月 28 日国务院颁布了《国务院办公厅关于全面加强和改进学校美育工作的意见》，这一文件的发布，强调了美育课程在教育体系中的重要地位和作用。① 2018 年 9 月 10 日，习近平总书记在全国教育大会上的讲话突出强调要全面加强和改进学校美育，坚持以美育人、以文化人，提高学生审美和人文素养，这更加证实了学校美育对学生全面发展培养的重要作用。2019 年，教育部发布的《关于切实加强新时代高等学校美育工作的意见》的重点任务是要以艺术教育的改革发展为重点，大力加强和改进美育教育教学。2021 年 3 月，国务院新闻办公室举行了深入贯彻"十四五"规划，加快建设高质量教育体系发布会，时任教育部副部长宋德民在会议上明确提出"全面完善师德师风建设、教师管理和发展的政策体系，建设一支有力支撑教育高质量发展的高素质专业化创新型教师队伍"。基础教

---

① 国务院办公厅. 关于全面加强和改进学校美育工作的意见［EB/OL］.（2015 – 09 – 15）［2023 – 06 – 28］. https：//www.gov.cn/zhengce/content/2015 – 09/28/content_ 10196.htm.

育高质量发展的关键点在教师，发力点也在教师，教师专业发展是高质量基础教育发展的保障。而作为乡村中小学美育课程的实施者，美育教师的专业发展是乡村中小学美育教育高质量发展的保障。近年来，湖南各地在改善乡村中小学美育办学条件、改革美育教育评价体系、促进美育教师专业发展等方面做了大量工作，但是乡村中小学美育教师在专业发展过程中还存在教师数量不足、专业结构不合理、职业发展通道不畅、继续教育培训机制不够完善等问题，有待进一步研究解决。

（二）我国美育教育思想发展嬗变及专业发展综述

1. 国内相关研究

（1）中国古代美育教育思想

自周朝以来，有关美育教育的活动就已经开始。"六艺"是西周各级各类学校教育的基本学科，包含礼、乐、射、御、书、数，乐的概念十分广泛，它实际上是各门艺术的总称。礼乐教育是"六艺"教育的中心，可见当时人们对美育的重视程度。孔子是提倡美育的第一人。"仁"和"礼"是孔子道德教育的主要内容，孔子充分肯定了美育对于人的精神的深刻影响力。汉代推行"罢黜百家，独尊儒术"，儒家的艺术观点和美育思想占重要地位。之后，孟子、荀子相继提出了美育思想，到东汉武帝时期《乐记》——中国第一部美育思想专著的出现，标志美育发展进入鼎盛时期。魏晋南北朝时期，玄学和佛学兴起，新的审美意识觉醒。唐宋时期，社会发展达到鼎盛状态，经济发达。在文学艺术上，唐诗宋词、书法艺术、绘画艺术丰富多彩。当时这些伟大创作形成了比较系统的、成熟的艺术理论思想。明清时期，出现了一批以黄宗羲、王夫之、顾炎武、颜元等为代表的启蒙思想家。他们提出了新的社会政治观、哲学观、历史观，同时对于传统的理学教育进行了深刻的批判，提出了具有初步民主思想的见解和主张，反映了人们对人性有了新的觉醒。①

（2）中国近代美育教育思想

鸦片战争时期，西方的人本主义思想传播到我国，王国维、蔡元培等

---

① 李梦婕. 美育的历史发展［EB/OL］. （2022 - 06 - 23）［2023 - 06 - 15］. https：//www.wenmi.com/article/pnce0w04egcv.html？ ivk_ sa = 1024320u.

人受到康德、席勒等人的思想影响。王国维第一次将"美育"这个概念带到中国，其著作《论教育之宗旨》系统地阐述了他的美育主张。20世纪中国杰出的教育家、思想家、革命家蔡元培先生第一次提出了"五育并举"的教育方针。他大力提倡美育，认为美感教育可以陶冶、净化人的心灵，是世界观教育的主要途径，并且认为美感教育具有与宗教相同的性质和功用，但是可以避免宗教的宗派之见，因此，也是蔡元培第一次提出"以美育代宗教"的观点。1919年的"五四运动"推动了马克思主义在中国的传播，一种用马克思主义的立场、观点和方法研究美育的风气悄然兴起，也使得新的艺术教育学校和机构不断涌现，经过不断的改革、充实，艺术教育学科建设趋于系统化。20世纪40年代，抗日战争取得伟大胜利，争取民族民主解放为首要任务，教育的发展与政治相连、与时势相连，美育同样如此。①

（3）中国现代美育教育思想

20世纪50年代至60年代，新中国成立初期，百废待兴，美育能够发展智力的功能受到重视，强调通过美育传授知识、发展智力，为国家的政治与经济建设服务；1956—1965年是我国开始全面建设社会主义的十年，受到"左倾"主义影响，对文艺作品、艺术观点进行批判，整个社会谈"美"色变，这一时期美育处于空置化阶段；20世纪70年代至90年代，中国人民产生了对建设精神文明的追求，美育注重学生爱国情感、民族传统、内在审美素养等方面的培养；21世纪以来，我国经济迅速发展，人们对精神生活的追求不断提升，美育更加注重审美素养的培养，关注学生的个体发展。②

（4）中国现代学校美育专业发展综述

1）国内相关研究综述

①乡村中小学美育教师专业知识、素养、能力方面的研究。桑潇

---

①　李梦婕. 美育的历史发展［EB/OL］.（2022 - 06 - 23）［2023 - 06 - 15］. https：//www. wenmi. com/article/pnce0w04egcv. html? ivk_ sa = 1024320u.

②　唐兵. 近百年中国美育观念演变研究［D］. 重庆：西南师范大学，2001.

（2018）论述了如何加强乡村音乐教师的专业能力与综合素质；① 丁嫚莉、权辉（2014）分析了县域高中音乐教师及师范生的专业知识现状；② 魏志英（2005）以当代的发展变化为背景，以教师专业化和基础美术新课程为线索，研究美术教师的知识结构。

②乡村中小学美育教师专业发展研究。钦媛（2021）分析了乡村音乐教师专业发展过程中存在的问题，从实现音乐教师专业发展模式顶层设计到制度保障体系，再到教师培训体系，为打造专业发展平台提出了对策；③ 王西乾（2020）提出把美术教师教研从大区教研改为就近组合的小片区教研形式，使教师组合成研修共同体，通过各类教研活动，促进美术教师专业发展。

③乡村中小学美育教师培养机制与模式研究。周玮（2022）阐述了全科教师的概念内涵，分析了乡村音乐全科教师培养存在的问题，总结了全科教师背景下乡村音乐教师的培养路径。④ 王娜（2019）从编写美术教师继续教育培训教材、开展校本培训、送学培训、下乡助训和网络远程自训等方面，对新疆喀什地区中小学美术教师的继续教育模式提出了意见建议。

④乡村中小学美育教师继续教育与培训研究。李洪玲（2012）为提高中小学音乐教师继续教育培训效度，提出了诸如加强日常教学管理、完善考核机制、增加个性化培训等策略。白雪（2017）通过抽样调查，对中小学音乐教师能力发展分类培训进行了系统研究，并提出中小学音乐教师培训和促进教师专业发展的途径。张军（2013）通过跟踪调查反馈信息，发现继续教育培训使乡村中小学美术教育有了起色，他认为搞好乡村中小学美术教师培训切实可行、完全有必要。

⑤乡村中小学美育教师发展途径机制研究。徐新丽（2014），梁建安、

---

① 桑潇. 山东省农村中小学音乐教师核心能力提升研究［J］. 中国成人教育，2017（24）：149 – 151.

② 丁嫚莉，权辉. 音乐教师专业知识现状及对策研究［J］. 东北师大学报（哲学社会科学版），2014（01）：179 – 182.

③ 钦媛.《乡村教师支持计划》背景下乡村音乐教师专业发展路径［J］. 成都师范学院学报，2021，37（03）：65 – 69.

④ 周玮. "全科教师"背景下乡村音乐教师的培养路径［J］. 新课程研究，2022（15）：81 – 83.

迪丽努尔·买买提（2020）通过调研分析美术教师专业发展困境，提出了美术教师专业发展的路径。叶东升（2014）从完善理论学习、加强教学反思、重视发展评价等方面探讨了中学美术教师专业发展路径。

2. 国外相关研究综述

目前国外少有关于乡村中小学美育教师专业发展研究的相关文献资料。

与本课题相关的研究主要集中在教师的专业发展、人才培养、职后继续教育等方面。①期刊方面。吴宏、王威（2014）阐述了日本教师专业发展的生态文化具有有机整体性、生命关怀性和互动共生性特征，并提出了日本教师专业发展生态环境构建的策略；龙宝新（2016）论述了未来国外教师专业发展改进的主要动向：更加关注教学实践、团队、反馈、现场、知识、组织等教师专业发展活动新要素。① ②著作方面。缪裴言等编著的《日本音乐教育概况》中谈到日本音乐教师情况，包括：师资的配置，教师专业素养、能力，教师培养机构等。谢嘉幸等编著的《德国音乐教育概况》中谈到德国音乐教师情况，主要包括：教师培养的目的和内容，教师的入学情况和在职进修等。

综上，乡村中小学美育教师队伍建设已经被学界关注，但是，研究者们多聚焦于专业素质、职后培训、管理制度等方面，一般从音乐教师或美术教师专业发展角度展开研究，很少从乡村中小学美育教师专业发展角度予以探讨，有关乡村中小学美育教师专业发展宏观研究及研究成果也相对较少，研究呈现碎片化现象，通过文献查询关于乡村中小学美育教师专业发展叙事研究就更少。本研究旨在以叙事研究法对乡村中小学美育教师专业发展进行系统化、逻辑化、立体化的梳理与研究。

（三）研究目的和研究意义

1. 研究目标

通过样本的调查与分析，在借鉴已有研究成果的基础上，客观、真实

---

① 龙宝新. 论国外教师专业发展的现状与走向［J］. 现代基础教育研究，2016（03）：25 –
35.

反映中小学美育教师专业发展存在的问题以及美育教师对专业发展的基本诉求；通过对城乡中小学美育教师专业发展的理论思考，有针对性地提出加强乡村中小学美育教师专业发展基本原则和具体对策，从而有效推动乡村基础教育的健康、快速发展，以更好地适应新时代的社会需求。

2. 研究的学术价值

以中小学美育教师专业发展研究为切入点，通过对国家相关政策文件的梳理和实证研究，从理论上丰富、完善美育教师专业发展过程中的职前教育体系、职后提升体系、管理制度、评价机制等，努力实现美育教育研究和美育教师队伍建设的理论创新。

3. 研究的实际应用价值

聚焦中小学美育课程实施，诠释美育育人功能，探讨乡村中小学美育教师专业发展相关问题，以高水平的乡村中小学美育师资保障高质量的乡村中小学美育教育。对提高乡村基础教育质量，实现城乡教育公平发展具有一定价值。

（四）概念界定

1. 本研究的对象美育教师是特指中小学音乐和美术教师（以下简称"美育教师"）

2. 概念界定及内涵

（1）教师专业发展

本研究教师专业发展的概念界定是特指中小学美育教师作为专业人员，在专业思想、专业知识、专业能力等方面不断发展和完善的过程，即从专业新手到专家型教师的过程。[①] 教师专业发展的内涵主要包括：①教师专业发展首先强调教师是潜力无穷、持续发展的个体；②教师的专业发展要求把教师视为"专业人员"；③教师的专业发展要求教师成为学习者、研究者和合作者；④教师的专业发展要求教师具有发展的自主性。教师的

---

① 何声钟. 教师专业发展的概念、历程与目标取向 [J]. 江西教育学院学报, 2012, 33 (01): 35.

自主发展强调的是发展教师个体的个性和特长，使个体的潜质充分发挥出来。①

（2）教育叙事研究

教育叙事研究是研究者通过描述个体教育生活，收集和讲述个体教育故事，在解构和重构教育叙事材料过程中对个体行为和经验建构获得解释性理解的一种活动。教育叙事研究的特点为：第一，它是一种质的研究方法，是教育行动研究的具体表现形式之一；第二，研究者本人就是研究的工具，通过与研究对象的实际交往和互动，对发生的各种教育事件和故事进行观察、分析、反思，而获得一些见解或者解释性意见；第三，它是一种事实性、情境性及过程性的研究，其显著特征就在于"实"，注重教育活动中的实事、实情及实际过程；第四，它是一种反思性研究，研究者在教育叙事的反思中进一步深化对问题或事件的认识。中学音乐教师的专业发展是在他们的教育教学生活中不断成长的，把自身专业学习、发展的故事叙说、记录下来，是促进教师进行深入思考从而促进其专业成长的有效方式，而这些真实、生动的教育生活故事为研究者提供了丰富的原始材料。与此同时，研究者倾听教师的声音、走进教师的教育生活，也是教育理论与实践相结合的有效路径，是教育研究不断深入发展的新趋势。②

二、乡村中小学美育教师专业发展现实困境与诉求

乡村中小学美育教师作为基层教师队伍的重要组成部分，在乡村基础美育教育工作中发挥着极其重要的作用。这支队伍的教学质量关乎着基础美育教育整体质量和水平，我们应顺应时代的发展重视乡村中小学美育教师的专业发展。

---

① 何声钟. 教师专业发展的概念、历程与目标取向 [J]. 江西教育学院学报，2012，33（01）：35－36.

② 吕锦航. 一位初中音乐教师专业发展困境的叙事研究——以 D 中学 A 教师为例 [D]. 郑州：郑州大学，2021：7.

2019 年至今，课题主持人及成员带着研究目标，在湖南省长、株、潭中心城市和部分偏远地区乡村中小学抽选了 10 位音乐、美术教师作为研究对象，对他们进行了跟踪调研采访。在研究这 10 个案主为主线的同时，课题组先后赴益阳市的安化县、南县，常德市的安乡县、桃源县，张家界市的慈利县，邵阳的城步苗族自治县、洞口县，衡阳市的衡东县、石鼓区等地进行了实地调研，召开座谈会 9 次，调研学校 17 所，访谈校长、教师500 多人。通过问卷星平台向全省 8 县 1 区的乡村美育教师发出调查问卷1200 份，收回有效问卷 1113 份。① 课题组对全省中小学美育教师队伍建设及专业发展情况做了比较全面的了解，现就乡村中小学美育教师队伍建设及专业发展现实困境与诉求做概括性描述。

（一）美育教师师资数量不足及结构不合理

1. 教师数量不足

各样本普遍反映，当地乡村美育教师存在隐形性缺编现象，基层学校美育教师人手紧张。经调研有 61.37% 的人认为缺少师资，县（市、区）教育局上报的数据也证实了这点，以湖南省某县为例，2020 年音乐教师应配编制 140 人，实有编制 84 人，缺编 56 人；2021 年音乐教师应配编制242 人，实有编制 128 人，缺编 114 人；2022 年音乐教师应配编制 246 人，实有编制 134 人，缺编 112 人。2020 年美术教师应配编制 245 人，实有编制 114 人，缺编 131 人；2021 年美术教师应配编制 242 人，实有编制 116人，缺编 126 人；2022 年音乐教师应配编制 246 人，实有编制 117 人，缺编 129 人。通过以上数据分析，音乐、美术教师师资严重不足，缺编率平均高达 49%。每个县（市、区）美育教师缺编程度不一，美育教师不足是不争的事实。

乡村地区美育教师缺乏是多种原因造成的。其一，化解大班额政策以来，班级数量明显增多，随之对教师数量的需求也有所增长。其二，近几

---

① 肖　辉，廖小芒. 湖南省乡村音乐教师队伍建设现状及对策研究——基于社会治理的分析框架［J］. 武陵学刊，2021，46（04）：131－132.

年各县（市、区）教师（含美育教师）缺编严重。省编办、省教育厅、省财政厅按照各学校编制核定各个学校教师编制总量后，没有及时按学校实际需求增加乡村中小学美育教师编制，这是美育教师数量不足原因之一。其三，新招聘的特岗教师，很大一部分是外地人，三年期满便无心待在乡镇，或调回教师籍贯所在地，或调往县城、市级学校，造成岗位空缺。其四，在当今社会需要大量人才的背景下，许多年轻人考教师岗位的同时也在考公务员，考上教师岗位先过渡一下，继续考公务员的年轻人比比皆是。以上是造成岗位空缺的主要原因，空缺岗位只能靠其他学科教师或者由代课教师担任，这种应急教学模式成为常态。

2. 教师男女比例失衡

美育教师性别结构不合理。从调研采集的数据来看，近几年来乡村中小学美育男教师比例愈来愈小，而女教师越来越多占比高达83％，形成了男女比例为1.7∶8.3的局面，以上数据显示美育教师男女比例失衡问题比较严重。由此，一方面引发岗位空缺问题。随着"三胎"政策全面落实，出现女教师扎堆生育的情形，从而造成学校教学岗位空缺的现象。另一方面乡村美育教师婚恋难。乡村教师婚恋难的现实堪忧，无论乡村教师中的女性还是男性，都面临"婚恋难"的问题，女教师婚恋问题更受关注，而实际上男教师找对象更困难。男教师少，加之乡村的青壮年大多外出务工，高学历的女教师很难在当地找到适配的男青年。她们要么在岁月蹉跎中被动进入"大龄剩女"行列，要么在择偶标准上不断下沉。[①]

3. 教师户籍结构不合理

由于多种因素影响，长期以来乡村美育教师缺编严重，各地教育主管部门加大了招考力度，跨地区报考的考生比较普遍，这些录取的考生，改变了乡村美育教师的户籍结构，引发新生代教师籍贯结构的不合理。尤其是近几年招聘的美育教师以特岗教师居多，他们大部分是外县、外市甚至外省人，本地户籍的美育教师少。外地美育教师离家远，加之婚恋难导致

---

① 李婷．新时代乡村教师发展诉求叙事研究［M］．长沙：湖南师范大学出版社，2022：11.

美育教师不愿扎根在乡村，一些外地教师调离当地的情况较多。此外，不少美育教师是独生子女，与父母聚少离多，返乡交通费开支较大，部分教师思乡心切，不能安心工作。

因此，学校及教师们希望人社厅、教育厅按照各地州市学校实际需求增加编制，补充美育教师师资，让美育课程有专任教师任教，缓解教非所学的现象。另外，希望优化招聘制度按就近原则招聘录取美育教师，同时要扩大男性教师招录比例，通过提高教师待遇，增强教师职业吸引力来提高男教师的留任率，通过有效措施改变男女美育教师性别失衡现状。这样既可以缓解教师婚恋难的问题，又可以解决教师异地任教与家人分离的现状。

（二）美育教师生活现状

1. 工资收入低

一是教师整体待遇偏低。调查问卷显示，临聘教师年收入为 26000 元左右，年平均收入 30000 元以下的占 29.2%，年收入 30001～50000 元的占 58.85%。50001～80000 元的占 11.23%，80000 元以上的只占了 0.72%，从以上数据分析，教师整体收入低。当问到"您的年收入水平与同您年龄、学历等情况相当的当地公务员比，处于什么位置"时，数据显示有 46.81% 的教师认为比公务员年收入略低，有 43.85% 的教师认为比公务员收入低很多。① 普遍认为虽然教师基础工资和绩效工资等政策性待遇基本得到了保障，但与公务员的收入相比有一定差距，公务员的年终绩效奖励为 10000～14000 元，有车补和中餐补助，有综治奖、文明单位奖等。而教师的年终绩效奖励普遍没有落实，没有车补和中餐补助，有的县虽然落实了年终的绩效奖励，但力度不大。各种奖项、补助未落实造成教师心理不平衡，普遍有不满情绪。如 H 县 L 村学校代课教师王老师 2018 年月工资 1400 元，2019 年月工资增加到 1600 元，近几年的工资基本没有调整，每

---

① 肖辉，廖小芒. 湖南省乡村音乐教师队伍建设现状及对策研究——基于社会治理的分析框架［J］. 武陵学刊，2021，46（04）：131－132.

个月还要扣除社保 250 元（以上工资不含绩效每期 3500 元），工资少得可怜。父母为了哄着她在学校上班，吃住都由父母提供，王老师变相成了"啃老族"。王老师说："随着年龄的增长，结婚生子等现实问题就在眼前，拿这么点工资还需要家里补贴实在于心不忍，渴望能通过招聘考试成为有正式编制的教师。也希望国家、上级部门关注代课教师的生存状况，适当提高工资待遇。"

二是年轻教师收入偏低。刚入职头几年的年轻教师工资收入年平均为 36000 元左右，这些工资需要赡养父母、照顾家庭、应付人情世故，支付学习费用、结婚、生子、购房等开支，年轻教师生活负担沉重，生活压力大。

三是区域之间差异大。发达市州与不发达市州教师工资收入差距大，如长沙县中学一级职称教师，入职 30 年，年收入约 10 万，加年终绩效奖共约 12 万；安化县中学一级职称教师，入职 30 年，加上年终绩效工资、武陵山片区津贴，年总收入 9 万多元，两者年收入相差 3 万元左右。同一市州发达县区与不发达县区教师工资收入差距大，如常德市安乡县中小学教师的工资收入比本市范围内的武陵区、鼎城区的中小学教师工资收入每年少 3~5 万元。

另外，职后收入与职前培养支出反差大。美育教师职前培养投入相对其他学科有其特殊性，家长在教育培养投入方面要比其他学科高。调查数据显示，大部分美育教师认为职前父母在美育专业培养费用方面的支出较高，有 62.53% 的美育教师认为入职后的收入远远低于职前音乐教育经费的投入。当问到"职后收入与教育投入失衡时您会产生哪些想法？"时，有 53.1% 的美育教师回答会心理不平衡；15.54% 的美育教师回答会消极怠工；还有 26.24% 的教师回答会脱离教育行业；60.38% 的教师回答会自己创业争取丰厚收入（图 0-1）。以上问题直击教师切身利益，答案也显示乡村中小学美育教师们随时都有隐性流失的可能。经了解，职后收入与职前教育培养支出反差大、待遇低导致部分美育教师流失到民办学校任教，有的去教育培训机构任教，有的外出打工，还有的自己创业。

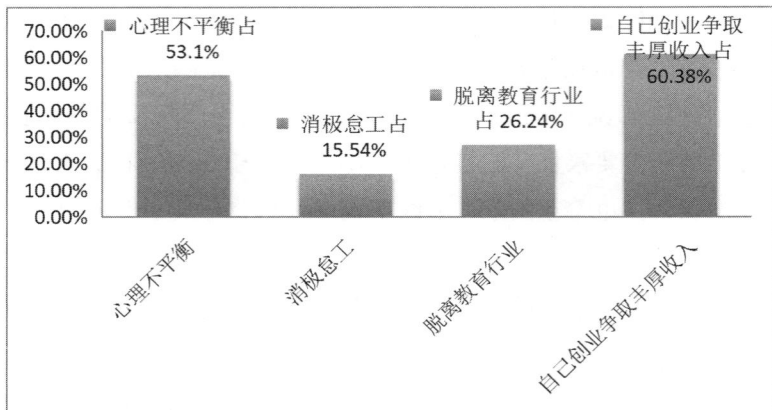

图 0 - 1 关于"职后收入与教育投入失衡时您会产生哪些想法?"的调查结果

2. 教师住房紧张购房压力大

经实地调研和问卷显示,住房现状为:45.82%的教师自行购房解决住房问题,25.79%的教师居住周转房或者教职工宿舍,17.88%的教师与父母居住,8.89%的教师租房或借住来解决住房问题(表 0 - 1)。①

表 0 - 1 "您的住房类型"的调查结果

选项	小计	比例
享受政策分房	10	0.9%
享受周转房或者教职工宿舍	287	25.79%
购置单位自建房	8	0.72%
自行购置住房	510	45.82%
父母住房	199	17.88%
租房或借住	99	8.89%
本题有效填写人次	1113	

大部分乡镇学校虽然修建了教师周转房、公租房、廉租房,教师住房问题已得到一定改善,在一定程度上缓解了教师住房紧张的问题。但还存在以下问题:

---

① 肖辉,廖小芒.湖南省乡村音乐教师队伍建设现状及对策研究——基于社会治理的分析框架〔J〕.武陵学刊,2021,46(04):131 - 132.

一是周转房、公租房、廉租房基本都是十几平方米的房间，仅供单身教师居住休息，面临结婚或已婚的教师基本解决不了居住问题。

二是公租房、廉租房往往位置偏僻，距离学校较远，给教师的生活学习带来不便。

三是教师周转房、公租房、廉租房缺口较大且分布不均衡。如桃源县已建成教师公租房 3460 套，目前缺 1400 套，预计三年才能基本解决。南县建周转房 1060 套，但建设地点比较集中，乡镇分布不均衡，城区中心学校、茅草街中心小学、厂窖镇幸福完小的教师住房非常困难，而华阁中心学校的教师周转房有富余。

四是自行购房压力大。现代乡村年轻教师虽然在偏远乡村任教，但是为了个人和家庭有更好的生活环境，子女能获得更优质的教育资源，因此他们大多选择在县城及中心城市购买住房，但与此同时，由于他们的工资收入低，县城及中心城市的房价又相对偏高，所以导致教师们"望房生畏"，不得不依靠贷款购房，而每个月沉重的房贷给教师们带来极大的精神压力，从而导致教师们无法将全部的精力和时间倾注到个人专业能力的提升和教育教学的任务中来。

3. 教师如厕、洗浴困难

住周转房、公租房、廉租房的教师基本上都有独立卫生间，其余教师大多使用学校公共厕所，教师如厕问题已基本解决。但是一些偏远乡村学校教师的如厕问题还没有解决好，教育经费大部分用在学生的学习和生活上，有的区域几乎没有考虑学校周转房建设。

如安化县滔溪镇中学教师如厕要上公共厕所，自己烧水到公共厕所洗澡，教师的住宿条件比学校周边的农民差远了。安化县羊角塘镇文昌阁学校有教师 118 人，无一套教师住房；羊角塘镇中学有教师 92 人，仅有 16 套教师住房；羊角塘镇金鸡学校有教师 48 人，仅有 16 套住房。这些住房大部分都被离退休教师占用，且这些住房还是当年离退休教师集资住房，他们与学校签有协议，死亡之前可以一直居住。无房教师均在学校周围租房居住，使本来工资收入不高的年轻教师增加了经济负担与生活成本；年轻女教师晚自习回家提心吊胆，安全得不到保障；已婚的教师大多在县城或市里购房，很多教师希望调到房子所在地工作。

（三）教师健康状况不佳

经访谈，美育教师的生命健康问题需要关注。在新形势下乡村学校、家长、学生对美育教师业务能力及专业水平要求越来越高，每次文艺汇演，各种级别的美育赛事活动，学校、家长都期待美育教师指导下的学生能拿到较高水准的奖项。美育教师面临着高强度的工作压力、专业学习压力、生活压力，加之自身健康意识薄弱，导致大部分教师产生职业倦怠、心理亚健康等心理问题。美育教师普遍还存在腰肌劳损、膝盖骨磨损、韧带拉伤、咽喉炎等职业病。如城步县一中的一名音乐舞蹈教师，为了参加文艺汇演、给孩子上示范课、培训课，膝盖经常跪地完成高难度的舞蹈动作，如此长年累月工作磨损了膝盖骨，造成膝盖骨积水和关节炎，只要变天，膝盖就疼痛难忍，像这样的案例很多。

教师们期望国家、人社部门、教育主管部门关注年轻教师和代课教师的生存空间，适当缩小区域之间工资收入的差距，并出台相关政策提高教师们的工资收入，按区域合理布局加大周转房的建设，减轻教师购房负担。改善学校办学条件及教职员工的生活环境，保障教师如厕、洗浴等生活的基本需求，同时应关注教师的生命健康。

（四）美育教师专业发展不畅

（1）社会地位和学科地位不高。从教育主管部门到基层学校再到社会认知，大多人认为语文、数学、英语才是主要学科，美育学科处于从属地位，美育教学意识薄弱，对美育课程不太重视，觉得美育课程可有可无、可上可不上，经常出现其他学科挤占美育课的现象。例如：当问到"您的学校是否有其他学科或者活动挤占美育课的现象"时，有13.3%的教师回答经常性挤占，47.8%的教师回答偶尔挤占。以上数据显示有61.1%的美育教师认为自己的美育课曾被其他学科或者活动挤占过。当问及"当地教育部门或学校对音乐学科建设的重视程度"时，57.32%的教师回答一般，20.13%的教师回答不重视，10.51%的教师回答非常不重视。① 当问到"您认为乡村中小学美育教学存在的主要问题是什么"时，有67.92%的教师回答缺少教学设备设施。以上数据分析充分说明了教育主管部门及基层学校对美育课程及学科建设不够重视。另外美育教师在绩效工资、评先评优、师生认可度等方面相对弱势，美育教师成了学校教育环境中的边缘人，同行们轻视美育教师，其工作得不到应有的肯定。② 从而美育教师的社会地位也得不到相应的认可，这在一定程度上影响了美育教师的授课的积极性，造成美育教师显性流失。有很多美育专业的大学毕业生不愿到乡村中小学担任音乐、美术课，而兼职音乐、美术教师在教学理念、教学水平、教学技巧、教学方法等方面跟专业音乐、美术教师存在较大差距，形成了美育师资力量薄弱的局面，这影响了乡村中小学美育教育的长足发展。③

（2）职称晋升通道受限。根据样本县（市、区）调研及访谈情况分析，美育教师晋级高级职称比例低、岗位少，造成职称晋升希望渺茫的尴尬境地。样本县（市、区）统计数据显示，抽样人员1113人，其中正高级职称仅2人，占0.18%，副高级职称43人，占3.86%，中级职称125人，占11.23%，初级及以下职称943人，占84.73%。④ 通过以上数据分析，美育教师晋升职称很难，尤其是高级职称。美育教师在基层工作，希望能晋升职称，但受职称数量限制，往往出现到了年限无法晋级的情况，而且要想成为教育系统的"名师""名家"更是难上加难。教师们看不到晋级职称的希望，负面情绪较大，内驱力不够，甚至个别教师选择"躺

① 肖辉，廖小芒. 湖南省乡村音乐教师队伍建设现状及对策研究——基于社会治理的分析框架［J］. 武陵学刊，2021，46（04）：131－132.
② 肖辉，廖小芒. 湖南省乡村音乐教师队伍建设现状及对策研究——基于社会治理的分析框架［J］. 武陵学刊，2021，46（04）：131－132.
③ 王延丽. 关于改进和加强乡村边远山区中小学音乐教育的思考［J］. 音乐天地，2017（10）：10－11.
④ 肖辉，廖小芒. 湖南省乡村音乐教师队伍建设现状及对策研究——基于社会治理的分析框架［J］. 武陵学刊，2021，46（04）：131－132.

平"，处于不求上进、得过且过、但求无过的工作状态。学习积极性不高，专业水平停滞不前。相反，有部分已评高级职称的老教师，高级职称到手后满足现状，在教育教学上开始懈怠，忽略对学生的培养，没有发挥好对新青教师的传帮带的作用。

（3）继续教育培训机会少。据调研，各县中小学教师培训学习情况良好。但通过座谈、访谈，发现乡村中小学美育教师业务培训学习还存在如下困境：一是部分学校教师编制紧张，工学矛盾突出；二是个别培训学习流于形式；三是个别学校因办学经费紧张，教师培训学习的信息被主管部门或学校领导人为屏蔽；四是美育学科教师培训机会相对较少。有教师反映，感觉美育专业拓展视野不开阔，专业发展空间不大。数据显示，当问到"近三年以来您获准参加区（县）级及以上学科培训次数"时，有19.14%的教师回答参加了0次，有33.96%的教师回答只参加了1次，有39.35%的教师回答参加了2~3次，有5.39%的教师回答参加了4~5次，有2.16%的教师回答参加了6次及以上。以上数据分析与教师反映的情况吻合，外出学习机会不均等，遴选名额和学习机会往往集中在少数几个骨干优秀教师身上，大多数教师很难有外出学习交流的机会。

（4）教非所学阻碍专业发展。乡村中小学普遍难保证美育教师"专职专教"。调研数据显示，18.06%的教师认为自己所学专业与任教专业不一致，26.59%的教师兼多科教学，从以上数据分析有44.65%的教师所教学科与所学专业不一致（图0-2），① 教非所学，兼多科教学。美育教师兼任语、数、外、地理等多门学科现象是常态。乡村中小学最缺体育、音乐、美术教师，乡镇初中缺物理、化学、生物、地理、技术、音体美老师，物理老师教历史、音乐老师教语文、数学等"教非所学"现象普遍存在。学非所用、教非所学现象，这对于专业性极强的美育教师来说，往往难以接受，这也是教师隐性流失的因素。

---

① 肖辉，廖小芒．湖南省乡村音乐教师队伍建设现状及对策研究——基于社会治理的分析框架［J］．武陵学刊，2021，46（04）：131-132.

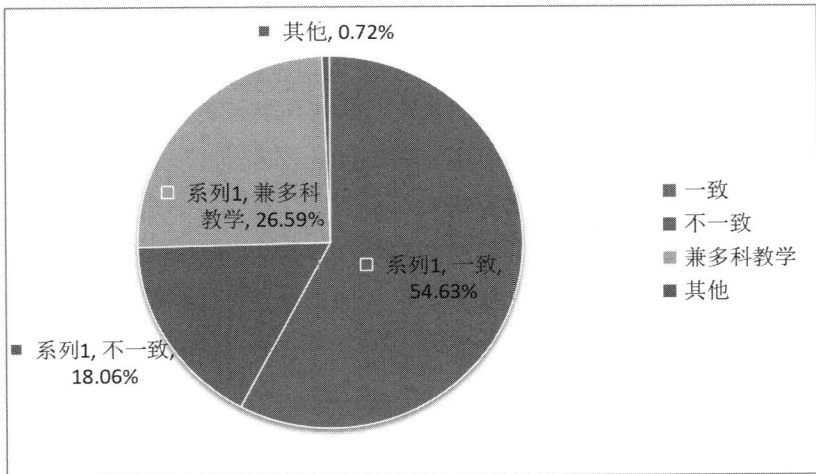

图 0 - 2　"您所学专业与任教专业是否一致"的调查结果

（5）缺乏教育科研机会。乡村中小学美育教师做课题搞研究的机会较少，美育教师身兼数职，有的还需要担任班主任，工作繁忙，大家感觉没有时间做课题写论文。加之，分到各个学校的课题指标少且立项难，而美育课程又是边缘学科，相对来说其他学科教师和名师名校长、骨干教师做课题搞研究的机会更多些。另外，因人才流动，有的课题主持人调离学校到异地工作，造成学校原本研究项目停滞或者没有延续性的情况。

如上所述，教师们期望教育主管部门提高乡村中小学美育教师高级职称评聘比例，增加课题研究项目指标，多提供教师外出学习交流机会。通过不断学习拓宽专业知识面，从而提升自己的教育教学水平，做出教学成绩，以此提高学校、家长及社会对自己的认可度。

（五）美育教师工作负担繁重

1. 教育教学工作方面

正常工作量指的是课时量和兼课门数。因各个学校的情况有差别，乡村中小学美育教师工作量并不一致。但是总体来讲，中小学美育教师的工作量较大，任务繁重，小学美育教师每周工作 16 课时左右，初中美育教师每周 12～14 课时，有的美育教师还担任其他学科教学，甚至有的还担任寄宿学校班主任，有的每天凌晨 6：00 开始工作一直到晚上 9：00 才能回家，每天工作量达 14～16 小时。音乐教师除以上工作外，还需承担校庆、文艺晚会、少儿才艺展演等活动节目的排练，如每年的"六一"儿童节文艺汇演、"元旦"文艺晚会等，正式演出前每天的排练至少 2 小时，这种排练有时持续一两个月不等；美术教师除正常的教学任务外，还要定期为校园文化建设创意绘画文化墙，定期更换宣传栏、黑板报，组织画展，开展社团等活动，而这些活动无法计算工作量，都要牺牲音乐、美术老师休息时间无偿进行。

2. 非教育教学工作

（1）检查活动多：进校园名目繁多的检查，一周达 2 次以上。例如：安全检查、禁毒检查、食品安全检查、创文明单位检查、督学检查、传染病检查、防溺水检查、扫黑除恶检查、控辍保学检查、两项督导、送教上门检查、防电信诈骗检查、消防检查、防汛检查、法制考试、反邪教检查、预防艾滋病检查、危险药品检查、防震减灾检查等。这些检查导致教师们工作量加大，具体体现：一是提交的表格多，教师们成了制表专业户，他们自我解嘲说，手机诚可贵，钱包价更高，若为 U 盘故，二者皆可抛。可见 U 盘之重要性，里面存有学生家长基本信息，各类数据、表册、模板、App 等，也是应付各级部门五花八门检查的必备利器。一位美育教师统计了担任班主任以来一个学期的检查，做的表格达 20 个，如新生入学学籍表、预防接种信息录入表、校园平安险名单、校园意外伤害负责险名单、减免教辅花名册、减免教科书花名册、贫困生摸底表、贫困生补助申请表、贫困生明细表、贫困生统计表、贫困生补助发放回执单、班务日志、防恐信息录入、学生上下学乘坐交通工具摸底统计表、学生晨午检查表、各科成绩表、学生素质发展评价表、小学生综合素质评价表、试卷分表、学生手册发放表等，制作这些表格要占用教师大量时间。二是家长的回执单多，名目繁多的回执单多达 12 个。"小手牵大手"活动进校园都需要孩子回家宣传，各式各样的传单都附有回执单，需要家长签名上交，还要求上传孩子与家长一起学习的照片。如扫黑除恶致家长的一封信、创建国家卫生城市致家长的一封信、研学活动致学生家长参与反馈表等。脱贫攻坚工作要求每名教师负责包保 1~3 个贫困户，每周周末需入户督查贫困户养殖情况、了解教育扶贫资金到位等情况。还需要应付各种检查考核。

（2）学生赛事多。三年级以上的教师们要组织学生参加各种赛事，例如：禁毒征文、消防手抄报、廉洁进校园征文等。各种赛事的选拔、修改、收集需要教师们花费大量心血。

（3）各种 App 进校园多，如：禁毒、安全检查、关注扶贫等 App 要家长和教师下载，并要反馈提交。因为留守儿童多，爷爷奶奶大都不知道如何操作，完不成的任务又转嫁给了老师们。美育教师普遍反映非教学工作负担重，每项进校园活动都要有计划、方案、过程、总结、上传照片等留痕的资料，教师们苦不堪言。调研数据显示，45.93% 的老师认为与教育教学无关的干扰太多。

综上所述，美育教师社会地位不高、数量不足、婚恋难、待遇低、职业晋升通道不畅、学习机会少等是造成教师专业发展困境的主要因素，这些因素造成教师不安心从教，这对教师专业长足发展非常不利。加之，教师们在正常教学工作、课外辅导、非教学工作、家庭生活等多重压力下感觉身心疲惫，没有幸福感。关键是根本没有精力聚焦自己专业素养的提升，只能靠求学期间学的知识教学，教师们普遍希望学校能为他们减少非教学工作负担，腾出时间来学习专业知识。

学者龙宝新认为为教师提供足够时间、活动资金保障，获得当地学区领导与学校领导的支持，对教师专业发展进行长远规划，为教师提供探究机会，培养教师的创新与探究能力，尊重教师的自主权，灵活应用学校行政管理制度等，只有满足了以上这些专业发展条件，教师专业才可能真正得到发展。[①]

另外，在本书相关章节中指出，教育教学过程中还存在美育教学活动流于形式，社团缺乏专业对口老师，支教机制不够完善，美育教师评价体系不完善，校本课程、教材开发、非物质文化遗产进校园缺乏经费和物质

---

① 龙宝新. 论国外教师专业发展的现状与走向 [J]. 现代基础教育研究，2016，23（03）：25 – 35.

保障等问题。对于章节中案主们提出的诉求，研究者在反思部分也提出了解决问题的建设性意见和策略，在此不一一赘述。

三、乡村中小学美育教师专业发展治理路径

（一）深化对新时代美育认知

进入新时代，我国社会主要矛盾已经转化为人民日益增长的美好生活需要和不平衡不充分的发展之间的矛盾，其中也包括科学技术的迅猛发展和人文社会科学发展之间相对的不平衡，人民生活需要也不再局限于物质方面的"硬需求"，而是更加强调精神方面的"软需求"。① 对此，美育应担当起这一使命。近年来，党中央也相当重视美育工作，将其摆在突出地位，但尽管国家多次出台相关文件强调美育价值、提升美育地位，在学校教育中美育各项工作仍旧薄弱，首先体现在对美育认知太浅，要做好美育工作，必须要深化对美育内涵的认知。

《辞海》中对美育的定义是这样表述的：美育亦称"审美教育""美感教育"，是关于审美和创造美的教育。2020 年 10 月，中共中央办公厅、国务院办公厅印发了《关于全面加强和改进新时代学校美育工作的意见》（以下简称《意见》），《意见》中指出：美是纯洁道德、丰富精神的重要源泉。美育是审美教育、情操教育、心灵教育，也是丰富想象力和培养创新意识的教育，能提升审美素养、陶冶情操、温润心灵、激发创新创造活力。② 赵宋光先生在《论美育的功能》中首次使用了"立美"概念，使之与"审美"对立，认为"立美即建立美的形式，审美则是对于美的形式的

---

① 周爱玲. 科学技术哲学视角下地方普通高校应用转型探析［C/OL］. （2018 - 09 - 30）［2023 - 02 - 26］. http：//k. vipslib. com/asset/detail/20632078722.

② 中共中央办公厅，国务院办公厅. 关于全面加强和改进新时代学校美育工作的意见［EB/OL］. （2020 - 10 - 15）［2023 - 02 - 28］. https：//www. gov. cn/gongbao/content/2020/content_5554511. htm.

愉悦感受或对于丑的形式的抵制性应答，二者不能混淆。建立美的形式（立美）是实践过程，认识美之所在（审美）则是认识过程"①。"立美"概念的提出，触及到了被忽视却又不可或缺的美育"另一只眼睛"。学生"美"的素质包含了审美水平（对"他美"的感知）和立美水平（对"己美"的塑造），这是以人格为核心的内在美和以形象、语言、行为等为表现的外在美。② 既然完整的美育包括了审美教育和立美教育两个维度，那么必须健全与之相适应的完整的美育课程，既要建立"立美教育"课程，也要完善"审美教育"课程。此外，狭义的美育理解单一，认为美育专指"艺术教育"，广义的美育认为是将美学原则渗透于各科教学后形成的教育。在实践中，部分教育工作者将美育等同于艺术教育，将美育课程等同于艺术教育课程，窄化了美育实施发展的途径。学校教育特别是中小学教育，更强调学生的综合发展，教育工作者应充分认识美育的广义内涵，拓宽美育的途径，充分挖掘每门学科的美育功能，将美育融入教育教学的全过程。对待美育课程，应充分关注其独立性，推进美育课程专业化，同时也要关注美育教师的专业成长，为美育教育工作者提供成长提供发展的广阔天地。

（二）稳定建设好乡村中小学美育教师队伍

1. 稳定美育教师队伍

要实现乡村中小学美育教师专业长足发展的关键点是稳定美育教师这支队伍，为了稳定这支队伍需要得到各级政府的支持，可从以下几个层面保障教师切身利益。从保障福利待遇层面而言，主要通过提高教师工资收入，建立中央统筹、地方协调的专项经费，全面落实集中连片贫困地区乡村教师补助政策，建立多样化的、差别化的乡村教师任教津补贴制度。津补贴政策还需通过跟踪调查和效果评定不断调整和改进。③ 试点教师跨县

---

① 赵宋光. 论美育的功能 ［M］//赵宋光. 赵宋光文集. 广州：花城出版社，2001：127.
② 周庆元，等. 走向美育的完整 ［J］. 教育研究，2006（03）：39－43＋49.
③ 任琳琳，郭志辉. 国外实施"艰苦边远地区教师津补贴政策"状况分析 ［J］. 比较教育研究，2013（03）：99－104.

调动的全省统筹机制，解决乡村美育教师的婚恋、赡养老人的后顾之忧。① 以子女教育基本保障为重点，制定乡村教师子女入学的规范性优待政策，回应乡村教师的最大关切。② 从保障专业发展层面而言，培训是乡村美育教师主要的发展渠道，提供差异化的培训内容，根据乡村学校的实际要求及乡村美育教师诉求，实施"一校一培训""一师一培训"，尽力保障每位教师都能得到专业上的可持续发展，促进教师的差别化发展。乡村美育教师培训应突出"做中学"理念，突破传统培训模式，实现"阵地前移"，让参训乡村美育教师亲临教育现场，全面参与教学实践，实现优质学校教师"传帮带"及有效培训。③ 从保障教师工作生活条件层面而言，各级政府应响应国家号召，以振兴美丽乡村为契机，完善好乡村中小学办学人文环境，为教师提供工作必备的设备设施和生活基本条件。美丽乡村中小学是文化的根基，建设好美丽乡村中小学才能留得住人才，美育教师队伍才能稳定。从保障教师生命健康层面而言，教师专业发展的前提是要有健康的心理和强健的体魄，只有身体健康、精气神倍佳的老师在组织课堂教学的时候才能凝神聚力上好课，老师积极高昂的情绪可以感染同事和学生。在这种正能量的闭环中，学校的发展及教学质量才有可能提高。叶澜教授创立的"生命·实践"教育学派的教育信条第一条就说道："教育是直面人的生命、通过人的生命、为了人的生命质量的提高而进行的社会实践活动，是以人为本的社会中最体现生命关怀的一种事业。"④ 总之，美育教师作为连接世界、学生与社会、个体与集团的纽带，其身心健康发展为第一要务。⑤ 只有各级政府相关部门联动起来减轻教师非教学工作负担，关注美育教师生命健康，才能为基础教育建立一支健康可持续发展的美育教师队伍。

---

① 王成龙. 新生代乡村教师的文化困境与职业选择 [J]. 青年探索, 2016 (01): 84 - 89.

② 庞丽娟, 杨小敏, 金志峰, 等. 构建综合待遇保障制度提升乡村教师职业吸引力 [J]. 中国教育学刊, 2021 (04): 34 - 40.

③ 李婷. 新时代乡村教师发展诉求叙事研究 [M]. 长沙: 湖南师范大学出版社, 2022: 19.

④ 叶澜. "生命·实践"教育的信条 [N]. 光明日报, 2017 - 02 - 21 (13).

⑤ 林丹, 沈晓冬. 教师个体均衡发展的逻辑起点探析——基于 2020 年中国教师职业"健康幸福感"调查 [J]. 现代教育管理, 2021 (12): 71.

2. 配齐配足美育教师

目前，学校美育存在的一个较大问题是美育教师数量不足，特别是在乡村地区。2016 年中国艺术教育促进会、清华大学中国经济社会数据中心发布了《全国义务教育阶段美育师资状况分析报告》，报告指出虽然从全国总体来看，2015 年，我国义务教育阶段美育教师占全部专任教师总数比例达 6.5%，但根据《义务教育课程设置实验方案》，美育课程的课时量应占全部总课时的 9% 至 11%。这意味着即使义务教育阶段美育课程按最低标准课时量开课，也存在由 6.5 的教师承担 9% 的课程这样一种配置很不均衡的状况，当前我国美育师资总数未能满足基本的美育课程教学的需求，"若要使各个省份都能满足最低标准开课目标的需求，全国尚缺美育教师 45566 名"①。在本章第二节乡村中小学美育教师专业发展现实困境与诉求中，调研组也已经通过数据分析了湖南省美育教师数量不足的论述。美育教师的匮乏直接导致美育课程无法开设、美育成效甚微等后果，制约着学校美育教育及教师的专业发展。因此，在数量上配齐配足美育教师迫在眉睫。

首先，各师范院校、开设艺术专业的综合性高等院校培养出的学生是美育教师师资来源的重要群体，高校美育应积极转型和改革，重视对学生专业能力、综合审美素养的提升，培养出高素质的专业美育教师。其次，相关教育管理部门也应采取措施提高中小学美育教师数量，一是适度增加美育教师编制名额，加大对美育教师编制的统筹配置，编制名额可以根据当地特点和教育需求适当向偏远乡村中小学倾斜。二是完善美育教师相关制度，通过完善福利制度，让教师安心从教；完善荣誉制度，让教师热心从教；完善评聘制度，让教师舒心从教。再次，定向师范生培养也是我国乡村中小学美育教师补充的重要方式之一，可以适当扩大定向师范生的培养规模。以湖南第一师范学院为例，省教育厅于 2010 年开始实行"乡村教师公费定向培养计划"，该政策实施十余年来，培养了一大批乡村中小学美育教师从事基础教育。另外，加大特岗教师和社会公开招聘教师的力

---

① 柴葳. 全国义务教育阶段美育师资状况分析报告［N］. 中国教育报，2016 - 08 - 30.

度来补充美育师资。

3. 配好配优美育教师

全面提高学校美育质量，最关键的是构建一支"师德高尚、业务精湛、结构合理、充满活力"的师资队伍。目前，我国乡村中小学美育教师普遍存在整体素质不高、培训机会较少等问题，乡村中小学美育教师不仅在数量上要配齐配足，更要在质量上配好配优。

首先，提高乡村中小学美育教师培养层次，逐步提升乡村中小学美育教师的质量，为乡村中小学培养综合素质全面发展的本科层次以上的美育教师队伍。其次，加强在职乡村中小学美育教师的培训。继续教育培训能够帮助美育教师进一步提升教育教学能力和专业水平，专业理论得到更新，专业得到发展。然而目前中小学美育教师继续教育培训还存在乡村地区和城市地区培训条件、培训机会不均衡等现象，部分美育教师很少甚至没有参加过培训，这一现象主要集中体现在乡村中小学美育教师身上。因此，教育管理部门和学校须重视美育教师培训，在"国培计划"和各地区教师培育计划中设置中小学美育教师培训专项，组织美育教师定期参加培训。再次，建立和完善教师清退制度。通过"退出机制"清退不合格教师，在一定程度上能够激发教师队伍活力，优化教师队伍结构，深化新时代教师队伍建设。当然，"退出机制"还需要在实施过程中不断优化与完善。

4. 优化美育教师队伍结构

美育教师队伍结构是美育系统结构的重要组成部分，优化美育教师队伍结构对于乡村中小学校美育速度的发展、美育质量的提升具有重要现实意义。

首先，年龄结构是决定教师群体效能的重要因素之一，美育教师的年龄结构以老、中、青梯队化结构为优，既需要经验与阅历丰富的年长者，又需要年富力强的中年人，还需要才思敏捷的青年人。其次，学历结构是衡量教师知识水平的主要标准之一，应通过适度提高教师招聘的学历标准、加大在职教师学历提升进修等措施，不断提高教师队伍总体学历层次。再次，职称结构指教师群体的高、中、初各级职称的占比情况，是衡量教师专业素养的重要标准之一，应重视教师业务培训和技能训练，为教师提供更多的锻炼机会，重视业务帮扶，帮助低职称教师不断提高教学和科研能力。最后，学缘结构指教育单位中，从不同学校或科研单位取得相同学历的教师比例，学缘的多样性，有利于教师之间相互学习借鉴，应克服近亲繁殖、克服学缘本地化，丰富学缘类别、优化学缘结构。

（三）完善新时代美育资源建设

1. 推进美育硬件的配置与管理

美育硬件是指与美育相配套的系列物质基础，是乡村中小学校实施美育的保障。首先，各级政府和有关部门要高度重视乡村中小学美育硬件配置的相关工作，加大经费投入，促进乡村中小学美育健康有序发展，逐渐缩小城乡之间、地区之间、学校之间的差异。其次，乡村中小学校应加快推进美育设施标准化建设，从教学场地、教学器材、教学用具、现代化设施等方面建立起与美育改革发展要求相适应的美育设施建设标准。再次，对于美育设施的管理与维护也是必不可少的。各学校需对美育器材的使用提出明确的要求，建立起美育器材管理制度，开展设施器材使用情况的定期检查和通报，提高设施设备的利用率，发挥设施设备的最大效能。

2. 深化美育校园文化的建设

校园文化育人作为学校育人的一个重要组成部分，旨在潜移默化中陶冶学生的审美情操、愉悦教师工作心情。校园文化建设包括物质文化建设、精神文化建设和制度文化建设，学校的建筑、走廊、教室、广播、校风等都在隐性中传递校园文化，应通过多种途径，营造浓厚的美育氛围，让师生听到的、看到的皆是美的享受。

在物质文化建设上，陶行知先生曾说：校园容貌的艺术化要摆在首位。① 校园环境也是一种美育资源，应将更活力、更新颖、更审美的元素注入其中，教学建筑、校园绿化的布局要整体大方，提供充足的艺术摆件，让学生感受到强烈的艺术氛围。在精神文化建设上，弘扬传统美德，做好校纪校风建设，提升学校和师生的整体素质，各学校可以根据当地特

---

① 王希君，葛希.审美教育［M］.山东：中国石油大学出版社，2007：61.

色或历史传统，突出有特色的校园文化精神。以桑植贺龙中学为例，贺龙中学是根据贺龙元帅的嘱托，于 1958 年创办的一所乡村完全中学。学校以"艰苦奋斗，寻求发展，师生为本，规范高效，立足素质，突出个性"为办学思想，把"弘扬贺龙精神，正大光明做事，顶天立地做人"作为校训，全面贯彻教育方针。充分利用学校深厚的红色文化积淀，传承红色基因。在制度文化建设上，校园的规章制度是师生在学校学习和生活的行为准则，具有一定的约束力和控制力，应坚持"管""放"结合，从"他律"走向"自律"。

3. 多维挖掘美育艺术资源

要提升美育教师审美素养，乡村中小学校首先要努力打造有益于美育教师审美能力发展的资源环境，如学校美育教学活动各种教学材料、讲义印刷品、音视频资料、多媒体手册及培养学生过程记录等。其次，美育教师团队开发的各种数字资源，包括校本课程、校本教材、社团活动资源开发等。再次，在实施美育课程时，美育教师在每个学期开学前制订好学期、学年美育活动计划和课程计划等。美育活动计划包括音乐、美术等艺术展演、艺术汇报及课堂教学中教师与孩子进行游戏模拟的展现形式等，都需教师深度挖掘审美艺术资源；课程计划包括教师在实施艺术课程时的各种教育教学方法、目标、内容、学习计划等。在实施美育课程计划的过程中教师将形成的艺术项目、开放式教学、交互式视频材料以及文本等整合为美育教学资源。美国有关专家学者认为，真实的艺术作品更能发展师生的审美鉴赏能力，锻炼其视觉思维。他于 2014 年开展的一项量化研究表明，有 88.2% 的教师认为大的艺术教育是不够的，教师对原创作品的抗拒，降低了学生视觉艺术活动的质量。因此，应多组织学生参观博物馆、画廊和艺术展览，让其接触更多原创的视觉材料，进而促进其视觉思维。另外，建立美育专题网站、上传原创视觉资源，也可助力学生形成艺术思维模式。[1] 美育教师在整理挖掘这些美育资源的同时丰富了自己的专业知

---

[1] 唐晓玲. 师范生审美教育满意度及其影响因素研究 [J]. 教师教育学报，2021，8（04）：62.

识，为专业发展奠定了良好的综合素养。

4. 构建新时代美育课程建设

（1）发挥艺术学科的美育主阵地作用

音乐、美术、舞蹈等艺术课程是学校美育课程的主要组成内容，是乡村中小学校对学生进行美育教育的主要途径，艺术课程质量水平在一定程度上影响着学校美育成效。提升艺术课程质量水平，发挥其美育主阵地作用，应从课程目标、课程内容、教学方法等多维度协同构建与实施。

首先，美育课程目标是规定学校美育课程人才培养所要达到的预期结果，应从美育内涵出发，厘清美育课程目标。艺术类课程目标分阶段地提升中小学学生的审美感知能力、艺术表现能力、创意实践能力以及文化理解能力。其次，根据目标的设置，学校应构建基础类、拓展类、研究类等不同层次的艺术课程内容。基础类课程面向全体学生，教授艺术课程基础知识；拓展类课程让学生根据自身的兴趣和需要自主选择；研究类课程通过研究性学习等方式，开阔学生视野，满足学生不同的发展需求。最后，美育是培养人们认识美、体验美、感受美、欣赏美、创造美的能力，故在乡村中小学音乐、美术等艺术课程实施过程中，要选择适合乡村中小学学生的教学方法。例如，教学要富有形象性，可以借助教学工具采取以直观感受为主的教学方法；教学方法要灵活，应根据学生课堂上的表现情况，及时、灵活地调整教学方法；教学要富有创造性，教师可以提出具有探索性和创造性的问题，组织学生思考和讨论。

（2）挖掘各学科教育教学的美育因素

蔡元培指出：美育的范围，并不局限于音乐、图画这几个科目，凡是学校所有的课程，都没有与美育无关的。① 无论是"大美育"还是"全科美育"的观念，都指出在一切教育教学活动中，都有美育的因素，美育无处不在。

美育不仅靠音乐、美术等艺术类课程实施，在文化课程中渗透美育也

---

① 浅谈蔡元培美育思想［EB/OL］.（2022 – 10 – 04）［2023 – 02 – 26］. https：//www. wenmi. com/article/pyu7zp02o71j. html.

是学校美育实施发展的重要途径，各文化课程中的语言文字、人文情怀、家国历史、自然地理、数理结构都蕴含着丰富的美育资源，例如，语文教学中，无论是从字词句段到篇章结构，还是从自然美景到人物形象，都蕴含了语言美、文字美、意境美、情感美等元素；又如，地理教学中，教师可以利用多媒体技术带领学生感受世界各地的自然风光，也可以根据当地的地理特点，利用当地自然资源，带领学生走出教室，走向自然。教师应根据每门课程的学科特点、教学内容挖掘美的元素，让教与学的过程成为发现美、感受美、创造美的过程，充分发挥每一门学科的审美和人文素养培育作用，形成学科美育的合力，树立"大美育"观念，实现学校美育的全面实践，拓宽学校美育的实施途径，构建多维立体的美育课程体系。

（3）开展美育课外实践活动

中小学美育要以学生的亲身体验为中心，提供学生体验和实践的机会，充分调动学生的身体的能动性，拓宽他们的眼界和思维的边界。开展课外实践活动是一种重要的教育方式，与课堂内的教学相比，课外活动能提升学生综合能力，开阔学生视野，增强学生对社会、生活的体验与感受。学校、教师应充分利用现有资源，创造性地开展丰富多彩的美育实践活动。

首先，开展校内的美育活动，例如定期举办艺术节、文艺晚会、画展、主题比赛等校内活动，或是组建学生艺术社团和兴趣小组，让学生的艺术特长得到充分的发挥，提升自信心和表现能力。其次，美育实践活动应积极向校外拓展，挖掘校外的美育资源。可以定期联系敬老院、社区、剧院、美术馆、音乐厅等地方，组织乡村中小学学生走出大山去参观、交流、学习与服务。以此，开阔学生视野，陶冶学生情操。引导学生从课内走向课外，从学校走向社会，体会课堂知识的美在生活中发挥的作用，增强理论联系实际的能力，帮助学生形成正确的审美观念。

（4）开发与利用美育课程资源

乡村中小学美育资源缺乏，相对城市而言，存在被忽略、被边缘化的困境，在资金、师资等方面障碍重重，种种因素在一定程度上制约了美育课程的实施，也制约了美育教师的专业发展。乡村美育课程资源具有价值性、动态性、差异性、零散性等特征，另外还存在传统文化精华和乡村社会的陋习的双重性。因此，我们在开发美育课程资源时要考虑其特定的乡村环境，应取其精髓去其糟粕提炼出适合乡村中小学课程开发的美育资源。

乡村地区具有独特的自然资源与风土人情，首先，可以充分利用各种农业基地，开发具有乡村特色的美育课程资源。通过实践活动，让学生感受大自然，发展学生认识自然美、热爱生活美的情感和创造美的能力，充分发挥乡村地区农业基地的美育功能，推进美育课程实施。其次，挖掘潜在的美育课程资源，例如乡村社会人士的人生阅历、当地的风土人情、村庄历史及变迁等，可采用走访、讲座、开课、辅导等形式搜集并整理，开展相应教学活动。总之，作为美育课程资源开发者的教师，必须充分发挥主观能动性与创造性，走出教材与教室，面向自然、社会、生活，创造新的教学环境，丰富与优化美育课程资源。①

（四）构建新时代学校美育评价体系

教育评价具有引导评价对象朝预定的目标前进的导向功能，发现教学活动存在的问题的诊断功能，激发评价对象内在动力的激励功能，是判断教育质量的重要标准。美育评价由于其复杂性、不可量化性，导致中小学校美育长期陷于评价标准、评价方式等难以协调的困境，因此中小学美育评价改革须建构起适当的、完整的、科学的、符合当前美育需要的评价体系。2020 年 10 月 15 日，中共中央办公厅、国务院办公厅印发了《关于全面加强和改进新时代学校美育工作的意见》，提出学校美育评价改革的系列举措，要求"探索将艺术类科目纳入中考改革试点，纳入高中阶段学校考试招生录取计分科目"②。从以上文件来看，凸显了国家对美育及其评价改革的重视，学校美育评价改革正处在持续发力期，需在准确把握美育评

---

①　陈晓清．乡村中小学美育课程资源的开发与利用［J］．教育理论与实践，2017，37（02）：40－42．

②　中共中央办公厅，国务院办公厅．印发关于全面加强和改进新时代学校美育工作的意见［N］．人民日报，2020－10－16（04）．

价发展现状的基础上，构建科学合理的美育评价体系，这不仅是回应美育发展的时代需求，也是解决美育评价存在的现实问题的需求。建立规范、完备的艺术素养评价制度，发挥评价的激励作用，是学校艺术课程教学高质量开展的前提与保障，是全面提高乡村中小学生艺术核心素养的重要因素。构建乡村中小学生艺术素养评价体系、构建乡村中小学美育教师评价机制可以促使学校更好地掌握学生艺术学习的水平与学业质量，同时能有效地掌握美育教师的专业水平和教学质量，从而不断提升美育教师专业发展，切实提高美育教育的育人质量。

1. 构建乡村中小学生艺术素质评价机制

（1）倡导核心素养评价体系

受应试教育的影响，家长、学生、教师都被"重视选拔、重视分数"的"唯分数论"观念所裹挟，课程评价以较为简单和方便操作的纸笔测验为主。这种评价方式严重窄化了课程评价的内涵与功能，并且不适用于美育评价。以促进学生核心素养发展为导向的评价理念关注人的全面发展，我们面对的评价主体是有主观能动性、发展性的人，不同于以往以知识技能掌握为导向的课程评价。核心素养为导向的评价理念是适应快速变化的社会发展的评价，它倡导促进学生全面而有个性发展的观念。核心素养评价的实施是一个循序渐进的系统过程，不仅要依靠政策制定者、教育研究工作者和技术设计者提供平台与资源，还要充分发挥美育教师和学生自主能动性，建立全方位的评价体系，获取多方支持。①因此，对中小学学生核心素养的评价不仅要关注对美育学科核心素养的评价，还要超越美育学科范围整合问题情境，关注学生人际交往、个人内在素养的发展与评价。核心素养的评价是一个循序渐进的系统过程，需要我们不断打破学校壁垒，超越学科界限，获取多方支持，构建全方位的评价体系，通过多种渠道获取能够反映中小学生素养水平的信息或证据。②

---

① 王俊民，林长春. 核心素养评价的基本问题探析［J］. 中小学教师培训，2018（11）：31－32.

② 王俊民，林长春. 核心素养评价的基本问题探析［J］. 中小学教师培训，2018（11）：31－32.

（2）多元开放的美育评价标准

评价是一种价值判断活动，美育课程评价标准是衡量学生在美育过程中表现的依据，是对学生美育成效进行价值判断的准则。《意见》中明确提出"健全面向人人的学校美育育人机制"，既然美育要"面向人人"，那么美育评价标准也应该是多元的、开放的，不能以单一的、唯一的标准要求所有地区、所有学生。首先，应建立多个维度和层次的弹性美育评价标准，以凸显学生的特长，尊重学生的差异性和独特性，关注学生个体发展的不同需求，并制定个性化的发展目标。其次，应因地制宜地构建美育评价标准。因乡村中小学美育办学条件受经济、自然环境、交通等因素影响，美育设备设施相对城区学校而言有一定差距。因此，地区之间、城乡之间、学校之间均存在美育发展水平的差异，美育评价不能忽视这些差异性，应根据各地区美育发展状况，形成具有地方特色的美育评价标准。

（3）探索人工智能美育评价手段

学者钱初熹在《人工智能时代中小学生艺术素养评价的研究》中论述，由北师大等单位主办的"2021 全球人工智能和教育大数据大会"在北京召开，其中"人工智能时代德智体美劳评估的新机遇暨第六届教育质量监测国际论坛"聚焦动作捕捉、视觉识别、生理数据采集、多模态数据建模等人工智能和大数据建模技术对学生艺术素养测评的研讨。① 以上研讨给作者以启示，我们应顺应现代信息技术快速的发展，助推人工智能网络建模评价体系的探索和研究，不久的将来，人工智能网络建模评价手段会使中小学艺术素养评价手段更加多元化、自动化和便捷化。

2. 构建中小学美育教师评价机制

（1）加快推进中小学美育工作质量监测与评价

2002 年，我国开始启动义务教育质量监测项目，教育部于 2007 年 12 月成立基础教育质量监测中心，在全国开展了系列教育质量测评活动。2012 年，基础教育质量监测中心在全国 254 个县开展义务教育质量监测。

---

① 钱初熹. 人工智能时代中小学生艺术素养评价的研究 [J]. 艺术教育研究，2023，14（02）：5.

2013 年出台的《中小学教育质量综合评价指标框架（试行）》以及《国家中长期教育改革和发展规划纲要（2010—2020）》中都明确指出，要建立国家义务教育质量基本标准和监测制度，以完善我国义务教育质量监测与评估体系。各地各校结合实际情况，形成适宜的、有特色的教育质量评价模式。积极响应国家的号召，加快推进中小学美育工作质量监测与评价，客观、准确地把握区县美育教育质量现状及其发展水平，以美育教育质量测评结果为依据来评价美育教师教学质量的好坏。通过分析美育教育质量现状，为美育教师评价体系改革与发展提供参考，促进美育教师评价体系不断完善。[①]

（2）多维度完善美育教师评价体系

《基础教育课程改革纲要（试行）》明确提出，要建立促进教师不断提高的评价体系，强调教师要对自己教学行为进行分析与反思，不断提高教学水平。如何构建科学的乡村中小学美育教师评价体系，促进美育教师教学水平及专业成长是教育管理者的重要工作之一。[②] 因此，完善美育教师评价体系应以下几个方面为抓手。

①注重立德树人理念。2019 年教育部等七部委联合印发《关于加强和改进新时代师德师风建设的意见》，把"全面加强师德师风建设"作为教师队伍建设的首要任务，贯穿教师管理全过程，强调加强和改进新时代师德师风建设，倡导全社会尊师重教。习近平总书记在同北京师范大学师生代表座谈时强调"做好老师，要有理想信念；做好老师，要有道德情操；做好老师，要有扎实学识；做好老师，要有仁爱之心"。"四有"好教师标准重点体现在对教师高尚师德的期待。[③] 因此，在教师评价体系中应注重美育教师师德师风的考核与评价，只有德高为师、身正为范的教师才能被社会、家长、学生认可，各学校应实行师德失范否决制。

———————

① 高冬冬. 我国区县义务教育质量测评体系研究 [D]. 武汉：武汉大学，2020：69.
② 姚小明. 构建新时代教师评价体系的探索 [J]. 初中生世界，2021（05）：7.
③ 席梅红，万小羽. 新时代加强中小学师德师风建设的挑战与路径 [J]. 广东第二师范学院学报，2022，42（01）：32 – 33.

②注重发展性评价过程。教育评价是个复杂和长期的系统工程，评价过程中比较难量化和质量化。对于被评价的主体——乡村中小学美育教师的评价不能操之过急，也不能急功近利。应循序渐进制定规范、可操作性的评价机制，在评价过程中关注教师发展性评价。新青年教师刚从学校转入职场，对社会、学校及环境都有从陌生到熟悉的过程，教育教学从不熟练到熟练的过程。中老年教师的专业成长也不是一蹴而就，都需要时间、精力、慢慢磨砺不断积累。因此，在评价中应给予美育教师人文关怀让其有成长的时间和空间。

③注重过程性评价。随着社会的发展，教育在社会中的重要性也在不断的提升，而教师的质量是一个学校的重要指标。因此，英国中小学的教师评价机制也受到了政府的重视，政府为了改善评价机制，不仅制定了一系列的法律法规，还建立了一套有效的教师评价机制。我国乡村中小学美育教师评价也可参照借鉴英国中小学的教师评价机制。参考英国中小学建立教师内部评价机制，美育教师每学年会接受学校领导进行的职业定期评价，以考察美育教师在教育教学方面的专业水平、素质及能力，进而做出评价。同时，学校还会开展诸如"艺术讲座""家庭访谈"等课堂练习，以便对老师的教学情况进行评估，建立客观、全面、准确的评价体系。内部评价机制的实施从以下几方面理解：一是通过校级领导、教务主任、年级组长进行不定期的随堂听课。通过听课可以反映教师是否认真备课，备课时是否进行了深入的研究和思考。课堂教学中教师的教学目标、教学内容是否能激发学生兴趣与爱好，是否有驾驭掌控课堂的能力等。二是要进行常规检查。每个学期对教师的备课和教育教学情况进行常规检查，分享优秀的教学案例或者活动。三是进行跟踪评价。学校对每位教师进行听课、评课制度，教师与教师之间互相听课和评课，每个学期听课数量不低于20堂课。通过听课和互相评课教师们不断反思自己的教学中的优点和缺点，找到差距有目标地提升自己的专业素养。四是进行科研评价。教学是科研的基础，科研是教学的升华，不进行研究的教学永远在现有水平重复，只有在专业教学实践中始终对自身专业领域前沿进行深度了解，才能

与时俱进。因此，乡村中小学美育教师应加强教育科研。改变以往对写论文做课题关注度不够的现状，以教育教学反思为契机进行研究撰写相关论文，通过做课题写论文钻研各个学科、各个领域的人文知识和美育知识，提高自己各方面的综合素养。

④注重外部教师评价机制。英国除了内部评价外还建立了有效的外部教师评价机制，学校定期向外部第三方机构召开评价论坛，外部机构会通过独立的统计手段，对教师的教学工作能力及专业水平进行全面的评价，评估出教师的教学质量，为教师的未来发展提供精准的职业发展指导。①英国外部教师评价机制也可应用到我国乡村中小学美育教师评价中来，包括美育课程设计、教学内容的实施等，由专家组成的评审团从学术、教学能力及服务能力等方面进行评分，便于进行专业性评估。

总之，乡村中小学美育教师评价机制要综合考虑以上评价手段，实现有效的教师评价机制。同时通过评价应及时准确地为教师反馈相关评价信息，便于教师不断完善自身的教学能力，为学生提供更好的学习体验。完善教师评价机制不仅有利于教师的专业素质的提高与发展，更有益于乡村中小学美育教育教学质量的提升。

四、为什么选择这十位教师？

（一）10 位教师简介

本研究在湖南省长、株、潭中心城市和部分偏远地区乡村中小学遴选了 10 位美育教师作为研究对象，其中有 1 名校长、5 名首席名师、4 名一线乡村教师。10 个案主在美育课程实施中各有特点，在教师专业发展中其引领作用和重点也不同。10 名中小学美育教师的具体情况如表 0－2。

---

① 英国中小学教师评价机制述要［EB/OL］.［2023－06－10］. https：//wenku. baidu. com/view/3c268c47f28583d049649b6648d7c1c708a10b36. html？＿wkts＿＝1685370150900&bdQuery.

表0-2 10名中小学美育教师的具体情况

序号	姓名	性别	出生年份	所在单位	进入教师队伍渠道	教龄（截至2023年）	学段	学科	职称职务
1	胡雪滢	女	1974.12	长沙市天心区青园教育集团	大学毕业分配	26	小学	音乐	中小学高级、校长
2	邱小燕	女	1973.07	开福区教育科学研究中心	公费定向师范生	32	中小学	音乐	中小学高级
3	麻小娟	女	1993.03	常德市鼎城区蔡家岗中学	公费定向师范生	8	中学	音乐	中学一级
4	唐云徽	女	1995.11	零陵区珠山镇中心小学	公费定向师范生	7	小学	音乐	中小学一级
5	向慧	女	1995.11	张家界第二中学	公费定向师范生	7	中学	音乐	中小学一级
6	易滢	女	1981.06	长郡梅溪湖中学	公开招聘	20	中学	音乐	中学高级
7	邓宏	男	1975.02	湘潭市教育科学研究院	公开招聘	27	中小学	美术	中学高级
8	李谟辽	男	1976.01	浏阳市第三中学	公费定向师范生	29	中学	美术	中学高级
9	李曙光	男	1973.11	长沙麓山国际实验学校	大学毕业分配	27	中学	美术	中学高级
10	周添阳	女	1988.06	长沙市开福区第一小学	公开招聘	13	小学	美术	中小学一级

（二）10位教师的选择

本研究以采取样本的特性，根据研究目的抽选了为研究内容提供最大信息量的研究对象。我们主要从年龄、性别、地域、专业成长、学科引领、教育教学特色等结构因素在湖南省范围内遴选了10名案主。从年龄结构上考虑，兼顾了城区和乡村教师中的70后、80后和90后群体，有5名

70 后、2 名 80 后和 3 名 90 后案主；从性别结构上考虑，有 3 名男教师，有 7 名女教师，保证研究样本性别齐全；从出生户籍来考虑，2 号、6 号、8 号、9 号案主均来自县城，4 号、5 号、10 号案主来自城区，7 号案主来自城镇，1 号、3 号案主来自乡镇；从案主工作区域经济发达程度来考虑，我们找了经济发达的长株潭地区工作的 6 位案主，经济水平中等发达地区工作的 1 位案主，经济欠发达地区工作的 3 位案主。从研究目标来考虑，一是这 10 位案主大多有在乡村中小学工作过的经历，其中有 3 位曾到乡村学校支过教；有 1 位在乡村进行过长时间的艺术扶贫；有 4 位扎根在乡村学校工作，他们为乡村美育教育的发展在不同程度上做出过贡献。二是期望通过跟踪调研这 10 名案主来了解城市学校与乡村学校美育教师专业发展的现状、存在的问题以及基本诉求。三是期望通过比较研究来了解城市中小学与乡村中小学美育教师专业发展现状、存在的问题以及基本诉求有什么共性和不同点。四是通过比较研究希望了解到具有地理优势和经济优势的省会城市中小学美育教师专业发展比乡村中小学美育教师专业发展在哪些方面更有优势，或者说乡村中小学美育教师专业发展的短板在哪些方面？从研究群体和学科来考虑，我们研究的对象是美育教师，包括了城区中小学和乡村中小学的音乐教师和美术教师。从教师职务、层次或者教师力量来考虑，这个群体包括了校长、教研员、名师、教学骨干、普通教师。从学校类型考虑，包括了城市学校、乡镇中心学校、乡村学校。我们的案主有 2 位来自城区教研单位，4 位来自城市学校，3 位来自乡村中学，1 位来自村小，遗憾的是没能选取到教学点任教的案主。从入职渠道考虑，案主主要通过大学毕业分配、公费定向师范生、公开招聘三种渠道获取工作岗位。值得我们关注的是，入职后案主们工作勤奋努力，表现突出，非常优秀，均成为基层学校最受欢迎的群体，他们大多成为校级领导、中层干部、骨干教师，为乡村中小学美育教师专业发展做出了较大的贡献。通过追寻他们的专业发展轨迹与工作经历，我们试图寻找出这一群体优秀的原因。从影响力的角度来考虑，10 位案主中有 6 位是教育部办公厅实施新时代中小学名师名校长培养计划以来被遴选出来的名师名校长，这 6 位名师名校长当中 1 号案主是名校长，2 号（是音乐教研员）、7 号（是美术教研员）、6 号、8 号、9 号案主是名师。这几位名师名校长按照国家政策及教育主管部门的有关规定和要求被批准成立了名师工作室，他们为工作室制定各项规章制度、建立组织机构、划分成员职责，领衔名师工作室的整体工作，努力从课程理念、课程目标、课题研究、教育教学、学校美育特色发展等方面提高教师们的知识结构和能力。他们在促进美育教师专业发展的过程中发挥着重要的示范引领作用，加速了我省美育教师队伍的建设。从职称结构考虑，我们选择了 5 位中学高级职称的案主，1 位中小学高级职称的案主，1 位中学一级职称的案主，3 位中小学一级职称的案主。尤其是 3 号案主，她的优秀事迹被人民日报、湖南日报等多家媒体报道，省教育厅号召全体教育工作者向她学习，她成了教育教学行业里的标杆人物，是每一位教师学习的榜样。5 号案主的优秀事迹也曾被多家媒体报道。4 号、10 号案主坚守自己的岗位，她们都是骨干教师、优秀教师、先进个人、先进工作者。最后从教育教学特色角度考虑，我们抽选了引领学校美育教育的 1 号女校长；推广柯达伊教育教学法的 2 号案主；为孩子一千零一夜双向奔赴的 3 号案主；用音乐唤起留守儿童对生活向往的 4 号案主；致力于学科融合，关注潜能生成长的 5 号案主；应用信息技术与音乐课堂深度融合翻转课堂的 6 号案主；潜心教育教学改革和教育研究的 7 号案主；乡村中学成长起来的首席名师 8 号案主；潜心校本教材、校本课程美育文化资源开发的 9 号案主；坚持美育非物质文化遗产的创新与传承者 10 号案主。

　　本研究从达成研究目标、效果、信度、可靠性角度出发，通过媒体寻找，省内知名度较高的教研员、教授推荐等方式与以上案主取得联系，以访谈提纲为主线对案主们进行了个案采访、问卷调研，请他们提供中小学美育课程实施的情况、美育教师专业发展现状、问题、困惑以及成功的做法、优秀的案例，他们为我们的研究提供了翔实的研究资料。

第一章　引领学校美育教育的女校长

　　她送教到可到达的地方，一手创办"郦达讲坛"，成就一事；为学校发展提出新理念，给学生的发展成长持续赋能；推进和美校园文化，钻研个性课程，带动全员美育，是一名坚定的学校美育倡导者和实践者。

一、案主简介

　　胡雪滢，湖南省衡南县人，中共党员，中小学高级教师，现任长沙市天心区青园教育集团总校长、青园小学党总支书记。曾担任湖南省长沙市天心区铜铺街小学、湘府英才小学等学校校长。她是全国科技教育先进个人、省"未来教育家"高端项目培养对象；她是教育部"影子校长"培训项目导师、省"国培"项目授课专家；她是省"十一五"课题研究先进个人、市教建教育奖获得者、市优秀教育工作者、获长沙市记功奖励、市小学校长培训班授课者、市第十六届人大代表、市 2019—2020 学年"三区"支教优秀教师、区学科带头人、区教育局连续七年优秀校长、天心区十佳魅力校长。

二、专业发展历程

（一）从业缘起

　　胡雪滢生在教师家庭，从小就在学校院子里长大，那时候乡镇中学学生晚自习，教师都集中办公，读小学开始她就跟着父亲晚上陪学生在教室晚自习，在教师办公室帮老师们刻蜡纸印试卷，从小练就了教师"童子功"，这一练就深深爱上了这份职业。其对于这份职业的热爱还源自小学班主任给予的爱。有一年冬天下大雪，放学的时候，路上雪融化而成的水很深，其他孩子都被家长接回去了，但是她的父母天都黑了还没有来接她，班主任唐老师说："我送你回去吧。"于是，就背着她走上回家的路，在唐老师温暖的背上，决心当一名爱学生的老师的志愿就深深刻进了她的心里，从此再未远离。

1993 年 9 月，胡雪滢以高分如愿考入湖南师范大学音乐系，大学四年期间，表现良好，是系里的宣传骨干，多次主持、外出演出并获奖。1997年 8 月，到长沙市天心区铜铺街小学担任音乐教师。从此，开启了一辈子的育人生涯。

（二）成长经历

正式成为一名教育工作者后，胡雪滢在音乐教学上不断学习探索，在国家、省、市、区各级赛课、基本功比赛、论文比赛、指导学生活动、课题研究等各方面都逐年获得优秀成绩。个人获得国家级奖项 6 项，省级奖项 20 项，市级奖项 50 余项，区级 40 余项，共计超百项。

在学校管理方面，她也积累了丰富的经验。2005 年 8 月，胡雪滢被教育局选调进青园小学，成为光荣的第一代青园创业者，为青园小学的崛起而奋斗。其间，她担任过少先队大队辅导员、德育、教导、教研、校办主任、校长助理、后勤副校长、常务副校长等职务，在各个中层行政和校级领导岗位得到比较全面的锻炼。无论分管学校什么工作，她都与时俱进，创新工作机制，保证工作实效，使学校精神面貌焕然一新，校园文化日趋优良，为学校创建湖南省现代教育技术示范校、省标杆红旗大队、长沙市示范性小学、天心区艺术特色学校的创建和连续九年获得教育局年终目标考核一等奖立下了汗马功劳。

2014 年 8 月至 2020 年 7 月，胡雪滢担任铜铺街小学校长，一所曾经声名鼎盛、现今仅有 12 个班规模的百年老校，如何立足历史、焕发新生？她用六年的时间交上了一份"复兴"的答卷。她的到来为这所有着深厚积淀的绿色环保特色学校抹上了一层"新绿",为达成"新绿童年奠基璀璨人生"这一理念目标,她将学校建设成以"新绿"文化为魂,持续发展、有创造力的高品质学校,社会声誉明显提升、老百姓满意指数飙升,学校更是成为全体教师依恋的心灵港湾。湖南省教育电视台"身边的好学校"专题报道等接踵而至。

她刻苦钻研,积极思考和积累,始终充满活力,将自己的教育理想与现实很好地结合在一起,尝试在铜铺街小学建设一个师生共同健康幸福成长的美好家园,实现铜铺街小学百年复兴大梦想。其编写的生命教育校本学本《新绿童年》,包含自救自护与心理健康教育内容;录制的微课收入"学习强国"平台;编订《绿芽儿成长手册》;完善学生评价系统,旨在对学生进行多维评价;数学课题成功申报省立项课题,环保课题结题并被评为省优秀课题。

她曾成功举办了百年校庆主题教育活动,通过活动凝聚了人心,改善了办学条件,提升了办学水平,得到大众的高度认可。担任校长6年,带领学校的12个班级获得集体奖项,2014年19项、2015年29项、2016年24项、2017年38项。学校五年均获得天心区教育局年终考核一等奖;获得长沙市特色学校、市两型示范单位、全国生态教育示范学校、国际生态学校等荣誉称号。

2020年8月至2022年7月,胡雪滢到任湘府英才小学,学校规模从铜小12个班到这里72个班,变化的是班额数,不变的是"文化立校,课程落地"这一办学思路。面对截然不同的校情,她快速调整工作思路,确定以课程建设为轴心带动学校整体工作全方位提升、高质量发展的工作思路,深化学校"和美文化",构建"光合课程"体系,为师生成长持续赋能。两年的探索与实践,培养出一批拥有优秀课程建设能力的教师,开发出童趣课程、场馆课程、生态课程等深受学生喜爱的课程,学生综合素养大幅提升。

一所学校发展的不竭动力是创新,推动一所学校创新的动能来自校长旺盛的探索精神和创新能力。胡雪滢携团队共同奋斗,在实践应用中汇集总结出一系列管理经验,引领团队快速进步与凝聚,创造出一项又一项好成绩。2021—2022 年，全国育人论坛主题分享、同升论坛课程案例展示、芒果 TV《校长时间》第一期节目推广湘府英才小学"光合课程"，2021 年 12 月"湘府英才 拾年追光"十周年校庆主题教育活动得到华声在线、今日头条等多家媒体推广，校管乐队以湖南省第一名的成绩选送参加全国艺术节比赛，校啦啦操连续三年获省赛小学组第一名，校篮球、足球队屡获区赛冠军等佳绩。

由于她始终坚持"用常识，遵常规，抓常态"，将提升教育教学质量作为学校生存和发展的生命线。2020、2021 两年，湘府英才小学均获得区教育教学质量特等奖，2021 年获得区教育局年终考核一等奖。

2020 年秋季，在调研了学校课程结构的基础上，根据学生需求、学校发展、时代需要开始建构基于国家课程校本化表达的"光合"课程体系，获区一等奖。通过 2022 年 7 月 13 日现场专家论证，学校创建为天心区首批课程创新实施基地学校。她主持的省级"十三五"立项课题"小学数学计算教学微课资源的开发与应用的研究"于 2021 年顺利结题。2022 年成功申报省"十四五"规划课题"小学课后服务课程体系构建与实施策略研究"。

作为一名"国培"授课专家，她培训了来自全国多地市的校长、行政管理人员；2021 年 7 月 17 日受邀参与"中国好老师"公益行动计划 2021 全国育人论坛主题分享；2021 年 12 月 25 日受邀参加省教师发展中心举办的同升论坛课程案例展示；2022 年 6 月 15 日受《教育家》杂志邀请进行《推进学校课程改革 打造课改新样板》论坛主题发言。

担任校长 8 年，从老城区小规模的百年老校铜铺街小学，赴任省府新区大规模新校湘府英才小学，她办过的学校以"教学质量优秀、办学特色鲜明"著称，只因为她坚持文化立校初心不改，课程落地顺势而为。2022 年 8 月，调入青园教育集团任总校长、青园小学党总支书记。胡雪滢的和美文化思想，雅正办学思路仍将继续。

（三）躬身入局，助力"三区"支教

2019 年 9 月至 2020 年 7 月，胡雪滢来到邵阳县郦家坪镇支教，这里是贫困县邵阳县最贫困的乡镇，师资培训严重不足。面对这样的状况，胡雪滢带领支教团队的小伙伴一起，对接资源，克服重重困难，为郦家坪镇创建出一个师训平台"郦达讲坛"，一年内举办了八期培训，开阔了校长和老师们的眼界，提升了郦家坪镇教师整体教育教学水平。支教期满，镇中心校的领导的一句"多亏有你！"让人泪崩。现在，虽然她已经离开，但是"郦达讲坛"却成为邵阳县一个有名的师训品牌。

支教的生活在持续，她被告诫："你能做的有限，不是所有的事你都能改变，不是一切都需要你去改变。"可是，她心里总是浮现小学时一篇课文里的一句话："这条鱼儿它在乎！"她想，很多人都知道这个故事，别人都说你不能将所有的鱼儿都送回大海，所以你这么小的能量就是没有意义的。但是，她却和那个孩子一样倔强：这个孩子她在乎，这群孩子他们在乎。这，就有意义！

于是，她总会寻找机会去不同的地方送教。她曾去过只有五位学生、一位教师的洞田教学点送教。学校坐落在一座破败的古庙里，一间教室、一间活动室、一间办公室便是全部家当。这里所有的课都是一位年近六旬的男教师讲授。她走进课堂，告诉孩子们再过三天就是我们伟大的祖国七十岁的生日了，我们的国歌是《义勇军进行曲》，国旗是五星红旗，扶着孩子们稚嫩的小手写下了"我爱祖国"几个字，然后和他们第一次唱着国歌将国旗在这小小的校园升起。分手时望着孩子那充满期盼与难舍的眼睛，她告诉自己，孩子都是希望朝着更美好的方向生长的。

她曾到患白血病在家休养的慧婷同学家送教 3 次，孩子从最开始躲着她到主动要跟她组成"花儿"组合，问她什么时候再来。当她们读故事《梦想叔叔的皮箱》后，她问小慧婷的梦想是什么，孩子肯定地告诉她是跑步，说想当跑步运动员，虽然现在孩子的身体还很虚弱，但是这并不能阻止一个孩子有自己的梦想。当她看到孩子眼中越来越亮的光，就看到了课程的本质，那就是激发禀赋；也看到教育的本质，那就是人点亮人。

寒冷的冬日，她来到被称为邵阳市"状元村"的蔡家田村，到村小送教。这里风景秀美，山上怪石与树林交错，倒是美得很有个性。据说这里每到春天就会有万亩牡丹绽放遍野，蔚为壮观！

蔡家田村小目前有二十多名孩子，三个年级。在四年级，她教孩子们唱国歌，学敬队礼，爱国教育一定是非常重要的一课。一、二年级复式班学习有趣的《三轮车》。孩子们认真与生动的表达让她爱上了这群天真的孩子。从没有上过音乐课的孩子对音乐有着与生俱来的喜爱，相信这样一节课至少会在他们心里播撒一颗美好的种子吧，多希望这种子也会像这里的万亩牡丹一样，到了春天就极美地绽放，那就是生命最美的模样。

因为有了这样美好的遇见，她让更多的孩子接触到更有趣、更美好的事物，让他们知道世界上还有那么多有趣的未知，等着好奇的他们去发现，去探索，甚至去创造。这就在他们心里种下了向往的种子，为他们的生命开启更多的可能性。这就是教育让他们遇见的意义。

她想，这些孩子也会和她一样，是在乎这样的遇见，需要这样美好的遇见。

三、学校美育的成功案例

湘府英才小学始建于 2011 年，坐落于省政府旁，毗邻三馆一中心和自然生态资源丰富的湘府文化公园。学校占地面积 58 亩，建筑面积 16600 余平方。学校现有 72 个教学班，3000 余名学生。教师队伍教育教学教研能力强，美术区级首席名师 1 人，区级名师 8 人，市区级卓越教师 12 人，市区级骨干教师 34 人。湘府英才小学自建校以来秉承"和而不同，美美与共"的教育理念，培养广博谦慎拥有和美人生的小英才。

（一）建设一所有"根"的学校

2020 年 8 月，胡雪滢担任湘府英才小学党总支副书记、校长工作。她提出办面向未来的教育，创建"光合课程"，用文化推动学校内涵发展。

根深方能蒂固，枝繁才能叶茂，一所学校能更好地发展也是如此。那么什么才是学校的"根"？如何让"根"扎得更稳、拓展"根"的深度呢？胡雪滢校长说："以美育人、和谐向上的优美校园环境、优秀的师资力量、优质的教学质量、良好的教风和学风、与时俱进等先进教学理念都是学校的根系。培土固根，建构适合学生全面发展的校园特色文化则是土壤，通过课程来实现固根。六年的课程培养，把文化转变成学生的习惯、优秀的品格，烙印在学生血液里，成为血液里流淌的东西，伴随孩子一生，为孩子未来的成长、一生的幸福服务，这就是学校的文化。因此，我们用课程带动学校特色创建，希望每一位孩子在丰富的课程滋养下茁壮成长。"

构建怎样的美育课程才是适合小学生发展的呢？胡雪滢校长介绍："孩子们喜欢、乐学的课程就是适合的。我校的文化意象是一棵树，孩子们的成长伙伴是叶子宝宝。叶子承担生物成长过程中光合作用环节，光合作用为地球生物提供90%以上的能量。这种基础性和广泛性的赋能，非常符合小学阶段基础教育的特性。所以，我们提出课程名为'课程核心理念——为成长持续赋能'。"

（二）全景美育——构建和美文化校园

校园环境是学校文化的重要组成部分，胡雪滢校长介绍："学校是孩子每天学习生活的重要场地，以美育人的校园环境尤为重要，我们非常注重学生到自然中去发现、探索。自然不仅蕴含生命的发展规律，还具有形状、色彩、结构和精微线条的美学表现。在学校，孩子是美化师，校园就是最好的美育作品。"

走进湘府英才小学校园，处处充满着人文关怀。校园内有粘贴学生书写楹联"天和地和人和 和而不同，山美水美校美 美美与共"的和美亭；刻有学生撰写"为成长持续赋能"及"广博谦慎"校训的文化石和追光路；陶冶学生艺术情操的"玩味空间"美术基地；启迪学生智慧的"创客室"；与自然亲密接触的综合实践教育基地"和香生态园"；色彩斑斓的岩石墙画上一个个人物剪影形象生动又富有灵气；亲子共同彩绘的轮胎、消防栓、井盖等不起眼的校内设施充满生机与活力。校园内处处充满师生和家长的智慧，每一面墙壁都是与湘府师生和美文化的智慧对话。

图 1 - 1　美丽的校园鲜花盛开

图 1 - 2　孩子们在轮胎上绘画

图 1-3　孩子们在墙体上绘画

（三）全科美育——推进学科间的美育渗透

学校以多元的光合课程体系建设为核心，开设重实践、重体验的美育课程。学校的美育课程不仅仅是音乐、美术学科的事情，而是各学科相互融合、协同教学，将各种审美和人文素养体系化、实践化，通过艺术美、自然美、社会美等审美活动及理性的美学教育，使学生获取多维度的审美体验，建立正确的审美观念，提高对美的鉴赏力及创造力。

1. 课堂教学

学校老师们以审美的"内化于心"与立美的"外现于行"为目标，将美育与劳动相结合。胡雪滢校长说："城里的孩子不像乡村的孩子那样能有天天在田野撒欢的机会，建议老师们把课堂搬到大自然中去，了解自然、亲近自然，才能更深入地体会真实的美。所以，在我们学校的生态课程实施中，在学校的生态种植园、校内道路旁的石阶上，随处能看到师生们学习的场景。学生在劳动教育实践基地'和香生态园'进行植物种植，不仅美化了校园的环境，同时也为自己种下了一份希望。孩子们在校园就能了解种植、开阔视野、丰富知识、体验生活，又感受到了绿色发展的重要性，培养了他们的团结协作互助的情感教育，同时也为美育课程产品提供了原料。"

在学校生态教室里，美术老师们正带领学生进行作品创作，胡雪滢校长介绍："美术老师们将非遗项目扎染、植物拓印、植物浮雕、花草纸等特色课程在全校普及。而这些用来创作的原材料都来自校园，学生们通过小组合作、观察、探究、写生，运用艺术的表现手段制作出精美的艺术作品。"师生们将自然生态融入艺术与劳动，将四季变化留在纸上、存于心间，将美育课堂搬到校园里，回归自然中。艺术源于校园，又归于校园。

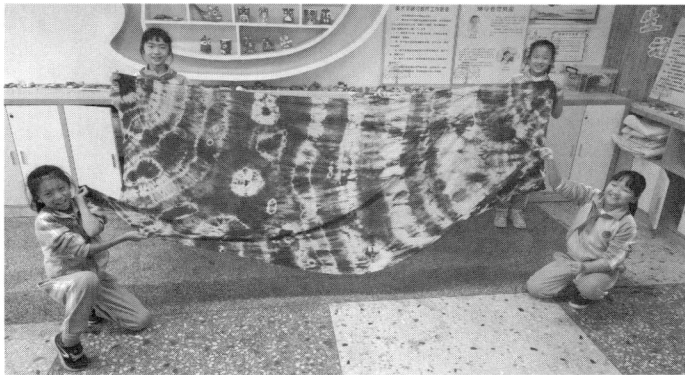

图 1－4　非遗项目扎染进课堂（1）

图 1－5　非遗项目扎染进课堂（2）

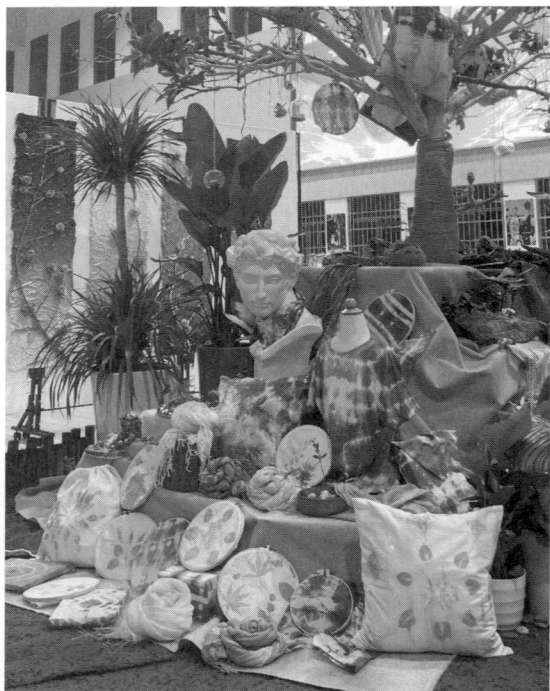

图 1-6　非遗项目扎染进课堂（3）

2. 课外活动

学校美育课外活动依托各类社团，如合唱、舞蹈、管乐、书法等社团。为了让孩子们在音乐中感受美、享受美、爱上美，学校音乐老师利用课间，开展"我的舞台我来唱"活动，只要你想唱，就可以上台来表演，学生兴致十足，在这个过程中学生感受到了唱歌带给他们的快乐和自信。疫情期间，为了提醒孩子们戴好口罩，做好防护，合唱队的孩子们在音乐老师的带领下演唱防疫歌曲，听到音乐时戴上口罩会感到心情愉快，心情舒畅。师生用歌声传递美，让更多孩子享受到音乐之美！

胡雪滢校长介绍："我校自成立管乐社团后，在教学方法、家长沟通、乐器增添等方面进行了多年的积极探索，砥砺前行，摸索了一种可行有效的组建策略，创立了一套比较完善的管乐社团教学管理体系，实现了优化管乐社团建设，促进教育教学管理效果。在与家长的沟通上，利用网络资源共享，创建管乐社团家长 QQ 群和微信群，更快更全面地把管乐社团孩子的训练与比赛等情况反馈给家长，让家长也分享到社团的成功与精彩，从而更好地促进管乐社团的良性发展。"管乐社团这一形式，无论是服装、乐器、装饰物的色彩，还是队员演奏、行进动作的一致；无论是队员形体的优美、精神状态的高度集中，还是那雄壮激昂、迂回婉转、节奏明快的乐曲，都使队员受到艺术美感的熏陶。

3. 艺术展演

艺术展演是激发学生学习兴趣的重要手段，学校的艺术展演活动分两个层面，学校层面的艺术展演是学校每学年分月进行不同学科的展示活动——学科月活动，活动中师生均可参与，学生也可以借此机会充分展示自己的才华。更高层面是上级组织的各类艺术比赛，例如音乐的三独比赛、美术书法绘画比赛等，学校都会先进行校赛选拔，以此激励学生，锻炼自身精益求精、坚持不懈的品格。

图 1 - 7 学校管乐队团

（四）全员美育——人人都是美育工作者

学校全员美育意味着全学科、全学段、全体教师的参与，这已成为学校教师们的共同意识。学校每周二、周三下午开展选课走班形式的个性课程——童趣课程，其建立在学校课程整体规划之上，旨在多维度培养学生的核心素养，最终实现人人都是美育工作者、人人都是美育对象、处处都有美育的身影。

"目前学校开设的几十门童趣课程内容都由学生来决定，学校每年会面向学生征集他们想要学习哪一门课程，充分尊重孩子的意愿。在教师层面，童趣课不仅仅只是艺术类教师授课，其他学科教师同样可以跨学科融合教学。例如'炫彩黏土'童趣课程，深受学生的喜爱，既能培养学生的动手能力，又能促进学生艺术素养的提升。但学校仅有四位炫彩黏土老师，如何更大程度满足孩子的需求呢？集美术组全体教师的智慧，开发了一套适合小学生的'炫彩黏土'校本课程教材，有了这套教材资料，其他学科的老师在经过参与黏土制作、课堂教学培训后，也能成为一名专业的黏土教师。"胡雪滢校长介绍说。

湘府英才小学周边有着丰富的课程资源（人文、自然、场馆），拓宽了课程的边界，"博物馆过不来，我们就过去"，学校的场馆课程在项目组老师们的共同努力下，构建了一套有目标、有组织、有计划、有方法的学习活动。六年级科学教材中有关于"陨石"的天文知识，但教材上只有一张图片，就没有其他详细的介绍了。而地质博物馆中的陨石标本，种类齐全。孩子们真实地去专业场馆进行学习，身临其境，有具体实物参观，可以互动学习，这种创新的学习方式和学习空间，为学习活动提供了物质与环境支持，更受学生欢迎。

图1-8 博物馆课程

　　湘府英才小学创新性、多样性、多融性的美育课程，以浓郁的艺术品质和品位提升了学生审美能力、丰富了学生体验、开阔了学生视野。教师们在日常教育中寓教于乐，以情感人、以美动人，带领全体学生向美而行。

四、教育教学中存在的问题及诉求

（一）教育教学方面

1. 教学活动容易流于表面

　　在音乐课中，部分教师对于音乐要素等基础知识内容的渗透较浅，音符、节奏等教学内容很容易只停留在表面；教师关注到学生整体的时间更多，个体的时间过少，难以发现学生个体存在的问题，容易形成一起齐唱容易，单独演唱时音准、节奏就把握不准确的现象。在往年国家义务教育质量音乐监测反馈中得知：学生独唱的效果欠佳，独唱能力较弱；对于音乐的鉴赏能力较弱，如不同节拍的辨别、各个地方的民族音乐听辨、音乐主题听辨等知识掌握程度不够。这就反映出音乐课堂老师的教学存在的问题。

2. 忽视对学生合作意识的培养

　　合唱合奏是小学音乐课程中不可缺少的教学内容，合唱合奏也能在一定程度上训练学生的音乐听辨能力，也是通过音乐课堂培养学生团队合作能力的重要途径。学生通过合唱合奏能感受美妙的和声效果，感受合作带来的乐趣。但在教学中，部分老师遇到合唱的部分直接变成了单声部学唱，即便教授了两个声部，学生也很难将两个声部完全唱准，原因在于学生平时的音乐素养积累不够，老师没有从低年级开始训练学生有关和声的概念，学生没有循序渐进的一个系统学习过程，导致到中高年级开始唱合唱歌曲、奏合奏乐曲时，声部不融合等问题逐渐显露。

3. 新青教师教学经验缺乏

刚从大学院校毕业的新青老师，不管在大学里面专业能力是哪种程度，在小学里面想要上好一节音乐课其实是要从头开始学习的。大学里面学习的更多是专业知识，是靠理性思维去构建知识体系的，是以成人化的思维去理解和消化知识的，而来到课堂里面就要具体问题具体分析，比如学情分析、教材分析、重难点分析，教师的语言语态等都是需要重新学习的。很多新青教师的音乐课，说教的内容太多，没有让学生在音乐中去体验和感受，而是过多地用文字去表述，过于理论化，一节课已经上了一半，学生可能还没有完整地聆听一遍音乐。特别是对于低年级学生来说，低年级正是音乐兴趣培养的黄金时期，也是感性为主的学习阶段，学生喜欢参与音乐类活动，教师如果没有激发学生的学习兴趣，过于理性，将会直接影响学生对于未来音乐学习的热情，也会直接影响音乐学习的效果。

（二）艺术活动开展方面

1. 学生训练动力不足

学校的专业训练队是以比赛为主的团队，在长期训练中是需要学生有较好的意志力的。训练过程中教师发现学生缺乏足够的动力，易退缩，容易产生畏难心理，训练稍辛苦一点就难以坚持。如何安抚好学生的情绪，既能激发学生训练的兴趣，又能保证训练效果，值得思考。

2. 兴趣和学科类学习难以取舍

由于校训练队是需要大量训练时间的，而这样的训练常常引发家长的学习焦虑，很多家庭为了提高孩子成绩，宁愿牺牲了孩子的兴趣爱好。在"双减"政策背景下，虽然学习任务变轻了，但是在很多家长眼中，学科类学习仍然是学校里面独一无二的任务，如果占用学生的课余时间排练、演出或者比赛，很多家长认为会耽误孩子的学习，往往参加了一段时间专业队伍的训练就选择放弃，令人惋惜。

3. 社团缺乏专业对口老师

乐团乐器众多，由于专业不对口，很多老师对于管乐或者其他乐器的了解不够，需要花大量时间去学习，但由于平日工作繁忙，学习时间不能保证，学习效率较低，有的专家来校排练，对于学生乐器演奏方法出现问题等无法及时发现与一一解决。

4. 社团梯队建设效果不佳

学校社团需要梯队才能不断地补充新鲜血液，才能让学校的专业团队拥有着无限的生命力。各个梯队应该是一个有着共同奋斗目标、学习任务分层次、各队伍之间衔接紧密的整体。而学校社团的现状为专业师资力量薄弱、人才断层明显、实践机会较少、梯队队伍较为松散、梯队效果不明显，影响了整个团队的可持续性发展。

（三）支教机制不够完善

通过市教育局、学校多年支教工作经验总结发现，实施"三区"支教计划在一定程度上弥补了乡村教师的部分结构性缺口。支教教师均为来自省会城市或中心城市的优质教师，大多师德素养好、业务能力强、教学水平高、教育教学理念先进，为全校教师进行校本培训、专题讲座、教学指导，对乡村学校教师起到了示范引领作用，促进了受援学校教育教学水平的快速提升。在"三区"支教计划取得明显成效的同时，也存在着不少问题。例如对接机制不够健全，在支教教师的学科安排上偏科严重，美育教师短缺，支教教师的确定上仍存在滞后性问题，支教计划的实施也存在灵活性不足等问题。此外，激励措施较为单薄，仅体现在对支教教师的经济补助上，缺乏诸如职务职称晋升、评先评优奖励等其他方面的配套政策，无法吸引大量优秀教师主动投身到"三区"支教队伍中。①

五、我的反思：多维度促进美育教师专业成长

美育是一种审美教育、美感教育，是促进学生德智体美劳全面发展的

---

① 单莹，吴停风，何国清，等. 湖南"三区"支教计划实施状况及其改进对策［J］. 吉首大学学报（社会科学版），2017，38（04）：139-144.

着力点。美育课程是学校课程设置中必不可少的课程之一，对学生人格的健全起着不可替代的作用，但是美育仍然是学校教育中较为薄弱的环节，我们应充分认识到美育教育的育人价值，使美育理念渗透到生活学习的方方面面。

（一）教育教学方面

1. 加强教师专业素养，认真落实新课标要求

不断加强教师自身的专业学习，注重学生音乐素养的培养，落实每一项音乐教学活动，保证人人参与，在关注整体的同时，还要多关注个体发展，多让学生单独表演或演唱，增强学生的自信力。还要学习与音乐相关的其他艺术内容，扩充自己的知识储备和范围，适应新时代的新课标要求。在中华人民共和国教育部制定的新版新课程标准中明确指出：小学阶段课堂教学必须倡导学科之间的综合。在小学音乐教学中，音乐教师应该认真研读新课标教学理念，寻找音乐与其他艺术之间的紧密关系，从艺术的多角度出发，实现音乐与姐妹艺术的融合。但是有的学科融合过于刻意，为了学科融合而融合，使课堂变得生硬。教师要认真研读新课标教学理念与实践精神，寻找音乐与其他艺术形式的融合点，在校内外多跨学科听课，积极思考和探索音乐与其他专业学科的相互融合。同时，可以多学习学科融合的优秀课例。

2. 加大合唱合奏教学力度，培养学生合作兴趣

从三年级开始让学生接触和声的概念，从简单的轮唱入手，到单个的和声音程，再到简单的二声部合唱，逐步建立学生初步的和声听觉。在歌曲教学中慢慢培养孩子相互聆听的习惯，不断提升孩子们二声部演唱时声音的融合度，循序渐进，到了中高年级，合唱合奏就会变得得心应手；在学好教材上的二声部歌曲后，适当地加入合奏练习，培养学生多样的音乐技能，体会合作演奏的乐趣。

3. 加大师徒帮扶力度，促进新青教师成长

刚从大学院校毕业的新青老师，缺乏教学经验，多以成人化的思维去理解和消化知识，容易将音乐课上成说教课或语文课，没有让学生在音乐

中去体验和感受，这会影响学生对音乐学习的热情。学校虽然有师徒结对，但因为师徒上课时间几乎相同以及平时要完成一些其他工作，徒弟很难挤出时间去师父的课堂进行学习，进步也就不明显，也存在有的徒弟对于学习的欲望不够强烈，对自身专业的提升无太多需求，追求"躺平"状态，主动性不够，进步也就不明显，只是纯粹完成学校布置的任务，师徒结对就流于形式。为此，新青教师的常态听评课要落到实处，形成进阶式成长，师傅要给予徒弟科学的、专业的指导和反馈，徒弟可以对一课进行多次反复磨课，师傅跟进成长进度，科学评价，促进其快速成长。师傅对于徒弟的指导不能仅限于课堂教学，徒弟的专业素养也需要师傅助力成长，师傅要在钢琴伴奏、声乐、语言语态等基本技能给予徒弟专业的指导。

（二）开展好艺术社团活动

1. 加强社团梯队建设

梯队建设是非常有效的教学手段，能够逐步提高学生的演奏能力及艺术修养，带动校园艺术建设，促进学校艺术社团的可持续发展，从而完善校园艺术培养体系。为了更好地落实梯队建设，可以建立社团成员的梯队管理机制，提高社团成员的积极性，在保持原有成员的基础上，有计划地培养后备成员；提高教师自身专业水平，合理引进外聘教师，在一定程度上缓解师资不足问题；① 可以对梯队建立一定的制度，训练要有计划和要求，作业布置要科学合理，定期对学生进行考核；每一个梯队对于其他梯队的学习内容要非常熟悉，以防梯队之间脱节的现象。

2. 社团发展需家长支持

社团的发展离不开家长的支持，因此要加强与家长的沟通，招新之前，需了解家长的动态意向，是否支持学校社团，是否有时间且坚持准时参加，以便后期训练顺利开展。积极反馈孩子在学校的情况，也可以让家

---

① 冯云. 济南市历下区中小学民乐社团活动现状的调查与研究［D］. 山东：山东师范大学，2017：26.

56

长定期走进社团中，见证孩子们的专业成长，增强孩子们的信心；同时多给艺术团的孩子争取上舞台表演展示的机会，家长感受到了老师对孩子的用心和付出，自然会支持。

3. 优化社团教学活动

音乐社团活动除了能实现音乐学科的教育功能外，还能促进学生健康成长，激发学生学习音乐的兴趣，培养学生感受美、欣赏美、表现美、创造美的能力，是学校实施美育的重要途径。因此，目前很多中小学校成立了管乐、民乐、话剧、合唱、舞蹈等社团。为了更好地开展社团活动，社团课堂教学也成了音乐老师的工作重心之一。

值得关注的是，在现实辅导中部分音乐老师的专业并不对口。如上文胡校长所说，有的音乐老师对于管乐或者其他乐器并不了解，在活动中对于学生乐器演奏方法等方面出现错误却无法及时发现和解决。因此，社团活动需要专业对口的老师分类辅导，根据社团需求安排专业老师。基于以上情况，音乐老师需要加强继续教育培训，克服困难保障学习时间，提高学习效率，优化自身专业知识结构，促进社团课堂教学效率的提高，科学有效地开展教育教学活动。

（三）以支教为契机提升教师专业水平

1. 优化城乡二元教育结构

"三区"是贫困地区、民族地区和革命老区的简称。近年来，随着教育不断发展，优质教育聚集在城市学校更加凸显，无论是在师资力量、教学质量还是教育效益等方面，都明显高于乡村地区。教师是教育发展、学校发展的第一硬件，公平教育需要教育的均衡发展。我们常说，名师带来名校，名校带来名校长，可见名师是学校发展的核心竞争力。一些示范校、样板校、重点校，究其根本原因在于优秀师资的支撑。在城乡二元环境下，实施"三区"支教工作，不失为可行之策。通过实施"三区支教"选派一批批省会城市和中心城市的优秀美育教师对口支教乡村学校，能够有效促进受援校美育教师队伍整体水平的快速提高，缩小城乡师资差距，加快优化城乡二元教育结构。近年，派出校和受援校、派出地区教育部门与受援地区教育部门结对帮扶，促进美育教师培训、进修学习、优质教育资源共享等方面得到全方位的落实，受到广大受援地区的高度评价。①

2. 发挥支教老师的引领作用

习近平总书记在党的二十大报告中指出要全面推进乡村振兴，而乡村振兴要靠人才，人才的培养要靠教育，美育是素质教育的重要组成部分。首先，美育教育备受重视，美育教师是美育教育的主要实施者，优秀的美育教师有着丰富的学识，较高的专业素养与合格的道德修养，他们在"三区"的美育支教工作能够助推乡村美育的发展，对提高乡村美育质量起着积极的引领与助推作用。其次，乡村美育教师教学水平有限，优秀美育支教教师的援助，不仅缓解了乡村美育队伍的匮乏，有效补充了乡村美育师资力量，还能发挥支教教师的骨干示范作用，优化乡村美育教师队伍。支教教师协助乡村教师上好每一堂美育课，他们为乡村美育工作者带来先进的教学理念，二者的沟通切磋，使乡村美育教师专业修养更加完善，补齐乡村美育教师的短板。

3. 做好"三区"支教工作有效途径

我国的"三区"支教工作已有十年，虽然取得了不少成效，但也存在一些问题，在今后的工作中可从以下方面进行完善：（1）规范教师遴选。响应中华人民共和国教育部、省教育厅的号召，招募有道德情操、有扎实学识的美育教师，为"三区"支教储备人才，教师经过报名、遴选，组建一支高质量高水平的"三区"美育支教团。（2）严格教师培训。"三区"支教是种公益活动，但只要是教育问题，就要认真对待。"三区"不同于城市，教学条件艰苦一些，教育水平有限，支教务必要了解"三区"的美育教育学情，应根据学生的学习实际进行教学，对教学内容、教学方法、教学活动、教学评价的设计都要以学生为中心，以学情为基础。（3）指导美育教师实践。有的美育教师对"三区"环境是陌生的，虽然参加过培

---

① 赵宁．支教政策的成效、困境与突围——基于甘肃省"三区支教计划"的研究［J］．西北成人教育学院学报，2018，135（03）：30－34＋15.

训，但是还是难以将理论与实践结合，所以指导工作是必不可少的，边指导边实践，为"三区"支教累积经验。此外，做好"三区"支教工作，还可鼓励大学生梯队赴"三区"参与支教，这些大学生是未来的美育教师，通过三下乡平台、社团平台等提供"三区"支教机会，可以让这些准教师们提前进入角色，锻炼专业能力，为真正踏入教师岗位打下坚实基础。

【政策回顾】

为贯彻落实《国家中长期人才发展规划纲要（2010—2020年）》、《国家中长期教育改革和发展规划纲要（2010—2020年）》和《中国农村扶贫开发纲要（2011—2020年）》精神，提升边远贫困地区、边疆民族地区和革命老区（以下简称"三区"）学校教师队伍素质，为"三区"教育改革和发展提供人才支持，根据中央组织部等十部门制定的《边远贫困地区、边疆民族地区和革命老区人才支持计划实施方案》的要求，特制定本实施方案。

一、目标任务

从2013年起至2020年，每年选派3万名优秀幼儿园、中小学（含普通高中，下同）和中等职业学校教师到"三区"支教一年；每年为"三区"培训3000名幼儿园、中小学和中等职业学校的骨干教师和紧缺专业教师。通过选派支教教师和培训当地教师，加快"三区"教师队伍建设，提高教师素质，为推动"三区"普及学前教育、义务教育均衡发展、普及高中阶段教育、大力发展中等职业教育提供人才支持。

二、工作原则

（二）统筹规划、整体安排。将项目实施与教育对口援疆、援藏、援青计划，东西部扶贫协作，城镇教师支持乡村教育工作，中小学和幼儿教师国家级培训计划、职业院校教师素质提高计划等有机结合起来，统筹安排实施。要把本方案同推进学前教育发展、推进区域内义务教育均衡发展、促进教师轮岗制度结合起来，探索形成提高"三区"师资水平、区域内师资均衡化发展的长效机制。

（三）因地制宜、注重实效。从"三区"受援县幼儿园、中小学和中等职业学校教育实际需要出发，由受援县提出需求，结合派出地学校教师专业特长，选准学科专业，派出骨干教师，培训专业教师，切实提高受援地教师的教学水平和业务能力。

三、基本要求

（二）选派支教教师和培训"三区"教师范围。

选派和培训教师主要由各省（区、市）及新疆生产建设兵团在本行政区域范围内进行，以就近就便、本省份调配为主，调动省会城市、中心城市的优质教师资源和培训资源支持省份内的受援县。新疆（含兵团）、西藏、青海以及确定了东西扶贫协作关系的西部省份的教师选派和培训工作，可以通过援疆、援藏、援青机制以及东西扶贫协作关系，由对口支援的省（区、市）承担一部分教师选派和培训工作任务，具体数量由对口支援（东西扶贫）双方协商确定。人才资源相对薄弱，尤其是"三区"县数量较多的省份，在派出教师范围上可适当放宽条件，采取市支持县、县支持乡的方式予以解决。

（三）选派要求。

3.资格要求。

原则上选派中级以上专业技术职务的骨干教师，幼儿园教师可适当放宽要求。大学生实习支教、乡村义务教育阶段学校特设岗位计划不列入选派范围，短期的基层巡讲、交流或支教也不列入选派范围。

4.工作要求。

原则上选派教师必须到受援县的县级以下（含县）学校连续任教一个完整的学年（如安排上实在有困难，至少要连续任教一个完整的学期，选派人数上按0.5人计算），担任相应课程或专业的教学任务，并通过集体备课、举办讲座、开设公开课等多种形式，帮助当地教师提高教学水平、业务能力。

（四）培训要求。

各省（区、市）及新疆生产建设兵团根据受援县（团场）的数量，按照不低于平均每县3人的标准，每年从县（乡）幼儿园、中小学和中等职业学校选派基础条件较好，发展潜力较大的青年骨干教师，纳入中小学教师国家级培训计划、幼儿园教师国家级培训计划、职业院校教师素质提高计划、对口支援培训以及其他培训的内容，到省会城市、中心城市优质幼儿园、中小学、中等职业学校、教师培训中心（基地）或高水平院校接受平均3个月的专门培训，以提高其专业水平和教育教学能力。

四、保障措施

（一）政策保障。

选派到"三区"的支教教师，支教期间人事关系保留在原单位，支教期满后仍回原单位工作。原工资福利待遇不变，按月发放工作补助、交通差旅费用以及购买意外保险等补助。其支教经历视同城镇教师到乡村教育工作经历，符合规定条件的，应在工资、职务（职称）晋升、计算基层工作经历、研究生考试等方面，按现有倾斜政策执行。对于选派工作期间业绩突出、基层欢迎的特别优秀人员，按照国家有关教师奖励的规定予以表彰奖励。受援县（团场）负责支教教师的住宿生活、工作岗位及日常管理，要充分发挥他们的引领示范作用，并如实对教师支教期间的工作情况进行考核。

——教育部等五部门关于印发《边远贫困地区、边疆民族地区和革命老区人才支持计划教师专项计划实施方案》的通知

第二章　柯达伊教育教学法的践行者

她是一位满怀爱心、耐心、责任心的明星教师，走进湘雅医院的病房，给予白血病患儿们抗争病魔的力量；坚守在音乐教育的课堂，探索柯达伊教育教学法的理念；深耕于艺术课程领域，发展和开拓艺术教育课程改革。她兢兢业业，尽心尽力，带领音乐教师成长，致力于提升广大学生能力与素养。

一、案主简介

邱小燕，女，中小学高级教师，开福区教育科学研究中心中小学音乐教研员，优秀共产党员，从教已 32 年，大学本科毕业于湖南师大音乐系音乐教育专业，2013 年 6 月获湖南大学教育管理硕士学位。全国艺术教材副主编，分册主编。全国优秀教师，获湖南省教育一等功。开福区艺术名师工作室首届首席名师，长沙市音乐名师，骨干教师，开福区人民政府授予其"明星教师"称号。湖南省音乐学科"送培到县"首席执行专家，全国艺术教育"一等园丁"，全国教资面试考试长沙市音乐学科首席考官；湖南省音乐教育专业委员会理事；北京音乐家协会柯达伊音乐教育专业委员会常务理事。

二、专业发展历程

（一）迷茫与希望

在艺术课程的课改实验中，邱老师也曾和其他艺术老师一样，感到过迷惘与困惑。例如，单学科背景的艺术教师们是否能胜任综合的艺术课程？艺术课程在国外是适合班级人数较少的情况下开展，在中国的大班制下如何从容面对？

是的，像家长担心的，同行困惑的这些问题，她也常常遇到，也常在思考，并且深知，中国的艺术课程改革，必须努力探索出一条适合国情、校情的艺术教育发展之路。

困惑是暂时的，迷惘是短暂的，在孩子们身上，我们不难看到光明与希望。当你走近课改实验区的孩子，你会发现他们开始用一种发散性的思维来看待生活中的人和事；在学习中，他们理解了与人交往、合作的快乐；面对一幅作品，他们或许能听到图画里的声音与节奏；听到一首歌曲，他们也许会随乐起舞，用自然的身体语言来表达他们的所听，所感，或许还能用彩笔勾勒出这段音乐的美妙意境……这些喜人之处，给我们平添了信心，增强了动力。

（二）挑战与策略

体验艺术课程的进程中，作为一名艺术教师，邱老师感觉自己好像重新获得了巨大的能量，这些能量带动她的思想不停运转，思维不断开阔，这是一种无形的动力，是新生事物带给教育者的活力与勇气。她总结出了这样一条规律："好学生是夸出来的。"根据观察和经验积累，她注意到：大凡受表扬多的孩子所表现出来的谈吐、举止均比较出众、敏捷；凡不受重视或经常挨批的学生，往往表现出沉默拘谨、缺乏自信。由此，她更加深感"教育要面向全体学生"不是一句口号，是对每一位教育者的警示。

邱老师所在学校有个"调皮大王"叫晓晨，他不仅自己不爱学习，还常影响到其他同学，被公认为是班上的"害群之马"。然而邱老师没有放弃他，一直在挖掘他的闪光点。那一节艺术课，孩子们正在学唱歌曲《到小熊家里去》，她刚示范唱了一遍，就听到教室后面传来一个孩子的歌声，竟然是晓晨！她顿时感到一种无以名状的惊喜——原来，晓晨家有这本磁带，难怪她刚唱完他就会唱了！她像发现了歌坛新秀一样，马上给晓晨提供了一个才艺展示的舞台，晓晨受到鼓舞，自信地走到台前演唱起来。同学们则在邱老师的引导与暗示下，与台上的"小歌星"配合默契，还有同学上台给他献花呢！通过这一次心灵的撞击，晓晨感受到了集体的温暖，大家的鼓励与不排斥，感到自己原来也可以优秀起来的……从那以后，她从晓晨的眼神里读到了他对艺术课的等待与期盼。

还有一个孩子，名叫笑宇，他刚入学时的性格与现在相比，可以说"判若两人"。以前的他是孤僻的，封闭的，几乎不愿与周围人交流，对老师的话亦是充耳不闻，像个"小木头人"。邱老师抱着"不放弃每一个孩子"的想法，对他进行了长期的个案研究。从他喜欢的绘画着手去鼓励他、引导他……终于，木头人不"木"了，成了年级里小有名气的"小画家"，到期末还被评为班上的"艺术小新星"呢！

她一直秉承"好学生是可以夸出来的"的信念，认为只要夸得有度、有法，每个孩子都有着巨大的潜力和提升空间的，当老师的就应该为更多的孩子还原他们心中本该五彩斑斓的艺术世界。

邱老师还说，对于低年级孩子，得要学会"哄"。她曾经写过一篇《我的"小红花"三阶段》的文章，放在她的"新思考"博客上，引起全国广大教育同行、教育专家的高度关注。她对低年级孩子喜欢被"哄"这一普遍现象进行了分析与思考，并总结出自己的一套评价方法。初始阶段，她也和其他同事一样，下课或放学后就在办公室剪小红花，她想让孩子们把她奖励的小红花累积起来，回家存放在艺术档案夹中，到期末再进行一次阶段性评比。后来她发现各科老师几乎均采用小红花奖励机制，孩子们手上已分不清哪一朵是"艺术小红花"了。于是，她意识到单靠几朵小红花的评价太单一了，于是又改进了方式，采用更丰富有特色的评价方式来促进和激发孩子们的学习热情。她采用录音的方式把学生课堂上的表演唱、小组唱、齐唱等录制并保存了下来，过一段时间又拿出来播放给他们听，横向和纵向比较，个体与他人"PK"，孩子们果然很感兴趣，回家后纷纷仿效老师的方法，自己"灌制"录音带。邱老师则在课余忙着给孩子们的"专辑"录进评语，虽然这是项耗时耗力的大工程，但看到孩子们的激情被逐渐点燃的效果，她也不计较自己的那点休息时间了。她建立了自己的评价模式，润物细无声，对每一位学生关爱有加，诚恳相待。多年后，孩子们还记着这位儿时的艺术老师带给他们的鼓励与帮助。

（三）耕耘与收获

辛勤的耕耘终于获得了肯定与认可，中央教育电视台播放了邱老师执教的艺术课"小兔乖乖"。这是一堂音乐与民间艺术的融合的艺术综合课，童话般的故事情境激发了孩子们的创作灵感，十二生肖——兔给孩子们带来快乐和启发。这些都源于邱老师深入挖掘课程资源、不断总结艺术教育规律。教学相长，其乐融融，作为艺术老师的她，又何尝不是受益匪浅呢？

艺术课程下成长起来的孩子们能力水平到底怎样？这可是外界特别关注的"下文"。有一次，市里组织中小学生百米长卷画比赛，主题是"美丽的家乡"。邱老师带着班上几名孩子也来参加了这一主题活动。当他们看到其他参赛队带着一应俱全的绘画工具，甚至连圆规、量角器都带上了时，才发现自己团队的那几支笔和几盒颜料显得那么单薄，颇有点"赤手空拳"之感。比赛开始了，邱老师对孩子们说："你们只要画出自己心里最美好的家园，其他不用多想。"孩子们开始心无旁骛，专心创作起来。孩子们的创作几乎是一气呵成，酣畅淋漓。在他们这支参赛队的作品前驻足的观众与评委很多，大赛组委会临时要挑选几名孩子在百米长卷画之首创作一幅刊图，组委会表现出对这几个孩子的画作的兴趣，于是邀请了邱老师带着她那几个天真可爱的孩子来担此重任。经过这次体验式的艺术活动，邱老师更加坚信：艺术课程对孩子们的思维不是约束和束缚，也不是淡化技术才能，而是一种对他们创造性思维的拓展，是可以眼随心走的自然萌发。

三、心怀大爱，坚持公益事业

　　邱老师带领她的团队坚持公益事业，心怀大爱。湘雅医院打来电话，希望邱老师能够为医院的白血病患儿上一节艺术课，让这些孩子也感受一下艺术教育的快乐。邱小燕清楚地记得，她为孩子们上的课叫"玩具进行曲"。在医院病房外的走廊上，几张小小的凳子排开便搭建成了临时课堂，这些白血病患儿戴着口罩，半露的脸庞并没有太多血气，然而那一双双露出来的眼睛里却散发着渴望的光。她敲响小军鼓，带领孩子们踏着节奏去体验和感受小玩具兵们内心的快乐与神气。她眼里含着笑，心中流着泪上完了这一节课。

　　那一次上课后，邱老师主动请缨，多次来到这个狭窄的走廊，成了这些孩子们每月一见的音乐老师。每到月末，邱老师都会和她的团队成员为这群特殊的学生带来艺术课的欢乐。有一回，护士长神色匆匆地找到邱老师，说有一个患儿因刚做了穿刺手术需卧床休息，不能来走廊上课，可这孩子因为错过了期待整整一个月的艺术课堂而失落不已。邱老师得知后，不顾疲乏，来到这个卧床的小男孩病床前，给他单独上了一课，以弥补他的遗憾。小男孩尽管躺在病床上忍受着病痛的折磨，甚至鼻子上还插着氧气管，当他用手机音乐做伴奏，认真唱起那首"我相信我就是我，我相信明天……"时，邱老师和在场的医生、护士都流泪了，孩子的坚强以及他对音乐的热爱，让大家都感觉到艺术的感染力甚至可以驱赶病痛。

　　中央电视台《人口》栏目走进湘雅医院，对邱小燕老师的这个特殊艺术课堂进行了节目录制和报道。邱老师被评为"最佳社会志愿者"，湖南卫视、大众卫生报、红网等各大媒体、报纸、杂志对此义举纷纷表示了高度赞赏和大力支持。可她说："公益不是作秀，而是对自己心灵的洗礼。""邱小燕艺术名师工作室"坚持公益事业，它既是一个音乐与艺术的专业共同体，也是一个关爱社会弱小的公益共同体。邱老师带领她的团队成员坚持每月给这些身患重症却又渴望课堂的孩子们送教达两年之久，邱老师带领的团队被湘雅医院授予"优秀送教团队"称号。

图 2 - 1 给湘雅医院白血病儿童送教《玩具兵进行曲》

图 2 - 2 给白血病儿童认真讲课

图 2-3 与湘雅医院白血病儿童开展"心灵绿洲"活动

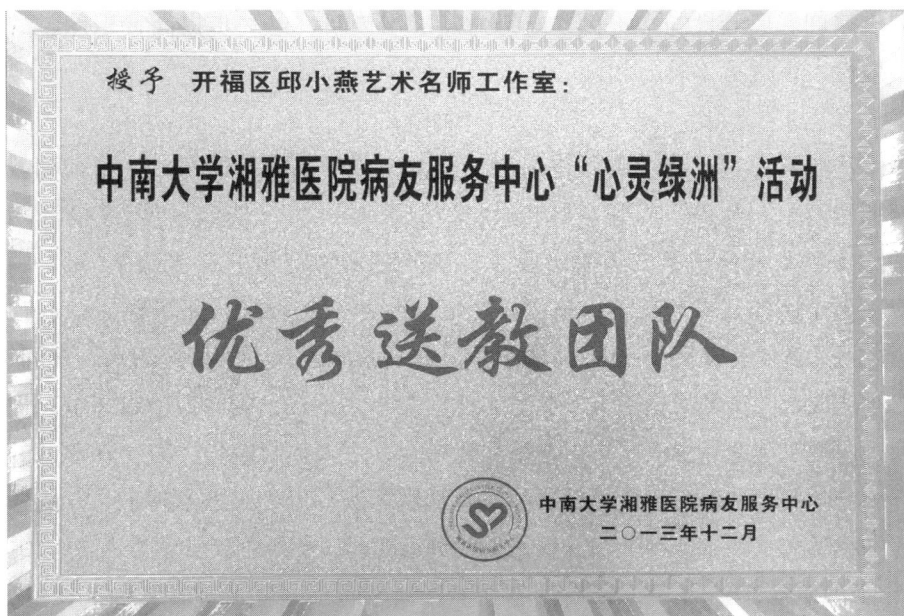

图 2-4 湘雅医院授予的"优秀送教团队"牌匾

四、致力于柯达伊教育教学法的传播与推广

湖南省长沙市开福区音乐教研团队在"十二五""十三五""十四五"期间，在音乐教研员邱小燕老师的带领和主持下，以三项省级规划课题为载体，前后连贯衔接，互为补充与支撑，从柯达伊教学法融入中小学音乐课堂的前期调研、师资培养，到柯达伊教学法本土化实践与研究创新，最终落实到中小学生基础音乐能力的综合评价这一系列过程，前后历经十余年，在各级专家领导的支持与帮助下，坚持将世界先进的教学方法融入全区60多所中小学的音乐课堂，以科研促教研，以教研提质量。在文化自觉、文化自信的基础与前提下，学习国外优秀的经验和方法，使研究路径与策略朝着民族性与本土化方向努力发展与创新，进一步提高音乐课堂的有效性，促进更多音乐教师的成长。

第一阶段

2001年，邱小燕老师还是一名一线艺术教师。随着国家新一轮基础教育课程改革，开福区成为全国38个课改实验区之一，邱老师在进行《艺术》课程改革长达十多年的时间里伴随新课程一起成长。至2012年，她成长为全区的艺术教研员，负责开福区的艺术教育教学教研工作。邱老师通过深入调研，在区内60多所中小学全面展开问诊课堂的研究活动。其间，邱小燕成为国家教材副主编，在《艺术》教材主编杨立梅教授的带领下，把柯达伊教学理念、方法与本土音乐文化结合，融入教材编写，并让开福区的音乐老师们尝试把柯达伊教学法中"首调唱名法"等先进教学理念与方法融入中小学艺术课堂，结合本土音乐文化灵活实践，不断创新教学方法。

2012至2015年间，邱小燕建立了开福区邱小燕艺术首席名师工作室，申报、立项了湖南省"十二五"规划青年专项课题"综合艺术课程实施中教师跨域能力的培养研究"。旨在通过课题研究，寻找培养艺术教师跨域能力的策略与途径，构建艺术教师成长与跨域能力提升相结合的教师培养模式。

为了让更多老师了解和体验柯达伊教学对本土音乐教学的作用与帮助，

邱老师采取许多有效的策略与方法对全区中小学音乐教师进行全员培训和指导。她鼓励老师们共读一本书——《柯达伊音乐教育思想与匈牙利音乐教育》，通过理论联系实际，全面了解先进教学法的基本理念与方法；带领柯达伊学习小分队参加由北京音乐家协会柯达伊音乐教育专业委员会组织的多次专项培训，去北京、上海、深圳、广州等地参加柯达伊教学法基础班、提高班、大师班等柯达伊教学培训活动，促进教师成长；她还经常利用网络平台、会议研讨等形式，加强老师们之间的学习与交流，以期共同进步。

第二阶段

2016 年至 2020 年间，邱小燕老师申报并立项了湖南省"十三五"规划课题"以提高音乐核心素养为目标的柯达伊教学本土化实践研究"，通过该课题的开展进一步深入研究柯达伊教学法的本土化实践。①

在这一阶段的研究中她发现，我国现阶段对音乐核心素养的能力要求与柯达伊教学中对学生的能力要求高度一致，这种惊人的"巧合"体现了先进教育理念与先进教学方法之间的密切联系。柯达伊教学法符合学生终身发展规律、符合人的品格形成与能力发展要求。

图 2 - 5　杨立梅理事长给邱小燕老师授聘书

---

① 邱小燕. 浅析利用柯达伊教学法培养学生准确歌唱能力的策略［J］. 新课程评论，2019（12）：104 - 112.

　　课题的研究与实践，从容易掌握的五声音调音乐入手，引导学生用音乐的母语歌唱，坚持把简练、淳朴、富有生活情趣的民间歌曲作为主要素材给予学生，通过民族音乐塑造民族精神，培养学生的审美感知与艺术表现力，结合柯达伊教学中"让音乐属于每一个人"的理念培养人。

　　为了更好地推进对柯达伊教学法的学习、研究、实践工作，邱老师通过多方努力，在开福区的中小学陆续成立了北京柯达伊学会的研究与实践基地校，校与校之间加强横向联系，促进纵向发展。基地校在与非基地校的沟通、交流中，又起到了示范、引领的作用，这是一种良性循环，促进各校音乐教师的互相学习与共同进步。同时，他们把专家请进来，多次邀请北京柯达伊学会理事长杨立梅、副理事长梁洪来、常务理事崔健等专家来给老师进行柯达伊教学法的专业指导与培训，同时，他们寻找机会让老师们走出去，参加更多的培训学习与交流研讨，使教师的成长环境更加自然、和谐。

　　以邱小燕为主持人的"以提高音乐核心素养为目标的柯达伊教学本土化实践研究"课题成果于2018年11月作为年度优秀成果在长沙市开福区教育系统"年度优秀课题成果转化与运用交流活动"中进行成果汇报与经验交流，辐射和影响更多的学校与教师。2019年12月3日至7日，经湖南省教育厅、省教科院批示，开福区课题研究成果——湖南省"十三五"规划课题"以提高音乐核心素养为目标的柯达伊教学本土化实践研究"在"2019年湖南省中学音乐教学展示观摩暨开福区柯达伊教学开放交流活动"大会上，来自湖南省13个地州市的音乐教师及教研员进行成果展示与经验交流，课题主持人邱小燕老师做了《借鉴柯达伊教学法培养学生基础音乐能力》的经验分享，并展示了开福区柯达伊教学的两堂优秀课例（北雅中学高欧丽老师执教《青春舞曲》；刘颖老师执教《龙里格龙》），把柯达伊教学的优秀课例与实践柯达伊教学的成功经验向全省推广。会上，中国教育学会音乐教育分会理事长尹爱青，教育部艺术教育委员会常委、资深音乐教育专家王安国等教授对其给予高度评价，邱小燕老师得到了湖南省音乐教研员及各地州市教研员、音乐教师们的夸赞，新湖南与红网等新闻媒体对此次大会进行了报道。

开福区中小学音乐教师在"十三五"规划课题的引领和启发下，纷纷展开了课题研究，在日常教学中实践和运用柯达伊教学方法。同时，开福区教育局组织了全区微课题竞赛，老师们关于柯达伊教学研究的微课题如雨后春笋般脱颖而出。如，青竹湖湘一外国语学校刘静老师和她的团队研究的微课题"柯达伊教学法在合唱教学中的运用研究"，结合柯达伊教学法在合唱教学或合唱排练中，提升学生准确歌唱能力。

图 2 - 6　课题主持人邱小燕做
《借鉴柯达伊教学法培养学生基础音乐能力》的经验交流

第三阶段

2020 年至今，开福音乐教研团队在邱老师的带领下，继续以课题研究这条主线进一步物化成果，申报了"十四五"规划一般资助课题"中小学生基础音乐能力综合评价实践研究"，深化前面"十二五""十三五"期间所取得的成果，构建并积累了"从基础能力提升助推教与学"的方法路径、评价策略等有效教学规律与开福区经验，在省内外进一步实践和辐射推广。

本研究指向学生的学和教师的教，把教、学、评三者有机结合，"以学定教"，"以评定教"，促进教师的教学行为，全面提升学生综合素养，从理论上丰富中小学音乐基础能力的内涵，进一步拓宽音乐教学评价研究的广度。

为了进一步促进青年教师的能力水平提升，2021 年 10 月起，邱老师组织开福区中小学音乐教师团队开启了"柯达伊能力水平预备级"——"我们来唱 333""幸福提升工程"（线上＋线下模式），这是一项帮扶青年教师准确歌唱的"提质增效，促进成长"自主研修工程，目的是打开一扇小小的窗，开启更多老师学习柯达伊的兴趣之门。

"我们来唱 333"活动不同于平常的视唱练习，培训把读谱练习与柯达伊教学法紧密联系起来，把准确歌唱放在首位，把如何达到准确歌唱的方法作为共同探究的路径与策略。在培训过程中，根据老师们的学习基础，通过多种教学方法，启发教师如何逐步帮助学生建立音高、节奏及音程关系、乐句关系等概念，而不是机械式歌唱，从而培养准确歌唱的习惯，培养歌唱能力。

练习过程中强调，老师们要反复练习、学以致用，提高自身基础音乐能力，唱准唱稳，不急不躁，扎扎实实，共同进步。

图 2－7　"我们来唱 333"开福区音乐教师首期培训班全体成员合影

2021 年 7 月，邱小燕老师受北京柯达伊学会委托，承担《杨立梅艺术教育文集》的编写工作。经过编辑、整理、三审三校等细致工作，从创意到定稿历时九个月。《杨立梅艺术教育文集》收录了杨立梅老师从 20 世纪 80 年代至 2019 年公开发表于不同刊物上的论文、案例、教育叙事及专题讲话等文章 60 篇，每篇文章的字里行间都充分体现了杨老师对教育工作炽热的爱、对艺术教育不同领域的真知灼见。北京柯达伊学会祁德渊理事长多次对这项工作做出指导，并委派邱小燕常务理事全面负责和统筹搜集、整理与编辑的诸多事务。这本文集的编辑凝聚了开福音乐团队的十余名核心成员以及一大批专家、学者、一线教师及大专院校学生志愿者们的辛劳与智慧。大家在繁忙的日常工作、学习之余抽出时间和精力，满怀热情地投入这项工作，在很短的时间内充分发挥协作精神，共同完成各项任务。编辑小组的老师们在反反复复的阅读、审稿中，又是一种深度学习，再度收获。

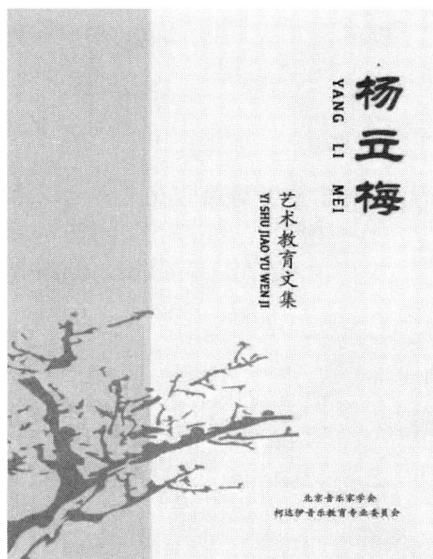

图 2 - 8　《杨立梅艺术教育文集》封面

近年来，邱小燕老师带领开福区教师团队经常参加各种公益送教、送培等活动。通过这样的支教活动，可以把课题研究成果转化为教学资源，并与更多贫困山区的孩子或学困儿童共享资源。

2021 年 11 月以来，邱老师受慈利县教育局邀请，连续 6 周给慈利县中小学 106 名音乐教师线上进行柯达伊公益培训，把好的方法与理念传播给省内外更多有需求的师生群体，努力实现柯达伊提出的"让音乐属于每一个人"的教育理想。

2022 年 1 月 18 日，邱小燕老师主讲，并带领开福区 3 名团队骨干成员（高欧丽、陈明敏、张玲老师）来到北京德清公益基金会"米多多"公益直播间，面向全国的中小学音乐教师，进行了一场以"面向人人的音乐课堂教学"为主题的柯达伊教学融入中小学课堂的公益直播,从节奏能力培养、歌唱能力培养,柯达伊教育观念以及柯达伊教学法主要特点等几个维度展开,与广大一线教师共同探讨和交流先进教学方法对中小学音乐课堂教学的启迪与收获。

图 2 – 9 德清公益基金会授予邱小燕公益证书(1)

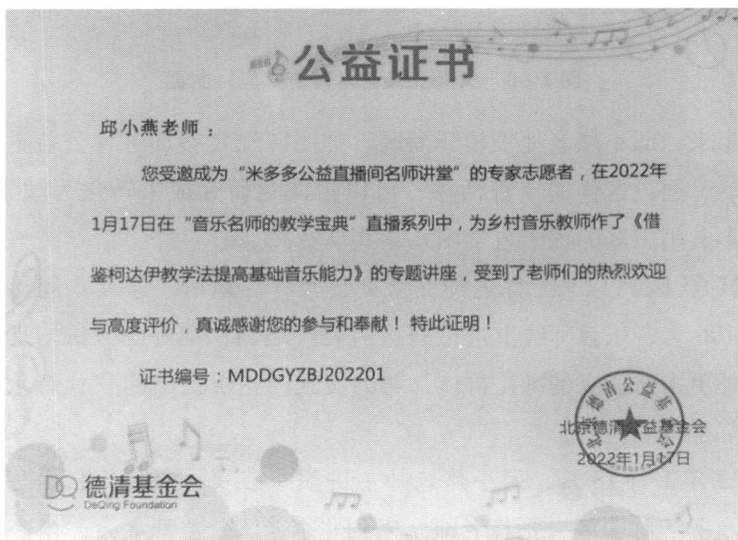

图 2 – 10 德清公益基金会授予邱小燕公益证书(2)

邱老师还长期坚持带领柯达伊小分队到各地学习和交流，把方法学进来，把经验分享出去。作为湖南省国培计划"送培到县"音乐学科首席专家，她常和团队优秀教师到长沙市各区、湖南省各地州市乃至全国各地送培送教，传播柯达伊教学法融入中小学音乐课堂的成功经验与创新实践模式，提升广大中小学生的基础音乐能力与艺术素养。

通过多年的实践与探索，2022 年 5 月，以邱小燕老师为成果主持人的教学成果"柯达伊教学法融入中小学音乐课堂的创新实践"获得第五届湖南省基础教育教学成果一等奖。开福区参与实践的 60 多所中小学音乐教师素养明显提高，参与成果应用的音乐课堂教学质量更高。在全国艺术教育质量监测中，开福区中小学生的歌唱水平达到中级及以上水平的比例为100%，高于全国 11.8 个百分点，所处等级 10 星（最高等级），学生纸笔测试高于全国平均分 62 分。在同等课时里，学生艺术素养大幅度提高，符合当今"双减"背景下课堂教学必须提质增效的要求。开福区十年的课题研究与实践证明，柯达伊教学法作为世界先进音乐教育体系，值得我国广大音乐教师在学校音乐教育教学中借鉴和深入研究。

五、我的反思：发挥柯达伊教学法
育人功能，拓宽其推广途径

柯达伊教学法是世界先进的、科学的音乐教学方法之一，对基础音乐教学发挥着重要的作用。因此，我们在倡导推广柯达伊教学法在基础音乐教学中的应用时，需要加强以下几个方面的工作。

（一）吸纳柯达伊核心教育理念

柯达伊教学法的教育核心理念：一是全民音乐教育观，强调提高民众音乐素养就需要从基础教育阶段开始培养；二是民族音乐教育观，在基础教育中应重视民族音乐教育，开阔学生音乐视野；三是重视合唱教育观，

柯达伊倡导人人参与的全面音乐教育观；四是科学的音乐教育手段，通过柯尔文手势、字母谱和节奏读法以及身体的律动及手势相结合进行游戏教学，在游戏中拓展学生的认知能力，形成适用基础阶段学生学习音乐的教育方法。①

（二）发挥柯达伊教学法的育人功能

1. 培养学生爱国主义情操

以首调唱名法和五声音阶为基础，柯达伊选用教材以匈牙利民歌或民间音乐风格创作的歌曲为主，民间音乐可以提高民族的感情和民族意志，这是柯达伊教学法的主要特色。我们应借鉴柯达伊的这个教学理念，从民族语言入手，以母语文化为主体选用地方传统特色音乐、歌曲作为中小学音乐课堂的教学内容。以学习本土各种民歌和传统音乐为契机，让学生充分了解我们的传统文化及民族特色风土人情，用民歌传唱凝聚人心增强学生民族自豪感和爱国主义精神，使传统音乐得以传承和推广。

2. 培养提升学生音乐能力

在音乐课堂教学中运用柯达伊教学方法，用柯达伊教学法增强学生独立歌唱能力、合唱的能力、即兴创作能力，全面培养和提升学生的基础音乐能力，并进一步实现提高学生音乐核心素养的目标。

3. 培养学生的审美能力

传统民族音乐能体现祖先对大自然的朴素认知，这些传统音乐蕴藏着纯真之美，学生在学习传统民族音乐的过程中感受着民族音乐的这些美。传统音乐能提升学生欣赏美、鉴赏美的能力。这为学生零距离感受传统民族音乐开阔了视野。因此，柯达伊的教学理念应用到中小学美育课程中。

4. 培养学生建立美好人格

我们要重视柯达伊教学法在基础教育中的应用，它有助于学生树立正确的人生观和价值观，有利于学生建立难能可贵美好的人格精神。

---

① 冯丹. 柯达伊教学法对基础音乐教学的影响研究［J］. 北方音乐，2020（24）：201.

（三）有效推广柯达伊教学法

1. 加强职前系统培训

大多数中小学音乐教师在任职前只重视自己专业技能技法和音乐理论知识的提升，忽略了教学法课程的学习。少有教师接受过正规的音乐教学法的训练，对柯达伊教学法了解甚少，或者粗略地了解一些，能熟练地在音乐教学课堂应用这种教学法的老师不多。因此，大学音教系要重视柯达伊、奥尔夫、达尔克罗兹等国外教学法的教学，增加这些教学法的课时，让大学生在入职前系统全面地学习。教师应注重大学生实践能力，通过职前教育培养专业素养高的师资力量，以此来推广柯达伊教学法的应用。

2. 加强职后继续教育培训

有很多音乐教师是在入职后通过交流学习才开始接触了解柯达伊教学法。老师们希望有参加柯达伊教学法继续教育培训活动或者观摩优秀课例的机会，通过学习掌握柯达伊教学法并应用于音乐教学中。有部分音乐教师参加过柯达伊教学法各种形式的继续教育培训，由于培训时间短，受训时间缺乏整体规划性，同一学段的参培教师的变化大，授课内容深浅程度不一等原因导致受训教师学习内容缺乏连续性和系统性，因此受训教师掌握柯达伊教学法的程度也参差不齐。基于上述情况，建议在固定的时间节点聘请专业教师对音乐教师进行柯达伊教学法指导，根据教师掌握柯达伊教学法的程度分批组织音乐教师到省内外参加基础班、提高班、大师班的专项培训活动，通过教学研究、优秀课例的分享、培训等方式促进教师们互相学习交流，从而循序渐进、真正有效地、系统地掌握柯达伊教学法，同时促进教师的专业成长。

3. 发挥团队帮扶作用

为了让更多老师了解和体验柯达伊教学对本土音乐教学的作用与帮助，可以参考上文邱小燕老师的经验：中心城市学校在区域内建立学习柯达伊教学法的团队，区域内教师开展教学教法竞赛活动，展示优秀案例让教师们互相评课、分析课例的优缺点，通过示范与评析让教师们感悟实施柯达伊教学法的重要意义。面对那些有意愿在自己音乐课堂中应用柯达伊教学法但还没有完全掌握这个方法的老师，学习团队应伸出援助之手进行帮扶，帮他们解决教学中遇到的实际困难，让他们感受到团队的力量。对于偏远的乡村学校，可组织学习团队进行公益送教、送培等活动。定期以送教、送培的方式培养一批应用柯达伊教学法的乡村音乐教师，教师们将课堂中遇到的困惑及教学难点在线上或者以其他方式反馈给指导老师，指导老师再一对一解答。教师们将柯达伊教学法贯穿在音乐课堂，把丰富多彩的民族音乐融入课堂，在孩子们参与游戏的过程中激发孩子们的学习兴趣、热情和探究精神。

4. 多途径加强交流学习

首先，鼓励老师们加强理论学习，通过阅读《柯达伊音乐教育思想与匈牙利音乐教育》（杨立梅编著）、《音乐的认读唱写——走进柯达伊教学法》（杜亚雄编著）、《柯达伊音乐教学法的应用》（雍敦全主编）、《音乐的读与写》（［匈］爱尔佐波特·索妮著，高建进译）等专著或者文献来全面了解柯达伊先进教学法的基本理念与方法。通过理论学习再进行实践教学，做到理论联系实际。其次，加强日常交流。利用网络平台、会议研讨等形式，进行柯达伊教学法的课例展示与研讨，加强本土化实践研究，让老师们在看中做，在做中学，培养和打造一支理念新、方法好、能力强的音乐教师队伍，为学生基础音乐能力的培养储备良好的师资。

（四）柯达伊教学中应改进努力的方向

在今后的教育教学中，我们应该进一步挖掘和深入理解音乐核心素养的概念与内涵，在寻找本土化资源与途径的进程中，探索出世界三大著名教学法之一的柯达伊教学法如何适应和结合我国的国情以及地方的实际情况，在实践中掌握并找到更易为师生所理解和把握的经验与方向；在多练、多用、多实践柯达伊教学法的过程中，结合本土音乐教材、当地民歌民谣，从简单的民族五声音调入手，传承和发扬传统音乐文化，全面、有序地提高学生的基础音乐能力，以实现提高学生音乐核心素养的目标；结合国外先进经验，探索符合我国新形势下的音乐课堂教学新模式，形成"以提高音乐核心素养为目标的柯达伊教学本土化实践研究"的方法与途径，构建出学校音乐教育新模式；柯达伊本土化实践研究是一个新的视角的课题，还需要不断完善、不断改进，不断总结和反思。例如，柯达伊教学中歌唱音级的由简入繁的规律是合理的。但是由于我国语言声调的特点，我国的歌唱教学不必拘泥于匈牙利教学中音级进入的形式，应依据我国的语言、文化传统进行相应调整，不须照搬此模式。我们应该遵循本民族音乐的特点，不要生搬硬套，要让先进的教学思想理念融洽地注入我们日常的教育教学中。还有很多关于"匈牙利音乐教育""柯达伊音乐教学体系"的与音乐教育相关的有价值的问题有待持续研究，也是我们将要追寻的研究方向。

第三章 乡村音乐教师的一千零一夜

　　她是一位 90 后的乡村音乐教师，大学毕业后怀揣着教育的理想扎根于乡村教育，在任教的七年之中，始终坚守着初心不变的信念，在教学岗位上兢兢业业，用爱心、耐心、责任心感化着学生，用一千零一夜陪伴着学生，她把自己的青春奉献给了学校，奉献给了乡村教育，孩子们在她爱的浇灌中茁壮成长。

一、案主简介

　　麻小娟，女，1993 年 3 月出生，湖南省常德市鼎城区蔡家岗镇人。于 2011 年考入湖南第一师范学院音乐舞蹈学院音乐学专业，2015 年 6 月毕业，同年 8 月到周家店镇中学任教，2016 年下学期调任至蔡家岗镇中学，现任教蔡家岗镇中学六年级英语教师、班主任、校团委书记及初中和小学的音乐教师。撰写的《小学音乐欣赏课策略研究》获省一等奖，个人多次被评为鼎城区优秀班主任，被鼎城区人民政府记三等功一次，嘉奖一次。2023 年受邀参加全国人民代表大会，为强制报告制度代言。

二、专业发展历程

（一）音乐教育工作的缘起

　　当提到为什么会成为一名音乐教师时，麻老师说到从小就热爱艺术，在音乐方面具有一定的天赋，而且麻老师的堂姐就是一名音乐教师，在堂姐的熏陶下，她高考后毅然地选择了艺术的道路。在报考大学时，考虑到以后要成为一名教师，一师范又是毛主席的母校，出于对主席的敬爱，最后成功报考了湖南第一师范学院音乐学专业，与主席成了校友。

（二）职业发展之路

2015年8月，毕业后的麻老师考入周家店镇中学，如愿成了一名人民音乐教师，后因乡村师资匮乏问题，麻老师被调岗到蔡家岗镇中学。到岗后发现，学校教师基本上都是身兼数职，于是麻老师服从了学校的安排，把学校中的前辈当作自己的楷模，成了一名跨学科的老师，不仅是12个班的音乐老师，也挑起了英语教学的重担，还承担着班主任的职务。学校安排的工作，她都一一接下，在如此繁忙的工作中，麻老师也从没想过要丢下自己的音乐专业，并且主动要求给学生上音乐课，音乐教学的热情没有减少半分。当时学校硬件设备供应不足，教室里只有一块黑板，音乐课堂无法生动起来，作为一名教师，麻老师还是想把更好的、更专业的、更丰富的课堂呈现给学生，于是麻老师就和她的爸爸带着三四个人把自己家的钢琴、吉他、尤克里里、非洲鼓、竖笛等乐器都搬到学校来给孩子们使用。乡村的孩子对这些乐器感到新奇，能够触摸到这些乐器，感同身受地去演唱、演奏，聆听乐器发出的美妙的旋律，对孩子们来说是一种质的飞跃，这样也激发了孩子们学习音乐的兴趣和热情，达到了以趣激学的效果。

在与孩子们相处的过程中，麻老师发现学生们喜欢听故事，她就尝试着把故事带入到音乐课堂。在教学导入时，她会把每一首音乐作品的创作背景，或作词作曲家背后的故事延展开来讲给学生听，特别能够吸引学生们的注意力。为了激发他们学习音乐的兴趣，麻老师还会融入一些正能量的歌曲，如用王菲的《如愿》、陈奕迅的《孤勇者》进行导入，这些歌曲节奏性强，具有韵律感，课堂氛围很快就活跃了起来，她一直在探索中寻找孩子们的喜好。

在教学中，麻老师还善于发现学生身上的闪光点。在一次音乐课上，麻老师让每个小组推荐一名学生上台即兴舞蹈。慧慧是其中的一位代表，在舞台上表演的她成为全班同学的焦点，看得出慧慧是一个具有舞蹈潜能的孩子，她的精彩表演获得了全班同学的热烈掌声。麻老师发现慧慧特别喜欢跳舞，慧慧上过一段时间的舞蹈启蒙课，后来由于家庭原因停止了训练。麻老师知道慧慧在家是一个勤劳的小能手，可是在课堂上却不会主动回答问题，班级、学校组织过的大小活动从不积极参与，不敢勇于表达自己。麻小娟老师决定改变这样的慧慧，帮她排练独舞《茉莉花》。学校没有舞蹈室，麻小娟就带她到劳技室。但经常有学生透过窗户围观，使得慧慧放不开。在麻老师一次又一次的耐心鼓励与指导下，慧慧开始战胜自我，逐渐重拾信心，后来在鼎城区舞蹈比赛中，慧慧获得了二等奖的好成绩。

她热爱乡村，热爱教育，喜欢孩子，用自己的爱滋养着学生，始终站在教育教学第一线，在实践中摸索出一套自己管理学生的方法。2019 年，学校提拔她担任政教主任，她把懂礼貌、守礼仪、有秩序、有理想作为主要工作方向，经常和班主任交流班级管理方法，学校班级管理有条不紊。但是她惦记着孩子，丢不下课堂，在担任政教主任不到一学期的时间，她三次向校长提出辞职要改当班主任。后来麻老师每一次遇到鼎城区蔡家岗镇中学校长刘启红都会"旧事重提"，刘校长每每谈到此事都笑道："到后来，我都要躲着她了。"在麻老师的再三申请下，2020 年下学期，当了一年政教主任的她，终于又回到了原来的岗位上。麻老师是一位平凡的老师，是她的坚守执着让她不再平凡。麻老师工作能力强，每一位老师都有目共睹，她本可以像其他教师一样被学校、省教育厅一步一步提拔，但麻老师坚守初心毫不动摇，她清醒地认识自己，始终坚定自己的人生目标。麻老师这样的教育情怀，在当代社会难能可贵！

三、一千零一夜的双向奔赴

麻小娟老师一人分饰多角，她不仅是一位音乐教师、班主任，也是乡村留守儿童的心理疏导师、生活管理师，更是一位典型的乡村美育教师。

麻老师从业的这七年中，深深扎根基层乡村学校，自始至终都保持着一个习惯，就是在学生宿舍利用晚寝前时间为乡村留守儿童讲故事，以故事为载体对学生进行审美教育、情感教育，用故事温润孩子的心灵，使他们树立正确的世界观、价值观、人生观，促进孩子身心健康发展。麻老师的儿时与留守儿童有着相似的经历，所以更能体会与理解他们的感受，与学生产生共情，通过讲故事的方式来弥补孩子们在情感上的缺失，像一位母亲陪伴在学生身边，细心呵护他们。从以天为单位到以年为单位，讲故事贯穿着麻小娟老师的整个教学生涯，也将在未来一直持续下去，麻老师说："我当一天老师，就会讲一天故事。"这似乎也成了她与孩子们之间的一种约定。

图 3−1　给学生讲故事

　　麻老师通过学生喜闻乐见的形式，从最初的童话故事、绘本故事，到名人故事、身边的故事、榜样的故事等，灵感或从书中来，或从真实的生活中来，麻老师喜欢讲，孩子们喜欢听，潜移默化中教会学生们真诚善良，积极引导孩子们成长。麻老师用一个个真实感人的故事塑造乡村留守儿童思想道德品质，开创了新时代思政课教学的新模式。无论是严寒酷暑，还是面对个人的工作、生活、恋爱、家庭，每天深入寝室，2000 多个日日夜夜，为孩子们讲半个小时故事成为她雷打不动的必修课。麻老师说："实际上孩子们也陪伴着我成长，给予我温暖，这也是我坚持下去的理由。"童话里的一千零一夜化为现实，来到了学生们的身边，这承载了麻老师火热的青春和不改的初心。

　　麻老师与她的学生们在日常点滴的教学中，在一千零一夜的相伴中，逐渐形成了深厚的友情，双向奔赴的师生情。下面是几则来自麻老师和她的孩子们之间发生的故事：

　　【故事一】那天学校通知会停水，麻老师下课后就去住处先接水，让班上的卫生委员王芳帮她到食堂打饭。打完水后，麻老师直接去了办公室看作业，忘记了吃饭。直到查晚自习时，才发现王芳没来。当时麻老师想，学生跑哪去了？接着就到操场、厕所去找，没找到，马上又打家长电话，问学生是不是回去了，结果家长说没回家。这下麻老师急了，在校园里边跑边喊，看是不是在哪个角落里。走着走着，到了食堂边上，她看到里面只有一盏灯亮着，门也半掩了，她想，应该不会在食堂里吧。但为了确认，她还是走进去了。当她看到真的是王芳一个人在食堂里时，麻老师心里悬着的石头终于放下了，她急切地走近，责怪她，但还是先问了一句："你怎么不去上晚自习？"王芳说："老师，我在等您吃饭。"借着微弱的灯光，麻老师看到王芳自己饭盒里的饭只吃了几口，还剩很多，"怎么吃了这么久还没吃完？"王芳回答道："老师，我怕我吃完了，没人陪您吃饭。"麻小娟看到这一幕，赶紧让学生回教室，学生走后，麻小娟摸着带着余热的饭盒，控制不住地哭了。她觉得，是自己没有守承诺。

　　麻小娟说：如果有一天，你辜负了一个真诚待你的学生，辜负了那份诚信和期待，你会告诉自己以后一定要信守承诺，因为你一定不想再让关心你的人失望，也不想从此失去他人对你的诚信。我想把这份遗憾，变化成今后信任的桥梁，去弥补也永远地警示自己。

【**故事二**】2017 年 10 月 16 日早上班会课之前，有个学生偷偷告诉麻小娟：刘莎早上不吃早饭，买了很多零食，一周的零用钱都花光了。麻小娟抑制住愤怒，把刘莎叫到她的办公室，问清楚情况，确是事实。刘莎是单纯细腻的孩子，怕是几句重话下去会打击到这孩子的内心。班级里其实不止一个"刘莎"，所以借这次班会麻小娟给大家讲一讲她的学生的故事。

工作的第一年，有一个学生叫王慧，女孩子，家中贫寒，是那种每月的生活费都需要老师先垫付的家庭。她的父母患有精神病，生活无法自理，只得寄住在伯伯家里，由年迈的奶奶照看。麻小娟每天都和学生在食堂吃饭，多数女孩子家里娇生惯养，很多菜都会挑拣出来，大多吃几口也就倒掉了，书包里装的都是家里带来的零食。王慧，很少吃零食，吃饭也总是吃得很干净，她的家境麻小娟是知道的，零用钱自然也很少，麻小娟从没问过，只不过每周一所有住宿生在麻小娟这里存放零花钱，王慧却一次也没有。考虑到自尊心，麻小娟并没有问过。有一次王慧参加区里的运动会，出去了三天，星期一的早上她没有按时到校，联系上她伯伯才发现，是因为出去几天住在宾馆里，伙食开得好，她就多吃了些鱼肉，不像家里每日的白菜萝卜的清淡伙食，一下吃坏了肚子。可是王慧在学校从来没有闹过肚子啊，她伯伯说平时在学校吃饭规律，没给什么零花钱，平时没机会吃乱七八糟的零食。听完电话麻小娟顿时觉得一丝心酸，从没想过这孩子的家境苦难成这样。

从来不承想一顿好的饭菜能让人吃到生病，也不承想 2015 年了，还有这样生活困苦的孩子。很多孩子可以随意支配自己的零花钱而不自知，花得心安理得，但有些孩子可能很难像多数孩子一样幸运。珍惜已经拥有的生活和学习环境，能合理地支配自己的零花钱，能理解生活的不易和艰难，能珍惜每一份来之不易的所得，是自己和每个孩子都要懂得的。

麻老师这七年来的以美育人事迹，引起社会各界强烈反响，光明日报、湖南日报等媒体争先报道，教育厅号召全省向麻小娟老师学习，她成了教育教学行业里的标杆人物，是每一位教师的榜样。麻老师说报道之后，大家都知道了自己，身边的人真真切切地关注着自己的时候会有一些压力，影响着自己的生活、工作，但自己不会因为这些而改变原有的状态。不管是从一名音乐老师还是班主任的角度出发，以美育人这件事是她一直想做的，她说六七年的时间并不是多么难以坚持，虽然中间会有困难，而且自己也看到了孩子们对自己持续的温暖的回应。在报道过程中，麻老师得到越来越多的来自社会各界的支持与认可，这些也成为支持她前行的巨大的精神力量。麻老师想通过自己的事件为美育的发展做出一份贡献，她说虽然一个人的力量是薄弱的，但是能让美育向更好的方向去发展就是值得的。美育虽更多立足于艺术课程，但又不仅是艺术课程，她想让学生知道什么是语言美、行为美、品质美，使他们具有感知美的能力。麻老师说如果自己的坚持能够促进美育的发展，哪怕对他人产生一点点影响，自己都会非常欣慰。

麻老师不仅会教书，而且擅长育人，用自己的言行激励着学生，其他的教师们也被其感动。学生需要像麻老师这样的老师，学校也需要更多的像麻老师一样的教师，正如刘校长所说：乡村教育的短板就是教师队伍，麻小娟这样的老师，越多越好！

四、教育教学中存在的问题及诉求

（一）专业发展路上的拦路虎

首先，麻老师自己面临的最重要的问题——所教非所学，这也是其他音乐教师所面临的问题。音乐教师也想自己专业得到提升，但现实中又处处存在阻碍。从麻老师那里了解到，学校共有三名音乐教师，剩下的两名教师分别兼任语文教师和数学教师，上课主要以文化课为主。麻老师所学专业是音乐，从教学科是英语，从教 7 年以来，所进行的学习培训和所获荣誉几乎都是与班主任、英语学科相关，学校很少组织艺术类的培训，很少有机会进行音乐学科相关的学习培训和交流机会。唯一能展示自己专业能力的机会就是在举办大型文艺活动的时候，比如举办"三独"比赛、六一汇演、艺术展演等等。但是，麻老师她们长期没有获得过专业上的指导，也没有外出学习和交流的机会，偶尔有出去听课或者学习的机会，但是担任学校骨干工作，又是班主任，调课、出行都存在很大的难度，所以就流失了一些外出学习的机会。长期以来，在专业领域上没有太多的进步，是令音乐教师非常焦虑的一件事情。其次，教学设施也是一大阻碍。蔡家岗镇中学算乡村中较好的一所学校，像舞蹈教室、音乐教室、钢琴、琴凳都有，但不是每一所乡村学校都有蔡家岗镇中学这样好的教学条件。

（二）生活保障缺失

麻老师在周家店镇中学工作的第一年时，住宿条件还是比较艰难的。部分教师有单独的住房（先来后到），少部分年轻教师分不到房间，能分到的都是教学楼里的隔断间，没有洗手间和浴室，没有水，每天洗澡用水只能在下午 5 至 6 点去锅炉房排队接水，错过时间就没有热水，冷水只能找学校公共区域的水龙头去接，上厕所要去教学楼学生厕所，洗澡要在学校废弃的公共浴室，即便工作量大，或者担任班主任，也不能因此分到条件稍微便利的房间，生活中有诸多不便。虽然，2022 年开始麻老师所任教的鼎城区很多乡镇中学的教师住宿条件得到改善，但仍旧有部分学校的住宿条件亟待改善。

（三）教师性别比例失衡

学校目前在编教师 80 个，35 岁及以下的青年教师一共 28 人，4 名男生，24 名女生。其中 30 岁以上仍未有婚恋对象的有 3 人。

乡镇教师中，女青年教师很多，但是男老师极少，而教师们的圈子很小，即便有外出学习活动，结识的也都是教师，从而衍生出乡村女教师的婚恋问题。再加上很多女教师所任教的学校并不是自己的出生地，长期在他乡工作，婚恋上又没有任何进展，所以导致很多学校留不住年轻教师，他们会选择考到离乡更近的学校工作。在担任骨干教师工作期间，麻老师和学校主席对接过很多工会活动，尤其近三年来，市区级工会都意识到教师行业男女比例问题间接导致的婚恋问题，常组织"联谊活动"，但是效果不明显，成功率几乎可以忽略。麻老师所在学校的老教师积极热情地给单身大龄女青年教师介绍对象，想通过解决"终身大事"的问题来提升单身教师的工作幸福感和生活归属感。但是效果不明显，男女教师比例不均衡造成的教师婚恋难的问题仍然十分突出。

五、我的反思：提高教师专业素养是
振兴乡村美育的关键

从麻老师那里得知，她 2015 年刚任教的周家店镇中学生活条件十分艰苦，宿舍、用水等都供应不足。在我国，部分偏远乡村就如周家店镇中学那样或多或少都存在同样的问题，工作、生活条件不容乐观，在很大程度上有待提高。现在的年轻教师对生活质量要求较高，生活质量没有保障，很少有教师愿意来乡村教学，这是造成乡村美育师资流失的重要因素。在绪论中"乡村中小学美育教师专业发展现实困境与诉求"的第一点美育教师数量不足的数据分析也客观反映了美育教师缺编的现实情况，美育教师的数量直接影响着美育教育的发展，没有一支数量充足的美育教师队伍，美育建设难以真正落实。因此，解决乡村美育师资队伍的建设发展困境，需从下面几个方面着力。

（一）多途径补充美育师资，缓解教师紧缺问题

（1）按需求加大美育免费师范生的培养

2015 年湖南省人民政府办公厅印发《湖南省乡村教师支持计划（2015—2020 年）实施办法》，《办法》明确指出"把乡村教师队伍建设摆在突出重要位置""逐步扩大公费定向师范生培养规模，到 2020 年，公费定向培养师范毕业生成为我省义务教育阶段乡村教师补充的主渠道"，①

---

① 教师司. 湖南省乡村教师支持计划（2015—2022 年）实施办法［EB/OL］.（2015 - 12 - 31）［2023 - 04 - 10］. http：//www. moe. gov. cn/jyb_ xwfb/xw_ zt/moe_ 357/jyzt_ 2015nztzl/2015_ zt17/15zt17_ gdssbf/gdssbf_ hunan/201512/t20151231_ 226616. html.

2020 年中共中央办公厅、国务院办公厅联合印发《关于全面加强和改进新时代学校美育工作的意见》（以下简称《意见》），《意见》指出要"配齐配好美育教师""各地要加大美育教师的补充力度"，实现美育工作目标和成效的关键性因素在于美育教师。① 以上文件都强调新时代乡村师资队伍建设的重要性，要丰富培养美育人才的通道，加大免费师范生的定向培养力度，健全免费师范生培养体系，深化美育教师队伍建设，缓解偏远地区美育教师匮乏的现状，解决美育教育资源流失问题，缩小城乡美育教育差异，努力达到美育教师够用的目标，推进美育教育发展进程。近年来，美育免费师范生在现实教学岗位中做出了突出成绩，他们在祖国最需要的地方为党育人，为国育才，比如湖南第一师范学院毕业的免费师范生中，涌现了麻小娟、向慧、唐云徽等一大批名师，他们在教育战线上尽职尽责，大多成了校级领导、中层干部、骨干教师，他们是乡村美育教育的中坚力量。根据各县市区学校需求，加大为偏远乡村学校定向培养免费师范生力度，增加美育教师的培养比例，振兴乡村美育，促进偏远地区学校美育的可持续发展。

（2）面向社会招聘美育教师

新时代的美育教师是全能型教师，素质教育要求美育教师既要会舞蹈、懂音乐，还要懂美术、影视、戏剧等，但是目前乡村中小学美育教师数量少且教学水平能力有限，不能满足学生全面发展的需求。学校美育不是孤立存在的，应冲破学校的围墙，消除学校与社会间的壁垒，面向社会招聘优秀的美育教师，使学校美育与社会美育联动结合，使社会美育教师为学校美育教师带来开阔的视野。社会美育力量参与学校美育，与之形成互动互联、开放合作的协同育人格局，不但能缓解学校美育师资不足问题，而且对于完善美育育人机制、整合优质课程资源、创新学校美育方法、讲好中华美育故事、提高美育普及水平、构建终身美育生态带来积极

---

① 蒋瑛. 艺术院校的美育价值追求及实现路径［J］. 中国大学教学，2022（03）：14－15.

价值。① 学校美育与社会美育应互相补充，全面促进学生核心素养的发展。

（3）按需求补充美育特岗教师

2021 年教育部新闻发布会公布，全国义务教育阶段美育教师人数由 2015 年的 59.9 万人增加到 2020 年的 77.8 万人，五年来增加了 17.9 万人。② 而 2015 年义务教育阶段在校生 1.4 亿人，③ 到 2020 年在校生增加到了 1.56 亿人。④ 不管是过去还是现在，美育教师的数量一直都是紧缺的。补充美育师资队伍，不但可以通过培养免费师范生、公开招聘教师的途径，还应响应国家号召补充特岗教师。从 2006 年至今，由教育部、财政部等联合启动实施乡村义务教育阶段学校教师特设岗位计划（简称"特岗计划"）。该计划每年通过公开招考选聘数万名高校毕业生到中西部贫困县乡村学校任教，为加强乡村教师队伍建设，促进城乡义务教育均衡发展，办好人民满意教育发挥了重要作用。⑤ 为缓解边远地区美育教师数量的紧缺问题，教育部门要贯彻落实好特岗计划招聘工作。根据各县市区学校需求加大特岗美育教师招聘力度，保证学校配足配齐美育教师，开足开齐美育课堂。

（4）提高男性教师留任率，缓解性别失衡问题

近些年，教师性别结构失衡较为突出。教育部《2021 年教育统计数据》显示，义务教育阶段学校中，女性教师占比达到 66.35%。基础教育阶段是学生性格形成和人格培养的黄金期，学校教育中刚毅"父爱"与细

---

① 周福盛，黄一帆．社会美育力量参与学校美育：价值、困境与路径［J］．中国电化教育，2022（01）：105.

② 王安全，刘飞．特岗教师专业化发展中存在的问题及解决办法［J］．教育理论与实践，2013，33（11）：37-38.

③ 2015 年全国教育事业发展统计公报［EB/OL］．（2016-07-06）［2023-11-06］．http：//www．moe．gov．cn/srcsite/A03/S180/moe-633/201607/t20160706_270976．html.

④ 2020 年全国教育事业发展统计公报［EB/OL］．（2021-08-27）［2023-11-06］．http：//www．moe．gov．cn/；yb_sjzl/sjzl_fztjgb/202108/t20210827_555004．html.

⑤ 教师司．提升农村教育质量："特岗计划"实施十五年［EB/OL］．（2020-09-04）［2023-04-10］．http：//www.moe.gov.cn/jyb_xwfb/xw_zt/moe_357/jyzt_2020n/2020_zt16/tegangjihua/202009/t20200907_485967.html.

腻"母爱"的有机融合才能助力学生健康成长。[①] 麻老师所在的蔡家岗镇中学中，35 岁以下的教师男女比例为 1∶6，性别比例严重失调。乡村教师人际交往面窄，朋友圈几乎都是同行，加之教育行业本就存在性别不均衡的现象，因此乡村教师婚恋难的问题尤为突出。此外，部分教师在异地教学，这加大了教师教学的地域流动性。虽然常有教师帮助介绍，但也不足以彻底解决问题。政府可以将提高教师福利待遇作为突破口，予以教师物质方面的保障，提高男性教师的留任率。各市州教育局及学校需加大师范院校男性教师招生比例、倡导教师就近教学、鼓励男青年入乡教学等措施来有效缓解这种局面。

（二）加大美育教师职前培养和职后培训力度

随着美育进中考，"双减"政策的出台，美育逐渐进入大众视野，大家对美育的育人功能有了新的认识，社会各界及中小学越来越多的人关注美育教育。但也有些学校美育教学意识薄弱，导致美育教师的专业化发展停滞不前。因此，为了提高乡村美育教师质量，提升他们的专业素养，需从以下几个方面着力。

一是要加大免费师范生的职前培养。免费师范生是补充乡村美育教师队伍的有效途径，他们是乡村美育教育的中流砥柱，引领带动着乡村中小学美育教育的发展和质量的提升。因此，美育免费师范生的职前培养尤为重要。通过职前培养，使美育教师具备基本的教学能力。在他们求学阶段，师范类院校应开设教学法、教育学、心理学、专业课等相关课程，通过考核督促师范生丰富自己的知识结构和艺术涵养并掌握专业基本技能技巧，从而为成为一名合格的美育教师奠定坚实基础。二是要加强社会招聘教师和特岗教师岗前培训。社会招聘教师和特岗教师在一定程度上缓解了美育教师师资的短缺，他们具有崇高的理想信念与服务精神，为乡村美育教育做出了不懈的努力与贡献。但在实际教学中，他们的专业水平参差不齐，部分教师专业水平较低，专业发展存在各种问题，如有的教师学科知

---

① 何义田，赵梓如，牛德芳．小学教师队伍性别失衡的校内破解之道 [J]．人民教育，2016（13）：22.

识单一、职业规划不明确，缺乏自我专业化发展的具体目标、生存状态不好，职业稳定性差等，① 这些都是教育中的大问题，关乎着教育质量水平与学生发展。教育部门应做好社会招聘教师和特岗教师岗前培训工作，从心理教育到艺术涵养、专业技能、专业知识、学科知识、职业规划、设置现场课堂教学活动等方面进行培训，帮助教师们提前适应岗位角色。三是加强美育教师职后继续教育培训。无论是何种渠道，任职的美育教师都要树立终身学习理念，制订专业发展计划，为乡村学校美育注入新活力，助力乡村美育教育的发展。通过职后培训提升美育教师专业素养，立足于美育教师的可持续发展，教育主管部门及学校应积极落实国培计划，制订远期、短期培训规划，探索教师专业发展新路径，使美育教师从合格教师向优秀教师、专家教师过渡，不断提高美育教师专业素养，推动乡村美育发展提质增效。

（三）保障教师专业发展空间，扩大培训覆盖率

通过调研了解，乡村美育教师继续教育培训资源远远比不上城市美育教师，乡村美育教师培训学习、比赛机会少，专业成长空间小。曾有一位乡村音乐教师哭诉着说："自己当了三十多年的音乐教师，从没有过参加培训的机会，唯一一次还是替一位语文教师去参加的培训。"从她的哭诉中可知，作为乡村一线教师，他们希望了解专业发展的最新理念，走在专业发展的最前端，渴望能有机会参加专业培训，提升自己的教育教学能力。作为教育研究者我们应该多调研，下到基层学校去听一听乡村教师真实的心声，倾听他们的诉求。

我国乡村美育教育发展历程还比较滞后，道阻且长，如果教师长期失去专业成长机会，那么教学水平必定受到限制，无法与时代的发展接轨。建议教育主管部门制订继续教育长远规划目标，扩大美育教师培训覆盖率，增加培训人员计划指标并尽量向偏远乡村教师倾斜。要杜绝参培机

---

① 澎湃新闻. 教育部：到 2020 年全国义务教育阶段美育教师达 77.8 万［EB/OL］.（2021 - 05 - 06）［2023 - 04 - 13］. https：//edu. sina. com. cn/zxx/2021 - 05 - 06/doc - ikmyaawc3662219. shtml.

会、参培次数集中固定在少数骨干教师手里。避免专业能力强的越来越强，专业水平较弱的在原地踏步。要创造一般教师也有出去学习交流的机会，让这些美育乡村教师飞出大山，走出山沟到全国各地中心城市参加教研培训活动，观摩名师课堂，共享教学经验，以此来开阔他们的视野、活跃他们的教学思维。为提升他们的专业能力打造更多的学习平台，建立线上线下交流平台，组织保障乡村美育教师能运用远程教育，共享信息教育资源提高专业素养。从而保障美育教师专业发展空间，打造出一支高水平高素质的乡村美育师资队伍。

（四）树立美育无处不在的教育培训理念

在继续教育培训过程中，执教专家应开阔学员美育视野，要求学员树立处处有美育的理念。乡村中小学音乐、美术教师身兼数职，他们肩负着语文、数学、英语等学科的教学，因此，艺术学科教师作为美育教育的主力军应将这种理念根植于实际教学中，这些学科的教学也应成为美育工作的主阵地。因此，我们在教学中不能人为地为美育设置门槛、条件、局限或者障碍。教师是学生在美育路上的引路人，中小学生的审美意识薄弱，需要教师的耐心引导。案主麻小娟是音乐老师，是英语老师，是班主任，不管麻老师以哪一种角色出现，她都用自己的实际行动践行着以美育人、立德树人的教育理念。从她的身上我们能够认识到，不仅音乐教师可以做美育工作，任何一位教师都可以化身为美育教师，让美育散布在教育教学的各个方面、各个角落，既让学生收获真知，又让学生完善品格，怀抱梦想又脚踏实地，真正做到教育与化人并举。科任教师应树立美育意识，正确理解美育的特殊教育价值，共建美育教育机制，鼓励学生向心灵美、礼乐美、语言美、行为美、科学美、秩序美、健康美、勤劳美、艺术美靠拢，[①] 充分发挥美育以美立人的作用，通过美育教育使学生立志做有理想担当，能吃苦奋斗的时代青年。而美育教师要不断地切换自己的教学角

---

① 白雪，李广. "一体化"美育课程建构的价值、逻辑及路径［J］. 教育科学研究，2023（02）：85.

色，不断地提高自己的综合素养办好人民满意的教育。

【政策回顾】

（七）实施中西部欠发达地区优秀教师定向培养计划。支持部属师范大学和高水平地方师范院校，根据各地需求，每年为中西部欠发达地区定向培养一批高素质教师，发挥示范带动作用，推进各地进一步加大县域普通高中和乡村学校教师补充力度。中西部欠发达地区优秀教师定向培养计划（以下简称优师计划）提前批次录取，学生在校学习期间免除学费，免缴住宿费，并补助生活费，毕业后到定向就业县中小学履约任教不少于6年，由定向就业县人民政府按定向培养计划统筹落实就业工作，确保岗位和待遇保障。鼓励支持履约任教的优师计划师范生职后专业发展，建立跟踪指导机制，持续提升教书育人本领。

——教育部等八部门关于印发《新时代基础教育强师计划》的通知

（二）招生计划种类

根据培养类型与培养目标的需要，招生计划设置普通招生计划（以下简称"普通计划"）、定向到乡镇任教招生计划（以下简称"乡镇计划"）、定向到民族乡招生计划（以下简称"民族乡计划"）和定向到小学教学点招生计划（以下简称"教学点计划"），具体如下：

1. 普通计划。按照"从县市区招生、回县市区就业"的原则设置，培养类型有：本科层次初中教师、本科层次小学教师、本科层次小学教师（扶贫）、本科层次小学男教师、专科层次小学教师、专科层次小学教师（扶贫）、专科层次小学男教师、本科层次幼儿园教师、专科层次幼儿园教师、专科层次幼儿园教师（扶贫）、专科层次特殊教育教师。

2. 乡镇计划。按照"从县市区招生、回乡镇就业"的原则设置，培养类型有：本科层次初中教师、本科层次小学教师、本科层次小学男教师、专科层次小学教师、专科层次小学男教师、本科层次幼儿园教师、专科层次幼儿园教师。

3. 民族乡计划。按照"从乡招生、回乡就业"的原则设置，培养类型有：本科层次初中教师、本科层次小学教师、专科层次小学教师。

4. 教学点计划。按照"从乡镇招生、回乡镇小学教学点就业"的原则设置，培养类型有：专科层次小学教学点教师。

——关于做好2021年初中起点乡村教师公费定向培养计划招生工作的通知

为深入贯彻党的二十大精神，进一步落实《中共中央 国务院关于全面深化新时代教师队伍建设改革的意见》，加强新时代教师队伍建设，实现巩固拓展脱贫攻坚成果同乡村振兴有效衔接，现就做好2023年农村义务教育阶段学校教师特设岗位计划（以下简称"特岗计划"）实施工作通知如下。

一、政策要点

（一）实施范围。2023年中央"特岗计划"实施范围为：原集中连片特殊困难地区、中西部国家扶贫开发工作重点县和省级扶贫开发工作重点县，西部地区原"两基"攻坚县（含新疆生产建设兵团的部分团场），纳入国家西部开发计划的部分中部省份的少数民族自治州以及西部地区一些有特殊困难的边境县、少数民族自治县和少小民族县。

（四）工作重点。保持政策总体稳定，重点向原"三区三州"、国家乡村振兴重点帮扶县、少数民族地区等地区倾斜；重点为乡村学校补充特岗教师，引导和鼓励高校毕业生到乡村学校任教；持续优化教师队伍结构，进一步加强道德与法治、体育与健康、外语、科学、劳动、艺术、信息科技、心理健康、特殊教育等紧缺薄弱学科教师的补充。

——教育部办公厅 财政部办公厅关于做好2023年农村义务教育阶段学校教师特设岗位计划实施工作的通知

第四章　公费师范生的坚守

　　她是湖南第一师范学院第一届"六年制"公费师范生，乡村年轻的一线音乐教师。在学校读书时就是优秀的学生干部，成绩优异、获奖无数。工作后她扎根乡村，续写 20 世纪 80 年代以来优秀中师生的优良传统与教育情怀，在美育落实举步维艰的偏远学校，谱写了学校美育的传奇。

一、案主简介

　　唐云徽，女，1995 年出生，中共党员，湖南省永州市零陵区人，一级教师。2010 年初中毕业后，进入湖南第一师范学院求学，成为一名"公费师范生"。2016 年参加工作，至今已在零陵区珠山镇中心小学工作了六个年头。因其工作表现认真积极，先后被评为"零陵区先进教育工作者""零陵区优秀大队辅导员""零陵区红色文化先进个人""珠山镇优秀教师"。自参加工作以来，她一直严格要求自己，钻研课堂教学，虚心求教，执教课例多次被评为省、市级优课，指导的青年教师在各级教学竞赛中荣获佳绩。在偏远的乡镇中，她化身成为学生、家长和同事身边的"砖块"，哪里需要就往哪里搬。

二、专业发展历程

（一）从业缘起

唐云徽的母亲是一名幼师，创办了零陵区第一所民办幼儿园，在学前教育的路上默默耕耘坚持了 30 多年。唐云徽也从 8 岁开始学习钢琴，一直在当地最好的小学和初中上学，接受了良好的教育。在父母的陪伴中，一颗教育梦的种子便开始在她的心中生根。2010 年正值她初三升学，父母担心她身材瘦小，难以承受高中三年强大的学习压力，便劝说她报名了公费师范生的考试，她也不负众望地以文化、面试综合第一名的成绩入围了湖南第一师范学院音乐学专业（当年全区音乐专业仅招 1 人）。在同时收到当地重点高中和第一师范学院的录取通知书时，她心里纠结万分，经过反复思量和挣扎，最后还是决定在 15 岁的年纪离开父母，孤身前往湖南第一师范学院开始了长达六年的求学之路，从此与音乐教师结了缘。在大学期间听得最多的一句话就是，你们是公费培养的首届六年制免费师范生，将来要回到家乡，为乡村的音乐教育贡献力量。正是因为这句话，大学期间，她不敢虚度光阴，参与学生会历练自己，专业课用心钻研，夯实自己的各项技能，多次获得学校二等奖学金、优秀实习生，在毕业时获得湖南省"优秀毕业生"称号。毛主席题写的一师校训"要做人民的先生，先做人民的学生"，更加坚定了她之后要回到家乡，成为一名优秀乡村音乐教师的信念。

作为一名音乐专业的公费师范毕业生，被分配到偏远的乡村小学，在大多数人眼里，这绝不是个好去处。参加工作的这六年里，大学同学中有考研的，有违约考入市直城区学校的，有辞职自主创业的，有转岗成为专职语数老师的……闲下来时，她偶尔会羡慕过他们的生活，也时常反问自己，为什么一直在乡村坚持音乐教育？其实，最初的想法很简单，就是觉得在乡村工作时，不能白白浪费了大学时期所学的音乐技能。随着参加各级各类比赛，被一次次肯定，看着班里孩子一次次的进步，有家人和身边同事的不断鼓励，唐云徽清楚地知道，心中的情怀被点燃，音乐教育要一直做下去。

2016 年 9 月，她回到了自己的家乡永州零陵，分配到珠山镇中心小学参加工作，带着对未来的无限期待与向往，成了一名乡村小学教师。然而，现实并没有想象中的那般美好。虽然珠山镇中心小学是零陵区规模最大的一所乡村小学，但是学校的师生比例严重不足，并且还是大班额教学，教室没有多媒体设备，课桌椅都是使用多年的木头板凳。憧憬中的宽敞明亮的音乐教室，种类繁多的乐器……心中的音乐教育梦想瞬间化为了泡影。就这样，音乐专业毕业初出茅庐的她，成了一名二年级语文教师兼班主任。她第一次给班里孩子上音乐课时，孩子们课堂上一双双好奇的眼睛和快乐的笑容，让她十分享受这样的课堂氛围，不过她也发现这群孩子不认识乐器，不会识谱，do re mi 是什么都一无所知，下课与别的老师交流后才知道，不仅是这一个班，全校的孩子们基本没有上过音乐课，在当地家长的心中，音乐是"杂课"的思想也是根深蒂固，认为在学校里学好语数英就可以了。唐云徽痛心不已，自己的一身力气没处使，也为孩子们的童年生活缺少音乐而感到遗憾。她默默下定决心，一定要改变这样的现状，让歌声回荡校园。

（二）成长之路

刚刚踏入教师的岗位时，时常有身边的朋友会与唐云徽聊起，你想成为一名什么样的老师？她总会笑着回答道："当然是一名学生喜爱的音乐老师。"一些有经验的老师劝告她，在乡村小学里要想出成绩评职称，当音乐老师是行不通的，还不如一心一意把语文成绩抓好，在家长面前有口碑，学生成绩效果出得快，在领导面前有好印象。的确，在偏远的乡村学校，音乐老师的发展前景确实很难。学校里没有多媒体设备、没有音乐教室、没有电子琴、没有乐器，学生也没有音乐基础，要不就安心当一位语文老师吧！她反复思量，作为语文老师，孩子们的学习不能落下，作为音乐老师，提升乡村孩子的音乐素养也是职责所在，哪一样都不能丢！于是，她用自己参加工作后第一个月的微薄收入，买了电子琴、打击乐器和教学参考书，在乡村教育的洪流中逆流而上。

因为语文教学经验不足，她每次上课之前都需要查阅大量的资料，与同年级的老师请教教学中的问题，没课时就去同年级的班级听课学习。为了让乡村孩子能感受音乐课堂，提升自己的音乐教学技能，她主动跟教务处提出帮休病假、事假的老师代课。白天，她带着语文教材和音乐教材、乐器，瘦小的身影穿梭在学校的各个楼道、教室，晚上除了改作业，备语文课、音乐课，还得处理学校的行政工作，以校为家，每天过得相当充实，基本到半夜十二点才入睡。

就是这样日复一日的坚持，她所带的二年级 101 班的孩子们，音乐素养提升得非常快，一个月内已经能够唱准音阶、感受节拍韵律了。她还把班规编成歌谣，每节课上课前都会带着学生唱一唱，学生的日常行为习惯也有了很大的进步，在最美教室的评比和国学经典诵读比赛中都取得了一等奖的好成绩。2016 年下学期新进教师教学比武的赛场上，她执教的音乐课《望月亮》入情入境，以全场最高分获得了一等奖。当时主管教学的杨晓红校长是这样评价的："唐云徽老师的这堂音乐课让我们所有听课的老师和孩子们都有了美的享受，她用音乐唤起了留守儿童对生活的向往，这样的音乐课以后要常常开起来！"这一次的收获让她开心不已，可是新的问题来了，如何在学校让音乐课常常开起来呢？她找到了另一位音乐专业的同事，想说服他一起发展学校的音乐教育。这位老师已经任教数学兼班主任，表示没有精力再搞音乐教学，委婉拒绝了她，她只能继续孤军奋战。

唯有不断学习，人生才有无限可能。2017 年 10 月，唐云徽参加了"国培计划"信息技术应用能力提升工程种子教师（小学音乐）项目培训。在这一次的培训中，她担任了第四小组的组长，专家每一节课，她都格外认真，用心在笔记中记录下培训的收获。张葵老师带来的信息技术与学科融合，让她第一次感受到信息技术在课堂中的魅力，黎薇老师的顺序性音乐教学实践让她第一次体验到音乐课的教学乐趣。知识与思想擦出了火花，她将培训所学运用到自己的音乐课堂《大钟和小钟》教学中，并在

"国培"现场进行了她第一次展示课，获得了在场的专家、老师们的一致好评，她也因为表现突出被评为了"优秀学员"。2017年12月，她加入了零陵区陈雪梅音乐名师工作室，成为核心成员，积极主动参加工作室组织的各类教研活动。2018年5月，工作室邀请到林嘉添老师进行现场讲座，她第一次接触到音乐教育新体系的教育理念和方法，通过体验与感受，让无形的音乐有形化。回到珠山镇中心小学后，她也常常将新体系的教学方法与平时的常规课堂进行结合。2018年，她执教的音乐课例《老师呀请你别生气》在湖南省中小学信息技术与学科教学深度融合在线集体备课大赛中获一等奖，同时也被评为"一师一优课，一课一名师"省级优课。2018年10月，她参加了"国培计划"小学幼儿园音乐教师传统戏曲素养培训，这次培训让她意识到，作为一名音乐教师，肩上不仅仅担着乡村素质教育的重担，更要将中华优秀的传统文化和国粹传承下去，在孩子们心中种下发扬传统文化的种子。虽然在此之前，她从来没有接触过戏曲，但是她爱思考、肯钻研，凭借在"国培"中执教的戏曲展示课《报灯名》在所有的学习小组中脱颖而出，被评为了"优秀学员"，2019年其执教的戏曲课《卖水》在湖南省小学戏曲课堂教学竞赛活动中获二等奖。她还曾自费到成都参加奥尔夫音乐教育训练营，在2018年入选"阿里巴巴"公益基金益微青年乡村夏令营教师成长计划。2022年与全区幼儿园、小学、初高中全科老师进行现场赛课，被评为零陵区十佳"高效课堂"先进个人。

（三）从教生涯中的感人故事

2018年2月，由于学校教务主任休产假，原本担任大队辅导员的她接任了学校的教务工作。教务工作的日常工作繁杂，无法同时兼顾班主任工作，于是她不得不放下了班主任工作，接替了四年级95班的语文教学。"第一次走进95班教室时给我的感觉特别好，上课时鸦雀无声，学生也认真听讲，是全校老师公认的优秀班级，这让临时接班的我增添了不少的信心。"直到学校通知要准备"六一"儿童节的文艺展演比赛，她发现这个原本属于他们的节日，他们显得并不是那么开心，一些喜欢起哄的男生，当场就说："六一活动有什么好搞的，费钱、费时还费力。"下课后，她找到其中带头起哄的男同学了解到，原来这个班级的班主任到了快退休的年纪，班里的孩子从来没有以班级为单位参加过六一活动，更别提参加其他形式的文艺活动了。她暗自下定决心，这次一定要让班里的学生们体验一回"六一"的快乐。很快，班里的一支舞蹈队就组成了。为了排练好比赛的节目，大家牺牲了自己午休和放学后的时间，哪怕下着细雨，哪怕裤子被磨出了好几个洞，这些参加舞蹈队的孩子们都坚持下来了，班里之前起哄的一些男生，也自觉承担了卫生值日的工作，为跳舞的女同学们腾出时间来排练。可是在准备上台表演的前一个星期，小花经常以各种理由请假不参加排练了。经过多方了解，她才知道，小花的爸妈在她很小时就离了婚，父亲长期在外打工很少回家，照顾她长大的奶奶最近突然生了病，小花担心奶奶的医药费不够用，就不想再因为六一活动买服装而加重家里的负担，于是决定退出舞蹈排练。知道了小花是迫于家庭压力，选择放弃了自己坚持的舞蹈，她悄悄帮小花补齐了服装费用，劝她回到舞蹈队参加演出。95班的节目《茉莉花》也如期获得了一等奖，这也成为95班孩子们最难忘的一个"六一"儿童节。

2020年9月，这是珠山镇中心小学最复杂的一个开学季，为了消除大班额，减轻学校学位压力，在上级部门的安排下，学校的四年级计划要整体迁到镇上的一所私立小学开学。刚刚度过艰难孕吐反应的她，依然坚持在学校教务处安排着开学工作，耐心疏导学生和家长的情绪。在安排新学期工作时，其他老师都劝说她，按照学校以往惯例，孕期的老师是可以减轻工作量的，一周两节的音乐课就安排给别的老师吧！她用坚定而肯定的语气回答道："我的工作量减轻了，那这些乡村孩子们童年音乐课的遗憾谁来补上！"于是，她继续坚持着以往的工作，并且还利用午休时间为学校新入职的青年老师解答教学中的疑惑，指导了邓艳君、唐润玲、唐一范、杨燕、盘馨心等一批青年教师在各级各类教学竞赛中获奖。为了提升自己的教学技能，她在孕期六个月的情况下拖着行李箱奔赴祁阳，观摩永州市中小学新体系音乐教学竞赛活动，为了能更好地传承戏曲文化，每个周末她都坚持驱车赶往三十公里外的冷水滩区，学习戏曲知识。小学的音乐课与其他的语数课不同，除了讲解外，整堂课还得保持饱满的激情教唱，带学生进行律动体验，唐云徽曾两次因为体力不支晕倒在了讲台上。家人因为担心唐云徽的身体，多次劝说她放弃学校的行政和音乐教学工作，她每次都语重心长地给家人做工作，她的家人也渐渐被她对事业的热情所折服。2021 年 8 月底，产假刚刚结束，她便带着婆婆与她不足六个月的女儿进了学校，开启了新学期的工作。白天上课，晚上哄睡孩子后，她立即回到办公室备课，常常凌晨两三点才休息。成为母亲的她，虽然比以前更辛苦了，但是她还是将教学当成主阵地，带领乡村小学的孩子们感受快乐的音乐课堂。学校领导也越来越重视音乐教育，配备了许多奥尔夫乐器，还专门向上级领导申请了一台电钢琴，放在教务处的办公室里，闲暇时她也常常在办公室练琴唱歌，吸引了不少的"小粉丝"。

三、课后服务的实践者

2021 年"双减"政策自落地以来，已经成为社会关注的焦点。"双减"的实质就是减轻学生课业负担，提高教学质量，而抓好这一步的关键在于教师，"双减"意味着我们教师教育生涯即将踏上新的征途、迎接新的挑战。"双减"之后的音乐教育比重增大、质量提高，作为一名身兼数职的乡村小学老师，她深知自己身上的责任深远而重大，不仅要在语文教学中求质量，在音乐教学中出成效，更要精心组织好学校的教学活动，让"双减"政策真正落地生根。所以，除了加强自身能力的完善，最重要的是从课堂教学的角度去探索真正的以美育人。

2021 年以前，零陵区还没有任何一所乡村学校开展过课后服务。为了筹备好乡村课后服务的开展，她向城区学校借鉴经验，反复在学生、家长和教师群体中调研，最后形成了具有珠山镇特色的"1 + 1 + N"课后服务形式，并且还将成功的经验分享到全镇其他四所学校。课后服务的顺利开展，为乡村学子带来了福音，满足了学生个性化需求。利用好学校现有设施、器材等资源，开展社团活动，培养学生的兴趣爱好，提高学生相应的能力，丰富学生的校园生活。

在学校社团筹建初期，为了能更好地传承戏曲文化，她向学校申报了戏曲社团，可惜最后全校仅有 2 人报名参加，戏曲社团被迫取消。乡村的孩子大部分对音乐都还不太了解，更何况是戏曲呢？于是，她认真总结经验，最后决定还是先从小乐器——口风琴入手，提升孩子们对音乐的了解和兴趣。经过讨论和研究，学校开设社团涉及音乐、体育、美术、科技创新等学科，开展的跆拳道、钢琴、古筝、书法、舞蹈、合唱、篮球、科幻画、科技活动、口风琴等不同学段的社团共有 31 个班，课后服务学生参与率也从第一学期的 80.61% 增长到 90.04%。作为教务主任的她，承担了课后服务的执行工作，作为音乐专业毕业的她，主动承担起了口风琴社团的教学任务，让乡村孩子也能体验音乐，吹奏出一首首快乐的歌谣。

唐云徽老师利用课余时间，指导朗诵与主持社团的孩子们编排了红色文化情景剧《丰碑》，获得了零陵区红色文化情景剧展演二等奖。学校还以艺术节的形式举办了课后服务社团成果展，在学期末通过电子问卷调查的方式，收集学生、家长对课后服务的意见和建议，得到了家长和教育局的领导们一致好评。唐云徽也被评为零陵区"红色文化先进个人""先进教育工作者"和珠山镇优秀教师。

"双减"政策的出台，让我们看到了国家对教育改革的决心和力度，让"还孩子一个快乐的童年"有了希望。

四、教育教学中存在的问题及诉求

（一）教师流动性大影响教育科研延续性

根据"三区"支教及"县域内义务教育学校校长教师交流轮岗"相关文件精神，凡是符合条件的校长、教师都可以提交申请参与"三区"支教和交流轮岗工作。申请支教的老师，一般是为了晋升职称，在乡村支教年限满了后，仍然回城区原单位工作。有资格申请轮岗的校长、教师，被安排到偏远乡村学校轮岗交流，他们在同一所学校待满 5 至 7 年后，教育主管部门根据其教育管理水平、教学成绩、获奖、绩效等进行打分后，这些校长、教师通过申请又被调离。唐老师介绍，珠山镇中心小学在 2016 年建设了以"国学经典"为主题的校本课程，并申报了省级课题，编写了《国学经典》校本教材，但是近几年都没能很好地落实开展下去。一方面，没有专业的人员进行指导；另一方面，参与校本研究的老师因上述种种原因陆陆续续都调离了本校，导致教育科研工作的延续性较差，教材编写不够系统、全面。鉴于乡村学校申报省级课题十分不易，教育局可以将年度申报成功的课题统一规划，进行阶段性的成果检查和评优，明确课题主持人的责任，无论课题参与人的工作单位是否变动，课题主持人也应该安排课题后续工作。

（二）缺乏教育教学改革培训

2022 年 4 月，教育部新颁布了《义务教育艺术课程标准（2022 年版）》，但对于一线老师如何按照新的课程标准实施教学，迟迟没有任何培训的措施。当地对音乐教育的重视程度依然不太乐观，在新课标颁布之前，音乐教师参与培训的机会非常少，以唐云徽老师自身为例，自 2016 年参加工作以来，参与音乐教育教学改革培训的次数仅为 2 次，在 2022 年以前，零陵区没有举办过一次音乐学科教学竞赛研讨活动。2020 年永州市新体系音乐教学竞赛的观摩活动，也是唐云徽老师自己向零陵区教研室争取到的机会，不然，这样的观摩指标根本不会分到乡村小学。

（三）美育教学意识薄弱

实行"双减"政策后，学校利用课后服务时间开展了以音、体、美为重点的学生社团活动。但是在平时的课堂教学中，我们的美育老师是无法做到全部专职任教美育课程的，主要是学校领导对美育课程不太重视，学校"年纪大""资格老"的"躺平"式老师一般任教美育课程，认为美育课程轻松无教学压力，那专业老师只能身兼数职，分身乏术。例如，临近退休的某某老师任教的体育课，经常就是学生自由活动的时间；已经评完高级职称的某某老师任教的美术课，常常成了自习；兼任学校中层的某某老师任教的音乐课，学生干脆请来"酷狗"老师播放流行曲代替老师上课。

（四）家校沟通较为困难

另外，乡村学校留守儿童多，大部分家长外出打工谋生，长期在外没有时间管孩子。学生交给爷爷奶奶带，学生养成的教育习惯不好。有的留守儿童家庭爷爷奶奶要拖带两个孩子，甚至有照顾五六个小孩的情况。爷爷奶奶年纪大，有的没有文化不识字，有的体弱多病，有的不懂现代设备，有的缺乏主动沟通意识，同时，老年人听力与记忆力会下降，接受信息的能力就逐渐减弱，理解能力与表达能力也会减退，在语言交流认知等方面都与老师无法同频等等这一系列问题造成家校沟通存在障碍。

（五）缺乏工作量化评价机制

现在中学和小学的职称制度是一样的，评定项目多一些，要求也高一些，涉及论文、课题、工作量、是否有班主任经历、教学成绩、获奖等很多方面，老师们要评职称的话，确实积极性很高。每一年到了评职称的时候，学校老师竞争就比较激烈了。那些即将评职称的老师，一般都会提前好几年就做准备了，教学上也很拼命。不过，也有老师评完高级职称之后，就开始了他们的"养老"生活，以各种理由借口找轻松的活去做。这部分教师普遍认为高级职称评定后工资待遇、奖励绩效大幅度提高，职业生涯到了顶峰，不需要再努力，只要不出教学事故就可以高枕无忧。教育主管部门和学校缺乏教师职称评定后对其工作进行量化评价的机制。

（六）教师津贴发放不及时

教师收入中，过年物资、周转房、年终奖励等这些，每个学校是不一样的，这些方面也没有分什么城区学校或乡镇学校，每个学校根据自身实际，有的学校可能发了，有的学校就没有发。比如：我们这边城区大部分是没有教师周转房的，而乡村学校大部分有周转房，而有的乡村学校周转房是独栋的，有的乡村学校住房紧张，占用学生宿舍的情况也有。年终奖励的发放，教育局会根据年终时对各个学校进行的指标考核分配，考核结果分三等，一等优秀，全校所有老师就有 2 万 6 的奖励绩效，二等良好，就是 2 万 4，三等合格，就是 2 万 2，考核也是不分城区或者乡村学校的，所有学校考核标准是一致的。虽然进行了考核，但是奖励绩效发放不及时，而且根据区财政的情况，随时有可能取消奖励性绩效，这无疑会降低老师的工作积极性。

五、我的反思：教师专业发展的路径探究

长期以来，教师专业发展一直是我国关注的话题，2022 年教育部颁发《新时代基础教育强师计划》，强调通过教师专业发展提升教育水平。但是，目前教师专业发展存在不同方面的困境，对教师专业发展路径进行探索是推动新时代教育改革的重要抓手。

（一）科研制度，保障教育研究的延续性

随着教育改革的深入，美育教师越来越认识到自己不再仅仅是教书匠，还要精通理论，搞得了科研，写得了文章，从而能成为美育教育家和学者。我国宪法第四十七条提出公民享有进行科学研究的自由，科学研究是对真理的探索，它能够把教学经验进行凝练，是架起教育理论和教学实践之间的桥梁，对教育实践具有重要的指导作用，经验型的教师要成为专家型的教师，就必须走科研这条道路。科研是教师的权利与自由，但是自由不是绝对的，也有一定的束缚力，作为一名科研人员，要坚守职业情操，遵守科研活动的伦理原则，肩负起对科研的责任，为自己的课题负责。中华人民共和国教育部应健全完善科学研究制度，弥补科研漏洞，严格课题申报要求，组建合理的科研团队，监督专家评审，提供充足经费，跟进课题完成进度。学校也要制定相应奖励机制，调动教师教研的积极性。对于异动教师负责的科研项目，课题主持人应该安排课题后续工作，保障科学研究的可持续发展。

（二）缩小城乡差距，减少生源流失

"缩小城乡差距，实现城乡发展一体化"是全社会共同的期盼。唐云徽工作的第一年，学校学生的总人数是 2284 人，到 2022 年上学期，学校总人数是 1552 人，流失率达 32%。近几年，当地已经撤并五所乡村小学，城区学校学位一年比一年紧张。家庭经济条件好一点的家长，都会把孩子转到城区读书，争得城区的优质教育资源。学校生源为何流失，主要是受以下几个方面的影响：一是乡村学校成为初入职场的青年教师的"试错"基地。刚刚毕业的免费师范生和新进教师，都会要求有乡村工作经历，初入职的老师虽然对待工作的热情很高，但是由于教学经验不足，在教学上走弯路是难免的。二是城区的平台更高，展现自己的机会更多。一般优质的培训机会或是学科竞赛名额，都是优先放到城区学校，乡村学校甚至都不会收到有关的通知。三是城区硬件条件明显优于乡村学校。例如永州市蘋洲小学、七里店小学、阳明芙蓉学校的教室里都已经安装了希沃一体机，而大部分的乡村学校还是老式的投影电脑，老师教学不方便，学生学习也十分吃力。想要改变乡村美育教育的现状、乡村学校留得住老师，就得加快缩小城乡学校的差距，让有教育情怀的老师能有更广阔的平台和发展空间。情怀不减，乡村的美育教育才会生生不息。从以上几点来看，乡村学校与城区学校确实存在一定的差距。要想改变乡村学校生源流失的现状，需缩小城乡差距，加大乡村学校硬件设备设施和师资质量的培养。只有教育教学质量提升了，才能留得住生源。

（三）关注留守儿童，家校合作共同育人

随着国家经济的快速发展，城市与乡村的发展差距越来越大，大量乡村劳动力逐渐向发达地区转移，在这一背景下，出现了留守儿童这一特殊群体，而且大都是未满十六周岁的未成年人。留守儿童的父母亲在外务工，少有人监管，他们会出现各种生理、心理方面的问题，有研究表明，与非留守儿童相比，留守儿童孤独感、焦虑感较高，自尊、幸福感、生活

满意度、心理健康水平、社会适应状况较低，① 自己的烦恼不知道能够向谁倾诉，这个群体非常需要倾听者和可以帮助他们调节情绪的人，留守儿童问题成了社会各界关注的焦点问题。美育是情感教育，对感化学生，培养学生真、善、美的品质具有重要作用，美育教师应关注留守儿童的身心概况，了解留守儿童的需求，充分利用美育化人的价值，有意识地营造美育氛围，引导留守儿童积极参与到美育活动中来，把美育教育纳入到留守儿童培养的全过程中，让留守儿童在美育中树立自信，塑造学生美好心灵。美育教师仅能从留守的爷爷奶奶那里得知学生的情况，家长与美育教师沟通较少，使美育教师不能全面了解留守儿童的情况，造成信息闭塞。学生的教育是不容忽视的，学生的健康成长不是仅凭教师一人的工作就能做好，美育教师应争取与学生父母取得联系，当他们的家长不在身边时，要树立家长意识，通过短信、视频等多种形式主动与家长联络，取得家长的信任，调动家长的配合度，让家长明白教师的良苦用心。通过教师这个桥梁，留守儿童也能与父母取得联系，缓解对彼此的思念。总之，要强化家校合作，建立共同育人体系，共助学生成长。

（四）提高教师社会地位，保障教师专业发展

乡村中小学教师是提高基础教育质量的主力军，在教育改革的实施中起着关键作用。美育教师作为教师群体的组成部分，在培养学生的审美意识，塑造学生真善美的心灵上扮演着重要角色。而今，应试教育作祟，人们过于追求高分数，导致音乐课、美术课、舞蹈课等被"霸占"，不但学校不引起重视，家长也对此抱着无所谓的态度，美育教师的社会地位较低。早在 1966 年国际劳工组织与教科文组织颁布的《关于教师地位的建议》中就强调教师的地位应该与根据教育宗旨和目标估计的教育需要相称，要认识到教师的适当地位以及公众对教师职业应当给予的尊重对于这些宗旨和目标全面实现至关重要。② 教育部门应适当提高教师的社会地位，

---

① 范兴华，黄亚丹，阳惠，等. 农村留守儿童处境不利问卷的修订［J］. 中国临床心理学杂志，2023，31（01）：85.
② 联合国教科文组织：关于教师地位的建议第Ⅲ点第 5 条.

这对塑造尊师重教的良好风气具有重要意义。另外，教师的社会地位也要靠自己争取。教师应以严格的职业标准要求自己，积极培养专业情意，汲取专业知识，锻炼专业能力，维护课堂教学权利，让家长与学校共同见证学生的进步。为提高教师社会地位，保障教师专业发展需做好如下几个方面的工作。

（1）完善职称评定体系

教师职称评定是对教师工作的激励，也是对教师工作的认可，高职称教师是教师们心中的榜样，对其他教师起着引领激励作用。但部分老教师在评完职称后，在教学上没有那么上心了，而是抱着"躺平"的态度来应付了事，工作缺少了积极性。教育部门要继续完善职称评定体系，根据实际情况减少制度漏洞，建立以老带新的师徒模式，敦促有经验的老教师指导上岗的新教师，一方面能让老教师发挥余热；另一方面，新教师也能尽快适应岗位，转换角色，在教学上少走些弯路，促进自身快速成长。在职称评定后，继续对评定的教师进行考核，跟踪教师的教学开展。这类教师应充分发挥示范作用，展现良好的师德师风，而非"躺平"。

（2）提高薪资收入

国家一直注重师资队伍的建设，但教师薪资一直是个难以解决的问题，教师薪资收入会影响教师队伍建设的稳定性，也会对教育的发展产生制约作用。《关于全面深化新时代教师队伍建设改革的意见》文件强调"完善中小学教师待遇保障机制""大力提升乡村教师待遇"，要让教师成为令人羡慕的职业。① 马斯洛需要层次理论有七个层级，最低层级为生理需求，即维持自身生存的需求，因此不仅要关注教师专业化成长，也要对教师的工资薪酬给予一定的关注，满足了教师的基本需求，教师才能全身心地投入到教学中去。在待遇地位方面要留得住教师，当地政府部门应该加大教育财政投入，将教师工资透明化，适当提高教师工资收入，保证教师工资的及时发放，争取实现教师工资的平衡化，切实保障教师权益，提

---

① 中共中央 国务院．关于全面深化新时代教师队伍建设改革的意见［EB/OL］．（2018－01－31）［2023－04－11］．https：//www.gov.cn/zhengce/2018－01/31/content_ 5262659. htm？trs＝1.

高教师地位，激发一线教师工作的积极性与创造性。让广大教师安心从教、热心从教、舒心从教、静心从教，让广大教师在岗位上有幸福感、事业上有成就感、社会上有荣誉感，让教师成为让人羡慕的职业。①

（3）改善教师生活条件

近年来，国家对教育经费的投入大大改善了学校的校园环境，但部分学校教师的住房问题还没有得到很好的解决。有的学校没有为教师设置周转公寓，生活基础设施也不健全，给教师带来诸多不便，教师的生活满意度低，这些生活条件的缺失会动摇教师留任的决心，也间接导致了教师流失问题，不利于教师队伍的稳固。

《中共中央 国务院关于深化教育教学改革全面提高义务教育质量的意见》指出要保障落实教师健康体检、住房、落户的优待政策。② 学校要优化校园建设，对教师的生活条件给予关注，加强教师周转房建设，完善教师社保体系，改变教师生活困境，解决教师生活困难，落实教师生活保障政策，保障教师基本生活补助，提高教师的生活质量，促进教师教育教学的积极性、主动性。

（五）关心教师身心健康

身心健康对人的生活学习有着较大的影响，教师的生理与心理健康也是学校要重点关注的领域。教师除了要上课备课，还要忙于行政上的事务，负担过多，休息时间少，这些事情消耗着教师的精力，教师身心俱疲的状态会影响教学质量与学生的发展。有研究表明，教师身体健康幸福感与教师的工作时间、工作强度、工作压力都呈现出显著的关联性，以教师工作时间为例，教师工作时间超过 8 小时后，其健康幸福感出现显著下滑

---

① 霍小光，张晓松. 习近平在北京市八一学校考察时强调 全面贯彻落实党的教育方针 努力把我国基础教育越办越好 [J]. 人民教育，2016（18）：9.

② 中共中央 国务院. 关于深化教育教学改革全面提高义务教育质量的意见 [EB/OL]. (2019 - 06 - 23) [2023 - 04 - 12]. https://www.gov.cn/gongbao/content/2019/content_5411564.htm.

趋势。① 教师的生理与心理问题不容忽视。学校可以请专家到校开展身心健康讲座，让教师了解有关生理、心理健康的知识，指导教师学会情绪的自我调整；为教师合理安排时间，减少不必要的非教学上的工作任务，让教师缓解自身职业压力；适当安排教师团建活动，增加教师活动机会，促进教师间的情感交流，提升身心健康水平，增强职业幸福感。

---

① 林丹，沈晓冬．教师个体均衡发展的逻辑起点探析——基于 2020 年中国教师职业"健康幸福感"调查［J］．现代教育管理，2021（12）：73.

第五章　新生代乡村音乐教师

　　她是 90 后新生代教师，毕业后投身于乡村音乐教育工作，在平凡的岗位上乐于奉献，不断思考，守正创新。入职不到十年，被多家媒体报道。在她身上可以看到青年教师的朝气和拼搏精神，展示出来的一直是一个热爱生活的、有理想追求的、不断挑战自我的、积极向上的形象。

一、案主简介

　　向慧，女，中共党员，1995 年出生，湖南省张家界市永定区人。2016年 9 月参加工作，入职后，她担任了团支部书记、教务员、教研室主任。她坚持开展学科融合活动长达 6 年，引导学生将初中九门学科知识点编成歌曲共计 1496 首的事迹登上微博热搜，近 70 家媒体发布，被湖南日报、红网、三湘都市报等多方媒体特别报道。她不仅要做先行者，还要做"四有"教师，所撰写的论文、教学设计、教学反思多次荣获国家级、省级一、二等奖。2017 年 7 月她成为联合国教科文组织"为中国而教"未来教育家项目成员，假期她主动寻找学习机会，分别前往北京、香港、四川、长沙等多地学习，还受邀到北京、长沙等地进行教育实践分享，为乡村教育的发展贡献力量。2021 年成为"全国第二届基层新生代教师奖"获奖者，获得"张家界市优秀教师"称号；2022 年荣获湖南省青年岗位能手。

　　向老师致力于学科融合活动，关注潜能生的成长，让学生不喜欢的知识点遇上音乐变得有趣起来，帮助学困生找到学习的乐趣。从班级唱诗活动到潜能生唱诗班再到打造特色的萱草花艺术团，已经开展了六年。现如今，唱知识点活动已经成为学校的特色，深受各级各界领导关注。她希望音乐并不仅仅只是一项新的技能，还是让学生开始拥有自信、善于思考，并且找到正确面对生活和学习的态度的新武器。她坚信，没有一份付出会被辜负，人生不要等到完美再出场，大胆去做自己想做的事，带着热爱生活的能量，热爱教育的情怀，在平凡的教育路上默默努力，一定能活成自己想要的模样！

二、专业发展历程

向老师之所以走上音乐教师这条路，是因为免费师范生定向的这一政策，在中考完之后她就已经知道自己以后会成为一名教师，而之所以选择音乐这一专业，向老师认为"音乐本身是能够唤醒我的，会让我一直有一个内驱力"，这也是让向老师这六年一直坚持下来的原因。

6 年前从湖南第一师范学院毕业后，向老师回到了家乡，被分配到张家界第二中学。"身为张家界本地人，在这片土地上生活了 20 多年，从未听说过张家界第二中学，根本不知道它在哪儿。"直至入职那天，她才知道这深山中有所学校。刚来这所山村中学时，面对家长的不重视，学生的无所谓，她慌了神，但转念一想，"哪里有困难哪里才需要我们，这个地方更需要好老师去点燃教育之光！"她希望通过音乐点燃这群孩子的学习热情，帮助他们找到学习的乐趣，用音乐去提升乡村教育的温度。

2016 年 9 月，向老师正式到张家界第二中学任教，从业初期的条件比较艰苦，当时只有一间多媒体教室有投影仪，还经常坏，教学硬件设备得不到保障，这对于音乐教育来说是非常不利的。直到 2019 年，张家界第二中学和北京市的一所学校进行了联合办学，这所深山里的学校受到了北京市名校以及张家界市委、市政府的帮助与支持，才有了现在的电子琴、班班通、音乐舞蹈教室等教学场所与设施。

（一）素质教育的点灯人

作为一名新生代教师，向老师能成长得如此之快，在这一领域崭露头角，离不开她多方面的努力。

张家界第二中学共有学生 684 名，其中超过 90% 是留守儿童。大部分孩子与爷爷奶奶一起生活，有些孩子生活都成问题，更别提让家长课后辅导了，面对初中学段越来越复杂的知识点，这些本就无人管教的孩子在学习上更是打起了退堂鼓。向老师发现虽然学生行为习惯很差，但是潜能生占比较大，而这群潜能生非常喜欢流行音乐，非常喜欢唱歌，有些孩子唱得并不好听但也敢大声地唱出来。她受一部电影和一位语文老师启发，首先尝试着将初中课本里需要背诵的诗词编成歌曲，她发现，即便是潜能生学生也能很快记住，还会时不时在校园里哼唱。向老师似乎抓住了能激发孩子们学习的密码，她迅速行动起来！将所有趴在桌上睡觉的孩子叫了出来，为他们开设了"潜能生唱诗班"，将他们带到音乐室，利用晚自习时间指导孩子们学唱各科知识点，她认为"做总比不做强"。2018 年 10 月，张家界第二中学潜能生唱诗班就这样成立了。2020 年，唱诗班有了独立的活动室。2021 年，唱诗班更名为萱草花艺术团。萱草花有着感恩母爱、温馨美满、忘记忧愁的寓意。她希望孩子们懂得感恩，感恩父母、感恩老师、感恩学校；也希望孩子们忘记忧愁，找到快乐，期盼孩子们拥有自信。

图 5 - 1 萱草花艺术团

唱诗班活动室墙上写着"人生总有不期而遇的温暖和生生不息的希

望"一行字，这也时刻提醒着向老师她开设唱诗班的初衷：让学生在活动中乐于思考、拥有自信，找到正确面对生活和学习的态度。

（二）学科融合的引领者

向老师在唱诗班开展了将各学科知识点与音乐融合起来的活动。最初她将音乐与诗词加以融合，在活动第一期，她和孩子们自行编创的第一首作品是"童年版"的《浣溪沙·游蕲水清泉寺》（苏轼）。在创作的初始阶段遇见"如何选曲""如何选词"等难题时，她会通过教唱来帮助大家明确创编方向。比如，在选慷慨激昂或清新俊丽的词、曲时，需要注意到两者的情感基调务必一致。为了便于学生更好地编创和演唱的朗朗上口，向老师对词和曲的字数也相应进行了选择。课堂实施效果表明，相较于其他学科要素，音乐与诗词的融合的确比较适宜在学科融合活动之初进行。随着活动的深入开展，同学们对学科融合有了一定的了解，她调整了整个活动策略，由音乐与诗词融合循序渐进地转向音乐与学科融合。在第二学期，她尝试将其他学科与音乐结合起来，跟各科老师商量确定各学科需求，再将知识点改变成朗朗上口的歌词，例如"一价钾钠氯氢银，二价氧钙钡镁锌，三铝四硅五价磷，谈变价来也不难"，同学们都被这首化学版《我们一起学猫叫》的魔性的旋律所感染，跟着琴不由自主地唱起来，唱两三遍就记住了知识点。

学科融合活动一方面帮助学生有效地提高了记忆力，另一方面帮助潜能生建立了信心，同时也使潜能生更加积极乐观。2019 年该活动获得了"教育创客奖"，她将自己从各处所获得的 4500 元奖金全部用来定期举办潜能生表彰会，直到现在，表彰会已经开展了四年，将尤克里里、拇指琴、学习用品等学习物质奖励给学生，让大家找到了存在感，收获了自信！学科融合活动激起了学生对诗词的兴趣，充分弘扬了学生的个性；求真务实，促进了学生的全面发展。为让学科融合与音乐联系得更为紧密，同时也使两者更加音乐化、课程化，她开始强调学生应参与更多的艺术实践。一方面，她带头积极引导学生唱、跳、演、奏、编创；另一方面，也鼓励他们对学科融合作品进行创意表演，表演形式可借鉴她教授的方式。

图 5 – 2 唱诗班同学表演他们编创的歌曲

（三）温情教育的摆渡人

向老师除了在教学方面尽心尽力，在育人方面同样一丝不苟。

前面提到，向老师的班是由全校各个班的潜能生组成的唱诗班，可能在很多老师眼里，他们问题百出，让老师伤透了脑筋；但他们也希望被大家关注，被老师表扬，获得同学称赞。向老师听到了这样一些声音："老师，我真的认真学习了，可是我学不进去""老师，我真的控制不住自己，实在是想睡觉""老师，我不想读书……"著名儿童文学作家秦文君说过："教育应是一扇门，推开它，满是阳光和鲜花，它能给小孩子带来自信、快乐。"她想，如果能让学生感受到教育的快乐，让学生主动学习，才是让教育前进的最好推动力。怀着这一份信念，向老师不放弃每一位学生，在她的帮助、教导下，许多别人眼里的问题学生，发生了巨大的改变。

爱憎分明的小雨同学是有些老师的批评对象，而在向老师面前却十分听话。他是唱诗班学得最慢的学生之一，课堂上的他很认真，一小段旋律在他这儿需要练习无数遍，但他仍然选择坚持。也许，是因为向老师一次次的肯定让他有了存在感，有了坚持下去的勇气。慢慢的，向老师开始给他展示的机会，让他展示自己已熟练的内容，一方面是为了告诉他，只要坚持下来一定有所突破，帮他在台上找到自信；另一方面更是给同类"小雨"树立榜样，让大家反思：你努力过吗？在他身上，向老师看到了她开办唱诗班的初衷：希望每个同学都有直面困难、战胜困难的勇气，树立良好的学习态度。

小家同学是一个说话都说不清的同学，平常等他说完整的一句话要等好久。和他相处了两年，向老师从未听他说过一句流畅的话。最初把他招入唱诗班的时候，任课老师都在说："他话都不会说，能唱得好歌吗？"她相信他！而他，做到了！甚至不比别人差！每当接触新内容时，他唱歌的声音总是最小的。他认真地看着谱子，嘴张开闭上，费力张开又闭上，一直重复这样的动作。唱前两遍的时候，一句完整的歌曲也唱不出来，唱着唱着，他的声音越来越大，有时候甚至是唱得最大声的。她从来不会把他当成一个特殊的学生，也不会让班上的同学觉得他特殊。慢慢的，他的表现越来越好，在音乐课上，他的注意力也很集中，向老师在上节课仅提一次的知识点，再次上课时他是最先回忆起来的。有老师说，小雨比以前开朗了许多，也越来越爱说话了，课下看见他就会跑过去找他聊天。

小杰同学给老师的印象是特别懒，不太喜欢讲话，经常趴在桌子上，还总是一副满眼惺忪的样子。他加入唱诗班后，向老师发现他很聪明，学东西也很快，她便经常给他展示自己的机会，当然，他也不负所托。然而，长时间的学习让他找到了优越感，提前完成任务的他不但没有进步反而在退步，他总在刚达标时就选择放弃，觉得自己已经做得很好了。发现了他的问题后，向老师对唱诗班奖励措施进行了升级，其实专为他所设，并且更严格地考量他的回课内容。经过一段时间的观察，他比之前认真了，甚至能超额完成学习内容。面对小杰这类同学，在激发他的学习兴趣之后更要引导他认识自己，认识自己的优点和缺点。然后再对他进行激励，要想拿到奖励必须要通过老师的考量，一个拥有自信并对一件事情充满兴趣的孩子一定是不服输的。

小文同学性格内敛，和老师的交流很少，向老师一直觉得他是一个不善言辞的乖乖男。虽然他加入唱诗班的时间不长，但是他的改变却非常大。前几节课他坐在角落里，不说话也不参与课后回课。之后她经常在回课时点到他的名字，邀请他回课。有一天，他真的站了起来。有了第一次的尝试，他便敢于迈出第二步、第三步……加入唱诗班后，他交了新的朋友，课下的两人经常交流学习内容，课上的他们也是你追我赶，小文迅速地成长起来。课后的他更有礼貌了，每次见面哪怕绕很远的道，他也会走过来叫声"老师好"。小文同学就像一个宝藏男孩，加入唱诗班后的他总会带来新的惊喜，庆幸的是向老师她发现了这个宝藏。

从一名普通教师成长为市优秀教师，向老师深知，教育不应该是注满一桶水，而是点燃一把火。她用音乐逐渐点燃了孩子们的学习热情，帮助他们找到学习的乐趣，用音乐提升了教育的温度。高尔基说："谁爱孩子，孩子就爱谁。只有爱孩子的人，他才可以教育孩子。"对于乡村的学生，特别是潜能生，必须要先用爱帮他们建立自信，找到自己的方向，引导他们有正确的世界观、价值观。向老师也很感谢有这样一群潜能生的存在，让她发现"无问题不教育，有问题真教育"。因为他们，她感受到了教育真正的快乐。她从不怕学生遇到困难不会解决，就怕学生遇到困难还没有进行尝试就先放弃。让她欣喜的是：唱诗班的同学们慢慢地学会了不放弃。

图 5-3　向慧与同学们用创编的歌曲开展律动游戏

三、开展学科融合活动的经验分享

在课堂上开展学科融合活动并不难，只要你愿意去做，就一定会有所收获。有老师也想开展音乐类的学科融合尝试，借这个机会，向老师分享了一些自己的经验，供大家一起探讨。

（一） 新手初期如何更好地开展学科融合活动

首先，需要教师确定一首作品，明确创编方向，用以引导学生进行编创；其次，为使活动面向全体学生，需要对学生进行分组，在其自愿组合的情况下进行合理编配；最后，可从网上下载现有资源进行教学。但需要注意的是，网上资源多而杂乱，建议先从音乐与诗词的融合开始，等学生有感受后再自行进行编创。

（二） 如何更好地进行全校范围内的推广

进行推广前最好已经有一定的基础，并要抓住一切机会进行展示和锻炼，吸取经验；建议最初于小范围内开展，待活动有成效后再扩大范围，而要使一个活动在全校范围内开展得更顺利，务必得到校领导的认可与支持。

（三） 如何持续吸引学生开展活动

为激发学生兴趣，提高课堂参与度，她建立了小组奖励机制，对他们实行相应的奖励措施。为增强活动仪式感，开展了各小组上台的"班级展示会"，其中的优秀作品会被存档，并到期末时制作成视频供全校观看。同时，教师要不断鼓励、充分调动组内成员的积极性。在编创过程中，要引导学生，及时发现问题并帮助学生解决困难，否则学生便会停滞不前。

回想起唱诗班第一次参与英文歌大赛活动，学生开始都不想参与，是因为他们觉得自己成绩太差，连英文单词都读不好更别说唱英文歌了。她跟学生聊了办唱诗班的初衷以及对他们的期望，"我并不要求大家做得多好，也不要求你们弹琴弹得多么出色，世界上从不缺出色的人，只希望大家有一个不断挑战自己的态度"。结果，全员举手同意参赛，历经坎坷，英文歌也终于出了雏形。从认识每一个单词到唱清楚再到唱出声音来确实费了点劲儿，她始终记得学生因为胆怯而无比徘徊的场景。其间他们认真做笔记，认真努力学唱歌的样子一直令她倍感欣慰。到表演时，舞台上的他们是那么的自信，连英语老师都刮目相看。

活动开展过程中会遇到性格迥异的学生，他们要么内敛不善表达，要么调皮不听管教。面对这种情况，首先，教师一定要提前明确活动要求，号召全员参与。鼓励与坚持原则并行，活动才能更好更顺利地开展下去。其次，若想将活动长时间地开展下去，一定要注重活动的仪式感，换着法儿地带给学生新鲜感。因为只有学生体会到"存在感"，才有兴趣继续参与活动。最后，在开展过程中要注意活动材料的收集与整理，通过资料时常带给学生感动，也便于后期分享。

四、教育教学中存在的问题及诉求

（一）工作任务重，自身发展难

向老师说，在学校如果只是做一个单纯的美育老师，还是非常幸福的，认真备课、上课、教研，不会占用太多的时间。但问题在于，教师很难抛开其他工作潜心教学。如果一名教师能够在教学方面做得好，那她一定也能够认真负责地完成好其他的行政工作，这样一来，优秀的教师任务量就会越来越大。向老师第一年被安排担任团支部书记一职，第二年又要负责管理教务，工作量最多的时候还要负责党建、教研、工会等，常常上午刚处理完一些工作，中午就要例行一日三会，下午又要上一下午的音乐课，晚上还要巡堂、值班，除此之外还要保障晚自习后学生安全离校、负责查寝等。身兼数职的老师们根本没有时间去提升学历、提高自己的专业水平，所有的时间全部投入到工作上，这对于还想要继续提高自身水平的教师来说，无疑是非常困惑纠结。教师们既想踏实认真地完成好工作任务，又想抓紧时间丰富自己的知识储备。对于这种情况，向老师建议工作量要合理地分配，让那些任务较少的教师多分担一点。

（二）教师杂事多，课时量难算

向老师反映，教师如果担任了学校其他职务的话，除了平常备课上课这样的工作之外，还有一些"杂事"，比如说向老师之前负责教研这一部分，本来只需要做好教研的相关工作，但教务处有很多小事情也是需要向老师帮忙完成的，比如说每个月需要协助检查每个老师的教案，学生进行月考之后，还要协助计算和分析成绩，虽然这些工作处理起来并不复杂，但也是需要时间，这就大大增加了教师的工作量。而这些工作只要有，都需要认真去做。而帮忙处理这些杂事得到的补贴也非常微薄，即使是达到了规定行政级别的教师每个月也只能补贴 60～100 元，所以导致有些老师会有怨言，甚至产生一种"不作为"的心理，这是乡村很多年轻老师的普遍现象。

（三）师资流动性大，专业发展机会不足

乡村教师对学校和职业满意度较低，乡村教师的职业吸引力相对较弱，是造成乡村教师流动性大的重要原因。在我国，由于国土面积大，在教育方面仍然存在着较大的城乡差别。乡村学校地理位置较偏僻、信息闭塞、福利待遇较差等因素，都制约着乡村教师岗位的吸引力。[①] 此外，尽管在现代化社会中各种信息技术手段的出现在一定程度上能帮助到乡村教师的专业发展，但由于地理位置的阻隔、学校组织管理上的疏忽、学校领导缺乏足够重视等问题，乡村教师特别是乡村美育教师专业发展机会仍十分缺乏，甚至有部分教师在职业生涯中从未外出培训过。缺少外出参与学

---

① 赵明仁，谢爱磊. 国际视野中乡村教师队伍高质量发展的策略与启示 [J]. 中国教育学刊，2021，(10)：8－10.

习、培训的机会，乡村教师也很难接受先进教学理念，专业发展机会远少于城市教师。

五、我的反思：敢为人先，勇于思考创新助力教学

受应试教育影响，作为学校美育重要实施途径的音乐学科教学常常被忽视，尽管如此，向老师始终全身心投入音乐教学，始终追问自己如何才能帮助学生。怎样在学音乐的同时也能加深对其他学科的理解，她敢想敢做，通过自己的创新不仅助力音乐教学，也帮助了大批"学困生"找到学习的乐趣。

（一）重视美育教学，提升美育地位

由于传统观念的影响和工作竞争的加剧，社会的压力传导给教育，应试教育无法拨开，在这样更重视考试成绩的大背景下，美育课程普遍进展困难，无法得到学生、家长、领导的足够重视。而向老师上的音乐课、她创新的学科融合方案、她打造的萱草花艺术团却成为学校的特色，深受各级各界领导关注。对此，他人的重视程度取决于教师自身的表现，如果教师对自己所教的这门课程足够重视，能够潜心钻研，并且进行创新，那教师的这份热情，这种认真的态度也会影响到学生、家长和各级领导，使他们也重视起来。或许从这个角度来看，那些在抱怨美育课程被占用、美育课程边缘化的老师们，是不是应该反思自身，审视一下自己对这门课程是否已经尽心尽力呢？美育教师只有先自己重视自己的教学，锻造自身的学科专业定力，做出成绩来才会受到社会的重视，占课现象才会慢慢消失。其实换个角度来看，恰恰是因为没有升学的压力，教师才有机会在课堂上进行大胆的尝试，才有时间沉下心来潜心钻研。反之，如果美育教师自身因他人的不重视，而不专注课堂教学，在课堂上随便讲授一些知识，自暴自弃，又怎能奢望别人会重视你和你的学科呢？学生、同事及学校领导都会觉得浪费了一节课，与其浪费不如上其他科目课程，占课现象就会越来

越严重，从而导致学生厌学、领导失望的恶性循环局面，这对学科的发展也是极其不利的。

（二）潜心钻研教学，坚持创新突破

向老师能有今天这样的成就，能在六年时间内和学生一起创作出 1496 首歌曲。我们认为最重要的一点是，她能在工作中不断地探索，不断地去创新，不断地去做加法，才有了现在这么多显著的成绩。原地踏步不管是对于教师自身来说，还是对于学科的发展来说，都是没有任何好处的。做一名创新型教师，这也是当今形势下全面推行素质教育的需要。

正是因为向老师潜心钻研，关注学生的需求，抓住学生喜爱流行音乐这一"流量密码"，尝试将课本里需要背诵的诗词改编成歌曲，这一开始便一发不可收拾，在音乐课上开展了四年的学科融合活动，这让她意识到教师不仅要在教学上花时间更要下功夫，教学不仅是时间的艺术，更要有心、用心。迄今为止，向老师和学生们利用音乐课编创了 1496 首改编歌曲，内容涵盖了初中所有课程。从简单的融合到创意表演再到多元创意表演，他们在不断地优化活动质量，她通过对每次活动的所有创编视频进行剪辑并从中反思，从而产生新的想法，再对下次活动提出新的要求。学生的积极性也非常高，有学生下课后一边走路一边创编，有学生下课不休息继续创编，有学生利用休息时间找老师协商如何做得更好。创编出来的作品有说唱、有流行，有的还是学生的原创作曲。学科融合活动调动了学生的积极性，营造了良好的班级学习氛围，这都是潜心钻研教学，不断反思，坚持创新的结果。向老师这种学科融合活动创新教学模式，应该在全国进行教育实践分享，以分享交流方式将这种教学方法进行推广流传。以此丰富美育教师专业知识结构，提高美育教师专业素养并助推我国基础教育的发展。

（三）发扬学科优点，助力文化生成

音乐教育具有情感性、形象性、愉悦性、主体性的特点，相对于其他学科来说，音乐教育的过程充满了愉悦性，可寓教于乐，在潜移默化中对学生进行教育，特别是学生在进行了近一天的文化学习之后，音乐课能消除文化学习带来的疲劳，在一种轻松愉快的氛围下学习，使学生的身心得到健康、和谐、全面的发展。音乐教育也是学校实施美育的最佳方式，它以音乐为媒介，善于表现和传达情感，有着强烈的感染力，通过唱、跳、演、奏、编创等形式，选择该阶段学生喜欢的教学方式方法进行教学，寓教于乐，和其他学科融合，在学科本身的基础上做加法，更能发挥音乐学科的特点。只要是有助于学生发展的学科创新活动就是校园文化好的生成，教师应该敢想敢做，充分发挥学科特点，打造属于自己学科的学科特色。

（四）从实践中来，到实践中去

2022 年版义务教育艺术课程标准的修订工作从 2019 年 1 月开始，直到 2022 年 4 月正式发布，整整经历了三年时间，在课程理念方面，新课程改变较大，缩减为三大理念：坚持以美育人，重视艺术体验，突出课程综合。在新课标出来之前，向老师的音乐教学其实早已贯彻落实了这三大理念。无论是让学生参与歌曲的编创，还是让学生将歌曲用简单的动作、饱满的情绪表现出来，这都体现了向老师以学生为教学的主体，重视学生的艺术体验。在课程综合方面更是不必多说，她将音乐与其他学科巧妙地结合到一起，开展了丰富多彩的学科融合活动。

这个过程阐明了实践与理论的基本关系：实践者从实践中来，用理论者的理论，到实践中去。实践、认识、再实践、再认识，这种形式循环往复以至无穷，而实践和认识之间每一次循环的内容，都比之前的认识更深入了。实践与理论是相辅相成，缺一不可的，我们在实践中得出基本认知，深化为理论，而理论也理应落实到实践中去。新课标的修订需要每一位教师在实际教学过程中贯彻落实，实践是理论的基础，科学的理论对实践具有积极的指导作用。

第六章　首席名师的成长之路

　　她是省会城市年轻的一线音乐教师，是基础教育中美育实施的身体力行者。从课堂教学到社团活动，从常规教学到教研教改，从教学竞赛到艺术展演，她兢兢业业，成效斐然。

一、案主简介

　　易滢，湖南湘阴人，中共党员，中学高级教师。1994 年 9 月至 1999 年 6 月，高中就读于湘潭市第二中学；1999 年至 2003 年，本科就读于湖南师范大学艺术学院音乐学专业；2003 年至 2012 年任教于株洲市十三中学，从事音乐学科教学工作；2012 年至今任教于长沙市长郡梅溪湖中学，艺术教研组组长，长沙市信息技术与音乐教学深度融合团队学科专家，"湖南省易滢高中音乐工作室"首席名师。

二、专业发展历程

　　易老师中学毕业选择就读湖南师范大学音乐学院，源于中学时期她最崇拜的老师毕业于此，通过"偶像"的描述，易老师对这所学校和这个专业十分向往，同时也立志将来要成为一名人民音乐教师。正如所愿，2003 年大学本科毕业后来她到株洲市十三中学，从事音乐教育工作。大学所学、毕业所做、心中所想在这所学校得以实现，她感到非常幸运。

2003 年工作伊始，易老师就遇到了她职业生涯中的恩师——株洲市教研员程方老师和株洲市十三中艺术教研组长李卉老师。两位老师给予她很大的帮助，引导、鼓励、鞭策她快速地成长，让她很快地站稳讲台，并在一次次的市级省级赛课中获得优异的成绩。2008 年，工作 5 年的易老师，在师父们的指导下成绩突出，顺利地晋级中学一级教师。都说职业生涯的第一位老师能影响新教师的工作风格和态度，她们的这种无私的精神、对教研的执着和认真，教学的严谨对易老师影响很大，潜移默化地感化着她。

2012 年易老师参加了长沙市长郡梅溪湖中学公开招聘教师，之前工作的沉淀让她很幸运地通过层层选拔，来到梅溪湖畔这所带着希望的新学校，同时，易老师的家庭也结束了两地分居的局面，无论是工作还是生活，都开启了新的模式，在而立之年开启新的篇章。

在新的工作岗位，易老师对待她的徒弟们，就像当年程方、李卉老师对待她一样，引领她们夯实教研，扎实教学。而这些年轻的老师们也十分有灵气，成长得很快，短短两三年就都获得过省级赛课、论文一等奖，部分老师获得国家级赛课一等奖，以及部级优课等荣誉；指导班级演奏演唱比赛多次荣获一等奖；指导艺术团队参加长沙市艺术展演多次荣获市级一等奖。

因为有着十分优秀的团队，易老师带领团队成员于 2022 年经自愿申报、单位推荐、市州遴选、在湖南省教育厅资格审查、培育建设、专家评审的基础上，获评了湖南省易滢高中音乐工作室。

1. 与师父难忘的故事

2003 年刚刚大学毕业，在一次新教师教学竞赛中，易老师认识了她的师父——株洲市音乐教研员程方老师。对于新毕业的老师，程老师是无私地授教，常常利用各种形式给徒弟讲解如何上好课。

令易老师印象最深的一次，是 2004 年夏天，她一直无法突破七年级教材中《音乐在我身边》这一单元的教学设计，也找不到很好的切入点。师父就把易老师带到她们家辅导她如何上课，一起分析教材，剖析教学目标，进行教学设计。师父的家比单身宿舍的住宿条件强了太多，23 岁的她在师父家蹭吃、蹭住、蹭空调、蹭知识，不断地成长。她还记得黄昏下，夕阳洒进程老师家的窗台，她们俩坐在窗边，程老师一遍遍问，"这个活动，你是为了解决哪个教学难点设计的？""那个环节你是如何和上一个环节承接的？""教学活动永远是为教学而服务的，不能单纯为了活动而活动。""教学的环节不仅要层层相扣还要步步递进。"那个夏天傍晚的习习凉风，伴着师父的谆谆教诲，沁人心脾。

2. 与学生难忘的故事

2005年，易老师在株洲市十三中带第一届高中音乐专业生，她对学生们要求非常严格，早上6：30就安排练声，晚上和他们一起唱视唱、讲乐理，年轻的她的生活中全是他们。2007年，他们步入高三，这年的教师节，易老师像往常一样走进教室，最活跃的男同学刘勋突然捂住她的眼睛，等他松开手的时候，一讲台的布娃娃呈现在她的眼前，每位学生都给易老师写了一封信，满满的感动。易老师回忆道："那天是我职业生涯第一次落泪，这群孩子精心地为我准备了那么久，一封封感人肺腑的信，记录了他们和我的点点滴滴。他们调侃最怕每天早上6：00的敲门声，那是'巫婆'的声音，虽然很怕但是很感谢，我会陪着他们一起练习；她们感动我在和别人聊天时说起她们都是'我家姑娘'的称呼，让她们觉得很温暖……原来，我的严厉他们都理解，我的每一句鼓励他们都铭记。"2008年的6月，这群孩子给自己，给学校交了一份满意的答卷，给学校的音乐高考带来了很大的突破，那一年易老师被评为了师德十佳教师。

3. 与同事难忘的故事

2012年易老师来到长郡梅溪湖任教，这所中学是一所有温度的学校，长郡大集团是一个有爱的大家庭，在这里也发生了许许多多令易老师难忘的故事。王珏老师是大集团的音乐教研组长，是易老师的领路人，他关心着每一位老师的成长。刚刚迈入长郡集团时，易老师从来没有乐团经验，在组建乐团和管理乐团方面是个小白。当时学校领导跟她说："咱们学校必须建一支乐团，一个乐团就是一所学校的名片，你必须点亮这张名片。"作为"乐团小白"的易老师将她的困扰倾诉给了王珏老师。当下王珏老师就说："我们本部的排练，你过来了解一下。"这一了解就打开了一个新世界的大门。从总谱的识读，到指挥的手势，从作品的处理到乐团的管理，王老师都无私地与她分享。每当有专家来讲学，王老师会带着她一起去学习。易老师还记得有一次她在旁边学习王老师如何指挥乐团，正低头看总谱，做笔记时，王老师突然将指挥棒递到她手上，说："你来试试。"易老师颤颤巍巍地走上指挥台，看着本部那些优秀的孩子，紧张得浑身发抖，生怕声部之间的衔接出错，生怕给错气口。从指挥台下来，王老师说，不去实践、不去指挥就永远只是纸上谈兵。

易老师十分感谢长郡集团，长郡的校训"朴实沉毅"扎根在每一个长郡人心中，王老师更是无私地帮助每一个长郡音乐老师成长，无论是音乐课堂的教学还是校内活动的组织都是倾囊相助。易老师还说到，长郡梅溪湖艺术组的老师们也是相亲相爱、互帮互助的。2022 年年初，易老师的名师工作室进入培育期，在春节期间，不仅音乐老师全员工作，美术老师也是牺牲休息时间为工作室设计 logo，一遍遍地修改，直至修改成心中最期待的模样。工作室能顺利通过培育期，正式成立，离不开每一位团队成员的努力。

三、名师工作室的引领工作

（一）层层选拔，搭建学习平台

工作室的成立并不是一蹴而就的，需要经过自愿申报、单位推荐、市州遴选、湖南省教育厅资格审查、培育建设、专家评审等多个步骤，到 2022 年 1 月，湖南省一共有 200 多所工作室通过了教育部门的批准。但从批准到挂牌，还需经过三个月的培育期，培育期间，易老师和同事们做了大量的工作，提交了大量的材料。在湖南智慧教育平台上，上传了与教学有关的近两千个资源，其中包括课程、论文、教案、课件等，前期的准备工作非常繁琐，所以工作室的每一位成员都是为工作室尽心尽力，付出了很多心血的。三个月培育期过后，2022 年 5 月，工作室正式成立。

（二） 步步推进，提升教师能力

随着科学技术的日新月异与互联网的飞速发展，"互联网＋"时代的到来促进了传统教育模式的深刻变革。近十年来，各种线上教育形式逐渐兴起，并成为 2019 年新冠疫情的爆发，师生分离形势下的教育"必需品"。在这样的背景下，线上教学能够让学生随时、随地进行学习。教育部提出"实施教育数字化战略行动"，2022 年 3 月，国家智慧教育平台一期正式上线开通，面向全国广大师生和社会公众提供优质资源和公共服务。4 月 20 日，教育部印发文件，明确要求湖南承担国家职业教育智慧教育平台试点工作。为积极响应国家号召，向全省、全国分享经验，易老师和工作室成员不断地备课、磨课、录课，最终形成数字资源上传到平台上。工作室成立后，易老师和成员们又在准备打磨"精品课程"，针对某一本或某一些教材，经过教师的仔细研究，把它录成十五至二十分钟的一节节精品课，上传到平台上，为学生提供优质的学习资源。就在前不久，工作室一位老师的精品课还获得了长沙市一等奖。

作为新时代的教师，科研能力、学术能力也是必不可少的，庆幸并非像大多数人认为的音乐、美术等艺术类科目教师科研能力薄弱那样，易老师和工作室成员对写论文、做教研、做课题研究这方面都十分有热情，积极性很高。今年上半年她们一起申报了一个课题，待课题立项后，以课题为依托，大家一起交流、研讨，营造一个良好的学术氛围，潜移默化中提升教师的能力。

（三） 建章立制，规范成员行为

一个成熟的工作室离不开健全的规章制度，易滢高中音乐工作室旨在搭建促使中青年音乐教师专业成长提升自我的发展平台，打造一支在湖南省音乐教育领域中有思想、有高度、有成就、有影响的教师队伍，使工作室真正成为培养名师的基地。要实现这个目标，必须建立严格合理的管理条例，工作室的学习制度和研修制度对成员的个人提升作出了严格规定，例如，要求成员每学期至少集中学习一次，按期举办名师讲堂、专题研讨等活动，每学期至少上一次公开课或示范课等。制定考核标准，对于优秀成员给予一定精神与物质奖励，对于不求进取成员进行劝退工作。

四、音乐教学信息化——教学改革的成功案例

在教学的过程中也遇到了各种问题，例如学生对于教材中的音乐作品不感兴趣，要么刷题要么补充睡眠。老师在讲台上眉飞色舞，学生在题海中披荆斩棘。易老师也改变过教学策略，讲时尚的音乐，流行的音乐，还让学生分小组来分享自己喜欢的音乐，她发现从民谣音乐到爵士音乐再到电子音乐甚至二次元音乐，学生的挖掘比老师深得多，这样的课堂学生喜欢，教师轻松，但这能否成为音乐鉴赏课的常态呢？音乐欣赏课的价值又是什么呢？

易老师认为高中《音乐鉴赏》教材的存在，不仅仅有道理，更有意义。教材里的每首作品都是经典，《山在虚无缥缈间》《自新大陆第四乐章》《怀旧》等，让学生读懂它们不仅仅是读懂音乐，更是读懂一个时代，一个民族，一种文化。这是一件太有意义的事情了。于是她带着工作室的核心成员开始研究音乐鉴赏如何让学生喜欢，如何发挥课程的价值。同时也希望自己的研究有可推广性、普及性，能够辐射给更多的老师，尤其是农村的老师，希望能够让他们更好地将美育带到农村孩子的身边。研究的过程中，易老师加入了信息技术与学科融合团队，就像是突然打通了任督二脉一般，受到了很多启发。

信息技术其实很早就应用在音乐课堂上了，小学老师会拎着录音机来上课，初中时教室配有电视机，慢慢的，投影机、一体机、交互式一体机进入课堂，教室的信息设备一直更新，从1.0到2.0。在这个发展的时代，值得我们期待。但随之而来的还有一系列问题：老师们的信息技术运用是否也不断更新学习呢？这些智能化的信息教学工具能否实现翻转课堂？能否提升学生自主学习的能力？能否给学生更多的展示平台？在"双减"政策之下能否让课堂更高效？能否科学有效沉浸式地融入课堂教学？带着这些问

题，易老师和工作室成员们一直在学习，探讨、研究和实践，并分别从初中、高中、小学不同的学段，鉴赏、歌唱、演奏不同的模块打磨示范课。

（一）信息技术与音乐欣赏课堂的深度融合

音乐欣赏课是信息技术融合得最早的课堂，在没有交互式一体机的时代，老师们会用各种手段让学生欣赏音乐、感受作品。在 2.0 的时代，信息技术给课堂带来了什么转变呢？如何提高效率呢？

例如在教学古琴曲《梅花三弄》时，由于学生接触古琴较少，为了抓住学生的兴趣，老师自己用古琴演奏梅花三弄音乐主题，配合投屏技术，后排的学生也能通过大屏幕清晰地看到老师的演奏。同时，也可以利用"狸窝""快剪辑"等视频剪辑软件，截取与教学内容有联系的片段，制作好在课堂上播放给学生，使学生快速地初步感知教学内容，为教学提供生动的视觉影像，给学生以多种感官的刺激。有些教学内容需要学生有初中的音乐知识储备，为了更高效地唤起他们的记忆，老师制作了与教学内容相关的微课，通过观看，学生对于音乐主题、音乐文化有了更深的认知，为新课学习打下了一定的基础。

（二）信息技术与歌唱课的深度融合

歌曲演唱属于音乐课程中"表现"的教学内容，是实践性很强的音乐学习领域，是学习音乐的基础性内容，是培养学生音乐表现能力和审美能力的重要途径。

歌唱课同样需要激发学生的情感，如九年级歌唱课《热情非洲，狂野鼓声》的教学中，一开始可以用一段《狮子王》中的视频，给学生呈现非洲大草原生机勃勃的场景，在视觉和听觉的冲击下，带领学生初次体验非洲风情，营造出身临其境的课堂氛围。除了情感体验、审美感知以外，更要侧重于音乐文化的理解。前面的环节让学生获得的是音乐感知觉经验、音乐情感体验经验和音乐表演技能经验，这个环节能够让学生静下来了解非洲音乐文化。还可以制作一个微课，通过听觉和视觉的刺激，让学生了解非洲音乐文化。

（三）信息技术与演奏课堂的深度融合

演奏课同样属于"表现"这一教学领域，新课标对"表现"领域的解释为：通过"表现"，学生需要掌握声乐、器乐、综合性艺术表演所需的基础知识和基本技能，在艺术表现中表达思想和情感，丰富音乐活动经验。

将信息技术渗透到音乐演奏课堂，可以利用手机同屏展示演奏技巧、演奏方法以及演奏重难点，同时教师辅以一定的讲解；还可以利用希沃白板中的"放大镜"功能，让学生看清楚演奏指法等演奏细节。

信息技术不仅仅是课堂的使用，课后的使用也能激发学生的兴趣。在演奏课的尾声，学生掌握了一定的教学内容和演奏技法后，可以给他们拍个视频，简单制作美化一下，发到班级群。小朋友们非常喜欢拍视频这个环节，一个个身板挺得直直的，渴望展现出最好的状态。这些美的音乐让他们沉浸，好几次易老师打开后门观察，真的有小朋友在钢琴伴奏响起后，拿起竖笛开始律动。这就是音乐课本身的样子，这就是音乐课需要带给学生的美。

通过不断地研讨、打磨，易老师发现信息技术提高了学生的兴趣，增加了学生的参与度；拉近了传统艺术、古典艺术与学生之间的距离；能更好地实现翻转课堂的效果，把课堂还给了学生。而且只要有网络，希沃白板在偏远的农村也能使用，通过制作课件、分享课件、上课都能营造很好的课堂氛围。

五、我的反思：多元途径，全方位助力美育实施

近年来，国家多次颁发文件以提升美育地位，强调重视美育。要将国家政策落到实处，切实发挥美育作用，取得美育良好成效需通过多种途径，利用多种渠道，全方位助力美育实施。

（一）　美育教学中有的放矢应用信息技术

在教育教学磨课过程中我们不难发现，高科技对于网速的要求很高，在磨课的过程中，遇到网络突然崩溃，很多信息手段则无法使用，导致教学延时。通过实践，在教学中要掌握以下原则：首先不能流于形式。教学实践中不能从一个极端走向另一个极端，不能为了信息技术而技术，信息技术与学科教学的深度融合也要有一个度。要整体提升信息化教学的设计能力、实施能力，否则一节课下来表面看热热闹闹，实际上学生云山雾罩，什么都没学到，所谓的深度融合也只能成为空谈。其次不能喧宾夺主。信息技术是为教学服务的，所有的信息手段是为了辅助教学，教师不能过度地依赖于信息技术。传统课堂能延续至今，一定是有它自身的魅力所在，特别是教师的讲解、示范、引导、评价是信息技术所不能替代的，在课堂应有所保留。再次不能画蛇添足。备课不能只是把资源库里的课件调出来就用，一定要进行加工，并且要根据学情进行有效的加工。信息技术与学科的深度融合，要根据学科的特色进行选择，要根据教学内容具体选用。要有的放矢地使用信息技术，才会使课堂锦上添花。

遇见信息技术，遇见新时代，遇见现代课堂，这样的美好让人欢喜，让人踌躇满怀。在教育迈入信息化 2.0 时代、在迈入智慧城市的时代背景下，我们应像易老师她们积极探索智慧教育，致力实现教育教学方式的精准化、个性化和创新化，为学生的全面、终身、可持续发展夯实基础。这样，信息技术与课堂的深度融合，才会越来越好。

（二）　新课标的实施是对美育教师的挑战

《义务教育艺术课程标准（2022 年版）》发生了重要变化，将新中国成立 70 多年来一直沿袭至今的音乐与美术学科，统一放置到艺术课程标准之中，并且加入了"新三科"，即舞蹈、戏剧（含戏曲）、影视（含数字媒体艺术）。通过艺术课程学习和教师引导等多种方式，帮助中小学生自觉欣赏中外经典影视作品和优秀的动画游戏，形成良好的审美爱好和审美习惯，自觉拒绝和排斥电影、电视、动画、游戏中那些庸俗、低俗、媚俗的作品和内容，使影视能够真正发挥美育功能。作为省会城市中的重点中学，应该起到表率作用，积极响应课标要求，并且要主动地反思自身、寻求改变，做到"积极应变、主动求变"。在新课标出来前，长郡梅溪湖中学就已经开设了特色课程，比如开设的"影视编导"课，跟学生讲授怎么欣赏电影、电影与音乐的关系、电影的剪辑等方面。在初一年级一定会保证开设一门形体课，由舞蹈老师教学。多样化的课程设置能够满足学生多样化的需求，充分考虑到学生不同的兴趣爱好，让学生有更多的选择余地，鼓励学生的个性发展。

"新三科"的推进意味着众多师范院校要修订教学方案，将"新三科"人才培养列入教学计划当中，从而培养一批专业教师，而在这期间主要还是由原有的音乐、美术老师来担任"新三科"的教学，这对于音乐、美术老师来说无疑是一个很大的挑战，很多老师倍感压力。面对这种情况，教师可以转变思路，将自己视为教学活动的组织者，充分利用现有的资源开展教学，例如社会上的艺术家、优秀的文艺工作者、网络平台上的优质课程等，让专业的人做专业的事，这样才能真正提升学生综合能力与素质，这也是新课标真正提倡的。而并非教师临时去学几句戏剧，学几个舞蹈动作，再教给学生以皮毛，这只是为了应付新课标所做的表面功夫而已。

（三）创新是美育实施的永恒主题

工作室实施美育不仅仅局限于课堂，也重视开展课外音乐活动、带领学生创作音乐，通过将诗词改编成歌曲、组建学生乐队、上台表演等形式的美育活动，提升学生自信心、培养创造力、发挥每位学生的个性。2018年，易老师带领长梅师生共同创作《东坡突围》，这首作品由易老师作曲、谢娟老师改编歌词，用原创音乐倾情演绎东坡黄州词，通过诵读、歌唱、舞蹈等形式的表演，带领观众感受苏东坡的涅槃重生。2019年母亲节，两位老师再次联手，打造原创作品《凯风自南》，由长沙市岳麓区实验小学1407班演唱。2022年，正逢长郡梅溪湖中学办学十周年，易滢老师带领学生创作了校庆主题曲《出发》，而这次作词、作曲、演唱、乐队伴奏全部都是由学生自己担任，谈及这首原创作品时，不论是易滢老师，还是主创人吴钰祥都充满了自豪。

美育，绝不仅仅是一句口号，也不仅仅是依靠艺术课程，而是要充分渗透进各个学科课程、渗透进校园的每一个角落、渗透进所有师生的心里。

（四） 加快大班额化解，为美育教师减轻压力

艺术课堂理想的教学状态应是一个班级二十来人，学生不宜太多，而目前一些中小学一个班级达四五十人。培养学生一定要遵循因材施教这一原则，每一位学生都是独立的个体，不同的学生也有不同的个性，需要教师从学生的个别差异出发，有的放矢地进行有差别的教育，使每个学生都能获得最佳发展，这是我们想看到的教育。但这在大班化教学中是很难去实现的，一堂课四十多分钟，一位教师却需要面对四五十个学生教学，纵使教师主观上想针对每个学生的特点施教，客观条件也不允许。然而，随着我国城镇化进程的加快和"全面三胎"政策的放开，大量学龄人口不断涌向城市，城区办学质量较好的学校入学压力加大，现有教育资源不能满足家长学生的需求，城镇学校"大班额"现象仍然存在，究其根源，是教育自身对快速发展的城镇化应对不足与教育投入体制改革滞后。因此，化解大班额问题应"标本兼治"。①

首先，增加教育用地有效供给。教育用地不足是缓解大班额问题的首要障碍。在规划上，地方政府部门尽快编制和完善教育用地专项规划，切实将教育学校用地规划纳入城镇建设总体规划和土地利用总体规划。在审批上，实行教育用地审批单列制度，明确教育用地审批独立于一般建设用地审批，对于学校教育用地审批，开通绿色通道。②

其次，完善师资补充和流动机制。进一步完善传统教师编制管理机制，积极探索"编随人走"的动态化教师管理模式，保障教师队伍能随着

---

① 曾水兵，余国圣，陈油华. 新型城镇化背景下城区"大班额"困境及其化解——基于江西省的调查分析 ［J］. 上海教育科研，2017（06）：39－42.

② 曾水兵，余国圣，陈油华. 新型城镇化背景下城区"大班额"困境及其化解——基于江西省的调查分析 ［J］. 上海教育科研，2017（06）：41.

生源变化、学校布局调整和编制余缺等情况得到及时而有针对性的调整。①

再次，还应继续探索"大班化"教育的有效途径。一位智利诗人写道："我们所需要的很多东西都可以等待，但孩子所需要的东西都不能等待。他的骨骼正在形成，他的血液正在生成，他的心灵正在发展。我们不能对他说明天，他的名字就叫今天。"② 因此，在"小班化"时代尚未完全到来时，我们同样要积极探索适合现代教育条件下大规模班级授课的教学方式。③ 例如美国的特朗普教学制度就是一例对于教学模式的成功探索，将大班上课、小班讨论、个别教学三种教学组织形式结合起来，应用现代化教学手段把几个平行班合在一起上课，再分为20人左右的小班研究和讨论上课的材料，在作业布置上一部分由教师指定，一部分由学生自选，以此促进学生的个性发展。

目前，我国中小学教师还存在着较大的工作负担，具体表现为：工作总量多，工作时间长；工作结构不合理，非教育教学任务重；工作压力大，工作面过广等。这对于教师身心健康、教育教学质量都有一定影响。为了维持一个良好的教育生态环境，首先，应适当减轻中小学教师工作负担。例如厘清工作边界，使教师工作重心回归教育教学。减轻教师教学以外的工作任务，比如说一些行政工作，教师应把更多的时间投入到课堂的教学中，去研究怎么把课上好，怎么把学生教好，怎么去提升自身教学水平。其次，在现代化的今天，应充分利用好现代信息技术，建构智能化的技术支撑体系，如建立数字化的教育教学资源中心、智能化的教育教学辅助平台、信息化的教育教学管理体系等，为教师提供技术支撑，提升教学工作效率。④

---

① 黄建辉. 城区义务教育学校大班额问题成因及其化解［J］. 教学与管理，2014（11）：9－10.

② ［美］博耶. 关于美国教育改革的演讲［M］. 涂艳国，等译. 北京：教育科学出版社，2002：33.

③ 李可. 我国中部地区城市小学大班额问题研究——以河南省南阳市为例［D］. 西安：陕西师范大学，2010：40.

④ 朱秀红，刘善槐. 我国乡村教师工作负担的问题表征、不利影响与调适策略——基于全国18省35县的调查研究［J］. 中国教育学刊，2020（01）：92－94.

【政策回顾】

努力实现基本消除大班额目标

周季平

实现"基本消除大班额"政策目标，需要继续加大对大班额问题严重的贫困县的支持力度。自 2012 年以来我国农村贫困人口累计减少 8239 万人，截至 2018 年底仅剩 1660 万贫困人口，贫困发生率从 10.2% 下降到 1.7%。全国 832 个贫困县中预计有 433 个县，也即近一半的贫困县将宣布摘帽，但仍有近 400 个国家级贫困县。这些区域多为深度贫困地区，聚集了大部分的深度贫困学龄人口。为贯彻落实习近平总书记关于深度贫困地区脱贫攻坚座谈会重要讲话精神和两办《关于支持深度贫困地区脱贫攻坚的实施意见》要求，教育部、国务院扶贫办联合印发《深度贫困地区教育脱贫攻坚实施方案（2018—2020 年）》。该方案重申了贫困地区教育改革发展的省级统筹机制，细化了消除高中阶段大班额的工作要求，有利于巩固已有的大班额消除成果，防范义务教育阶段大班额的反弹，为实现整个基础教育阶段的内涵发展提供了有力的政策支撑。

从教育自身的发展规律来看，"基本消除大班额"依然要靠内涵发展，这就是义务教育阶段的"优质均衡"和高中教育阶段的"特色均衡"。中共中央、国务院印发《中国教育现代化 2035》，并发出通知，要求各地区各部门结合实际认真贯彻落实。《中国教育现代化 2035》瞄准实现教育现代化总目标，聚焦教育发展的突出问题和薄弱环节，重点部署了面向教育现代化的十大战略任务。明确要求"推动各级教育高水平高质量普及"。消除大班额是提高教育质量、落实教育现代化总目标的必然要求。

由于人口流动形成的大班额，本质上也源于不同学校、区域间的教育质量差距。在"就近入学"、专项督查等刚性政策约束下，当前义务教育阶段的大班额现象基本得以消除，余下的部分由城镇化引起的刚性教育需求，需要通过教育自身的扩容来解决。化解教育质量差距形成的大班额，需要用好兼顾刚性和弹性的教育政策工具。以高中阶段教育为例，普通高中大班额现象频现，甚至引发社会热议，而中等职业教育则持续遇冷，不只是中等教育结构失衡的问题，更主要的是在于学生、家长、社会的教育思想和观念，在于中等职业教育质量整体上落后于普通高中教育质量。其中，普通高中的大班额又主要集聚在重点高中、示范高中，也即重点大学升学率高的明星中学，这主要根源于以升学为取向的教育质量差距。若要彻底消除高中阶段的大班额，就需要切实推动形成多样化、特色化的高中育人模式，在名额分配等"指令性"政策工具之外，灵活运用好"双师"、综合素质评价、多元招生录取等弹性政策工具，引导基础教育阶段学校真正走向优质、特色均衡的教育现代化发展道路。（有删改）

——中国教育报（2019 – 03 – 02）

第七章　为顶层设计出谋划策
的教育科研引领者

他实习后留校工作，凭借着自己对美术的热爱，深深扎根美术学科教育领域，教得了学生，赛得了课，写得了论文，编得了教材，做得了课题，以求真务实的态度，将理论与实践并行，是一名踏踏实实的教育科研工作者。

一、案主简介

邓宏，1975 年生，本科就读于湖南师范大学，曾在广州美术学院研究生班进修，湖南师范大学设计艺术学硕士，中学高级教师，湘潭市专业技术骨干人才。1996 年 7 月至 2004 年 1 月，在湘潭市工业贸易中等专业学校担任班主任和美术教师。2004 年 2 月调入湘潭市教育科学研究院，工作至今，2013 年在国家教育行政学院参加课改培训班并结业。现任湘潭市教育科学研究院美术教研员，湖南省教育科学研究院兼职美术教研员，湖南省教育学会美术教研会副理事长兼秘书长，湖南省教育学会书法教研理事会理事。2017 年邓宏名师工作室成为全国千课万人美术名师工作室共同体成员，是湖南省唯一入围的美术工作室。

二、教学教研经历与业绩

邓宏老师在教育实习时，被实习学校湘潭市工业贸易中等专业学校的领导看中，之后留校担任高考美术教学工作。该校是湘潭市老牌美术高考专业学校，任教者有市美协主席、书协副主席等名人，他用一周30节课的勤奋，逐步跟上了其他老师的步伐，所教学生高考成绩斐然。

邓老师的父母都是教育工作者，育人的理念在他心中根植已久。非主科的老师一般徘徊在班主任工作之外，不太愿意当班主任，但他却主动担任了班主任工作，不仅白天扑在工作上，每天晚饭后坚持从家里散步到几公里外的学校，去查晚自习和寝室是他多年的工作习惯。他自购器材手工冲洗照片，包揽了学校新闻录制工作，包揽了每块一平方米左右共36块展板的每月更新工作，学校安排的其他工作也尽心尽力做好。在日常教学基础上，邓宏老师自发地开展教研，工作第四年撰写的论文获得了省教科院的一等奖，第五年撰写的论文也获得了省教科院论文评选活动的二等奖。2001年，邓老师获得由省人事厅、省教育厅、省教育工会、省教育基金会四家联合颁发的"湖南省优秀教师"荣誉称号。

邓宏老师所在的湘潭市，基础教育十分扎实，中考命题质量、学考成绩、高考成绩均为全省前列，奥林匹克竞赛的数、理、化、生成绩一直仅次于省会长沙。湘潭市教育科学研究院的教育科研管理工作也在全省相关会议上作过经验介绍。该院创办的湘潭本土教育期刊《教育与科研》，是湘潭教育科研的权威窗口，推介了大量本地和外地教研教改经验，为湘潭市营造教育科研氛围、激发教师教研教改积极性主动性发挥了重要作用。该院举办的"新视野"中小学教师教学竞赛历经多年，已经成为湘潭市教研品牌，持续引导、激活、提升了一线课堂教改生态。该院对教研员的基本要求是，上得示范课、写得论文、做得课题，邓宏老师交上了让各方满意的答卷。

（一）坚持教育研究

邓宏老师常年坚持教研反思，过去坚持十多年的新浪博客"美术教研员的一天"，曾被很多老师点赞和转载，现在的微信朋友圈也坚持针对一线教学进行理论与实践的剖析。在美术教育国家级核心期刊《中国中小学美术》《中国美术教育》上发表了近 10 篇美术教研论文。他是教育部新课标湘版普高《绘画》教材的教参执行主编和湘版初中美术教材的编委，是教育部 2011 年版《义务教育美术课程标准解读》第二作者。2022 年教育部新发布了《义务教育阶段艺术课程标准》，湖南省教育厅组织编写的《教学指导意见》，他是编委之一。他常年在湖南师范大学、湖南第一师范学院、湖南科技大学等高校给师范类学生讲课，足迹遍布山东、重庆、安徽、福建、海南等地的美术国培和新课改培训课堂。

在教研方式上，邓宏老师不满足于使用文化学科的方式编写教学设计，喜欢独辟蹊径，他使用思维导图进行美术教学设计。2000 年他在广州美院进修时学习了思维导图，认为这种教学方法新颖、科学、有效，于是率先将思维导图教学方法带入湖南美术教育界，并于 2006 年开始，在《中国校外美术教育》《中国美术教育》等期刊发表研究论文。2013 年以"在中小学绘画教学中用思维导图提高学生的艺术创造力的研究"为题，成功立项为"十一五"省教育科学规划课题（课题编号：XJK013CZXX011），课题结题论文发表在国家核心刊物《中国中小学美术》2019 年第 1 期。课题成果除了惠及本地学校，也在株洲、郴州等地中小学进行了持续推广。结题后仍研究至今，成为他美术教研的独特品牌。

对于教研工作，有人误以为就是走过场听听课、评评课，或者东拼西凑写论文。其实，真正把实践和理论紧密结合的教研工作是很不容易的。这要提到实证研究的概念，现今很多研究论文只能归为"思辨类"，在国际学术期刊里往往放在"论坛"栏目中，而实证方法和人类学方法的论文则放在"研究论文"栏目中。"研究论文"往往具有不同程度的原创性，而且占据期刊的重要位置。所谓原创性，就是从收集第一手观察资料开始的研究，而不是绝无数据资料的从观念到观念的论述。而且即便是"论坛",也是论述有据、有理、有创新,而不是人云亦云的陈词滥调。邓老师在一线教学多年,一直崇尚实证研究,凡事用数据说话,因此他所做的课题、论文和相关研究都具有翔实的过程性资料,比如,指导老师们上课、写教案或写论文会要求有实验课、有实证材料支撑,并把文本修改标出改版序号,用于对比前后差异;学生美术习作的实验样本都有统计数据、分析表。正因为邓老师心中有一种严谨治学的精神,同事们经常看到他在办公室挑灯夜战、刻苦钻研。

他以课题研究引领长期工作,以名师工作室定期活动维系中期工作,以赛事和训练落实短期和临时工作。以各县(市)区美术教研员和市美术教研会理事会为人力资源核心团队,形成点线面相结合的教研机制,确保教研久久为功、连绵发力。

(二)坚持示范引领

邓老师以"如何结合湘版美术教科书,结合本地和当前社会生活实际展开教学""现代教育技术环境下的中学美术课学习方式实验研究""在中小学绘画教学中用思维导图提高学生的艺术创造力的研究"等课题和邓宏名师工作室为平台,带动教师范画、案例写作、学生作品样本分析等,积极进行示范引领,在他及其名师工作室成员的共同努力下,湘潭市各地美术教师开展教研教改已蔚然成风,也取得了累累硕果。

在第十七届中南六省(区)中小学美术教育协作交流会上,邓老师作为湖南省的代表宣读了论文《用概念图构建生成性美术学案的研究与运用》,获得了国家美术课标组组长、首都师大博士生导师尹少淳老师的赞扬。

邓老师所指导的教师荣获湘版教材示范课湖南省一等奖第一名、全国现场美术赛课一等奖第五名等。湘潭市在全国美术教师基本功获奖的等级和数量在全省名列前三,第一、二、五届全国美术教师基本功竞赛中分别获得三个全国一等奖。省内赛课湘潭团队多次荣获一等奖。他指导的课程受到国家美术课标组核心成员、北京特级教师侯令老师和专家的一致肯定。

2017 年湖南邓宏名师工作室成为全国千课万人美术名师工作室共同体成员，是湖南省唯一入围的美术名师工作室。

全国发行的湘版普通高中美术教科书《绘画》的教师参考书，执行主编为邓宏老师，编委中有湘潭市高中骨干美术教师 5 人。多位美术教师在全国美术教育核心期刊《中国美术教育》发表文章。湘潭市中小学生代表参加历届省教育厅组织的"艺术展演"，在书法、绘画、摄影作品比赛中均取得优异成绩。由邓老师策划并编印的《垄上行——湘潭市美术教师作品集》《阳光下成长——湘潭市中小幼学生美术书法摄影优秀作品选》，得到社会各界高度评价。

湘潭市书画特色学校的创建工作也有声有色。湘潭市二中和湘乡二中作为艺术特色学校，艺术高考成绩一直不错。湘潭市原有两个全国书法兰亭学校，在邓老师指导下还创建了一个全国书法教育实验学校和两个全国美术教育实验学校。2021 年，邓老师全程指导湘潭县江声中学的《湘潭非遗纸影戏》和湖南科技大学附属小学的《童年的小溪》两个集体创作，入展湖南省首届少儿美术作品双年展，在全球最大的艺术家个人美术馆——李自健美术馆的大厅展出，全国政法队伍教育整顿中央第十督导组组长、全国政协常委裘援平、湖南省文联主席鄢福初、湖南省美协主席朱训德、湖南省作协主席何立伟等领导专家均予以高度评价。邓老师全程指导了湘潭市江声中学的美育建设，在有千人参会的湖南省首届中小学美育成果展暨研讨会上得到一致肯定，江声中学校长作为现场三位基层学校代表之一做了 1 小时成果汇报，得到湖南师范大学美育专家郭声健教授的充分肯定并在其公众号撰文推广该校经验。

邓老师作为湖南科技大学齐白石艺术学院多年的教学法和教育实习导师，既执教部分教学法课程，也经常组织师范生到中小学课堂观摩学习并参加有关教研活动，还以第二参与者身份参加了湖南科技大学思政课题"艺术实践类课程思政推进策略研究——以教育实习为例"的实践与研究工作，也参与了湖南科技大学多届艺术专业本科生的实习指导工作。

邓宏老师的倾力付出和取得的成绩，得到了湘潭市教育局、湘潭市教科院领导的充分肯定，市教育局专门召开了湘潭市学校美术教育工作研讨会，解决了美术教育教研教改中的一些困难和问题，创造了更加优越的环境和条件，进一步提振了全市美术教师开展教研教改的精气神。

（三）坚持创作不辍

邓宏老师深知动手能力的重要性，多年来从没停下创作的步伐。他义务为学校当年新建的教学楼设计了整体的镂花图形，先后出版了多本连环画，独立创作了市政府东方红广场地面浮雕《毛泽东之路》、市雨湖公园形象墙《雨湖春记》等作品。

在大美湘潭主题艺术普及方面，邓老师带领市美术名师工作室成员创作了国内首个"齐白石系列山水画"大型灯箱实物装置作品，还制作了"大美湘潭人文剪纸"鼠标垫等系列文创产品，获得了湖南美术出版社、湖南省教育厅艺术教育委员会领导专家的一致肯定。在湘潭市名师工作室开放日活动中，市教育局邀请了市委市政府的部分领导到场观摩，邓老师设计的"湘潭古城图水拓画"活动让莅临的嘉宾都体验了一次艺术盛宴。2022年他参与指导了市博物馆举办的"稚趣童年"少儿原创画展的创作和布展工作，指导了纸影戏、灯箱等多个装置艺术，作品以弘扬传统文化为主题，观展人数近10万人次。

三、关注乡村美育，坚持艺术教育扶贫

邓老师以艺术扶贫的方式，常年出现在中国美协艺术支教"蒲公英行动"的系列活动中。他积极参与解决乡村艺术教师"留不住"的问题。美术人才的培养费用较高，加之美术的发展和成才与经济条件、文化环境密不可分，导致一些高校毕业生不愿意去乡村任教，担心在乡村工作其自身价值难以体现。2015年他领导的市美术教研会与湖南第一师范学院城南书院合作，在雨湖区的郊区、湘潭县的乡镇共6个学校建立了"蒲公英乡村种子教师"基地。在2016、2017年两届全国少儿美术教育学术展暨城乡美术教研论坛上，邓老师介绍了他和湘潭市艺术扶贫的做法和经验。2016

年承办了艺术扶贫"蒲公英行动——美育特色建校"论坛研讨会议，不仅有来自贵州、湘西等地的校长和老师参与，还有"蒲公英行动"领军人物、省女画家美协主席谢丽芳老师、美术课标研制组核心成员、广州美院美术教研所所长陈卫和等专家、省市教科院和市教育局等领导出席了会议。2008 年，他与省教育厅体卫艺处有关领导一同考察全省乡村艺术教育情况，与株洲艺术教研员联合撰写的调研报告《我们的乡村艺术教育到底怎么啦》，在 2010 年教育部三年一届的艺术类最高级别比赛"艺术展演"论文评选中获得全国一等奖。在艺术扶贫工作方面，他不仅在校内教育发光发热，社会教育中也有他积极的身影。2015 年他在全国助残日策划了市级活动"爱心足迹拓印画"，社会各界代表与特殊学生共同拓印爱心印痕，活动邀请到湘潭市副市长、市教育局领导参加。2018 年全国助残日他又带领市美术名师工作室给特殊孩子进行艺术支教的系列活动。2017 年大年初六就参与中国美协少儿艺委会蒲公英行动计划研讨会，春节期间跟随香港青少儿视觉研究学会会长李志雄到湘西进行艺术扶贫活动。

四、教育教学中存在的问题及诉求

（一）艺术评价中存在考级与测评混淆的现象

美育的评价问题，关键是评价标准的混淆。教育部颁发的《中小学生艺术素质测评办法》是针对学生的具体测试和评量规则，但校外培训机构却朝着相反的方向使用艺术考级的评价标准。家长甚至老师不清楚艺术考级的危害，青睐在升学考试中没有实际加分作用的一纸证书，这种情况如今愈演愈烈，甚至卷入了一些教育工作者，或因利益而放弃了原则，或因愚昧而助纣为虐。

1. 考级和测评的区别

中共中央办公厅、国务院办公厅印发的《关于全面加强和改进新时代学校美育工作的意见》中提出，把中小学生学习音乐、美术、书法等艺类课程以及参与学校组织的艺术实践活动纳入学业要求，探索将艺术类科目纳入初、高中学业水平考试范围。全面实施中小学生艺术素质测评，将测评结果纳入初、高中学生综合素质评价。①《意见》印发之后，校外培训机构等打着"美育进中考"的招牌进行功利化炒作，并且根据自身需要设计散布具体考试内容等各种误导信息。教育部强调各地各学校要负责把好关，特别是在"美育进中考"问题上要做好与社会培训机构的切割工作，包括评价指标、考试内容与计分等不能与社会培训机构有任何直接与间接联系，要严格遵循学校教什么学什么就考什么的原则；要求学校组织美育教师认真学习领会文件精神，提高思想认识，对各种因为利益关联而明示、暗示学生参与社会培训机构学习的行为，以及借机在校外开办艺术培训班的个人行为要严厉查处；学校不能与校外培训机构勾连，既不能放弃自身职责而依仗校外培训机构来应付美育考试评价，更不能丧失教育底线而从中谋取利益。

透过现象看本质，考级与测评有着本质的区别。考级一是要考，二是要级，也就是属于通过同时同地的同考进行拔高选择。正是因为此二项，使得考级成了一个巨大的产业，因为级可以从低到高设多个和多种，反正学生和家长必须一级一级慢慢考，不断交钱。而测评从字面上看，一是测，二是评，测评可以有考的成分，但是必须包括对应测者现实环境的综合评判，且任何测评都是以是否达标为主要目标和基本评判目的。一般来说，测评只是在受测者成长中，或者生活中心理发生变化的节点进行。②

在传统的儿童美术教育模式中，人们所采用的常常是以儿童画的作品为依据的评价方式，它所注重的是人的理智发展而忽略儿童的情感与思维过程的存在，目前社会上儿童画考级的风潮也正好顺应了这一套路。姑且不论有人说"考级"是如何必要乃至科学，只此点便足以让人感到疑惑，即他们所安排的在全国范围内的"考级"都将儿童置于了特定的，像参加

---

① 中共中央办公厅，国务院办公厅. 关于全面加强和改进新时代学校美育工作的意见 [EB/OL]. （2020－10－15）［2023－02－28］. https：//www. gov. cn/gongbao/content/2020/content_ 5554511. htm.

② 龙念南. 考级与测评［N］. 美术报，2020－11－21.

高考似的那种封闭的环境，然后让儿童按照他们所规定题目来作画，接着再把所有的作品集中送到某地由专家统一评审，最后根据评审结果来量化认定教师的素质，来评价美术教学的好坏，给儿童绘画的水平定级，且还要重复不断地考级、评级，这种做法不仅对儿童造成伤害而且对美育教师素养的评价缺乏全方面考量并有失公平。

事实上现存对"考级"问题上的分歧应该说是当前两种美术教育观念的分歧。如果按照某些提倡"考级"的人的观点，把儿童集中起来按照成人制定的考级标准考一考，就能得到足够的信息把儿童画画的能力划分成他们认为可行的等级，还能为他们将来当画家或搞专业打基础，那么我们却担心这种考级在整个儿童美术教育的事业中的错误导向，会起到极为有害的作用，因为我们对儿童美术的教育的期望不光是为了培养画家，况且即便是培养画家，这种对儿童绘画能力测试式的考级也是一种不可取的方法。

2. 测评量化标准欠科学

教育部专家们一直认为美术是有"坡度"而难以形成"梯度"的学科，不像体育、钢琴等学科那样容易形成明晰的"梯度"。因此，根据核心素养的理念修订《普通高中美术课程标准》的时候，我们没有按照教育部的统一要求制订 5 个级别的学业质量标准，而是仅仅设置了 3 个级别的学业质量标准。即便如此，我们在形成"梯度"（分级）的时候，依然十分困难。在一些情况下，似乎只能做成"文字"上的"梯度"，比如"了解""认识"和"深入认识"。而在现实情境中，怎样才算是"了解""认识"和"深入认识"，依然是个让教师或评价者十分为难的问题。①

但是，美术考级方并不参与包括制订标准和实施教学等教育行为的全过程，而是强行占据了评价这一环节。在这种情况下高中美术划分为 3 级尚且如此困难，那美术考级划分为 10 级的情况又会如何呢？我们看看从中国美术考级网下载的《儿童画考试大纲（试行）》中对 5、6 级水平的描述，会有令人惊讶的发现。命题创作——5 级：能运用绘画语言表现画面，构图比较合理，画面比较完整；内容丰富，主题明确；色彩比较协调，具

---

① 尹少淳. 不种地的收割者——论美术考级之不合情理 [J]. 少儿美术，2018（03）：6.

有一定的想象力和感染力。6级：能运用绘画语言表现画面，构图比较合理，画面比较完整；内容丰富，主题明确；色彩协调，具有一定的想象力感染力。第5级和第6级的级差仅仅是"比较"两字，在实际的考级中，真不知道考级方是如何找到和判断其中"色彩比较协调"与"色彩协调"的差别。其他级别的描述，也普遍存在这样的问题。①

2013年教育部颁发的《中小学书法教育指导纲要》明确指出："中小学书法教育不举行专门的考试，不开展书法等级考试。"相比较而言，书法考级比起美术考级似乎更具有合理性和可行性，因为它有特定的"书体"可以依傍和参照。书法尚且不主张考级，美术就更不应该考级了。总之，十年磨一剑的课标都无法精确量化分级，以考级方的专业水准和急功近利的出发点，怎么可能做到科学分级呢。②

（二）乡村美育教育科研困境

乡村中小学美育教师的科研能力和水平对于乡村美育教育改革和发展，提高学校的美育教学质量，促进教师的专业发展都起着重要的作用。近些年，乡村中小学逐步认识到教育科研工作的重要性，也将科研工作纳入到教师专业考评中。但从课题组调研走访的情况来看，乡村中小学美育教师的科研工作还存在科研认识不够，科研意识不强，科研工作能力不强等困境。这些现象的存在将会影响乡村美育教育的发展，阻碍乡村中小学美育教师素质的发展和提高。现将主要问题梳理如下。

1. 缺乏教育理论素养

艺术类美育教师在师范院校进修期间普遍存在重视自身专业的基本技能技巧的学习，往往忽视了教育理论类课程知识的累积，使得他们的教育理论素养先天不足、教育科学知识欠缺，从而导致他们在教育科研工作中知识面窄，在做科研写论文时常常感到力不从心。③ 部分乡村中小学美育

---

① 尹少淳. 不种地的收割者——论美术考级之不合情理 [J]. 少儿美术，2018 (03)：6.
② 尹少淳. 不种地的收割者——论美术考级之不合情理 [J]. 少儿美术，2018 (03)：6.
③ 辉进宇，褚远辉. 中小学教师教育科研中存在的问题与对策 [J]. 教育导刊，2005 (05)：30.

教师撰写的论文缺乏理论色彩、学术含量不高，不能将平常积累的教育教学经验上升到理论的高度并将其转化成科研成果、优秀案例进行推广，从而促进美育教师教育教学工作的开展。

2. 缺乏科研探究意识

在现实教育教学中，艺术类美育教师普遍科研意识差，缺乏刻苦钻研的探究精神，不喜欢做课题写文章，对做科研丧失信心并且畏难情绪比较重。在艺术类特岗教师的调查问卷中有一组数据充分证实了美育教师科研意识比较淡薄的现实困境，当问及"您担任特岗教师期间是否发表过或写过学术论文？学校对教学研究是否有奖励政策？"时，有 60% 的艺术类教师坦言从来没有写过论文，也不清楚学校对教学研究的奖励政策。[①]

3. 缺乏科研内驱力

大多认为搞好自己的专业，带好学生处理好日常工作就可以了。至于教育科研是学校领导和教育科研人员的事情，与己无关。有的从年头喊到年尾要做课题写文章，却光喊口号不付之于行动，几年下来，没有一点科研成果。究其原因，主要是学校对科研工作不够重视，没有有效的奖惩制度，导致大多数乡村美育教师科研内驱力不够。

4. 缺乏科研经费和科研时间

乡村中小学美育教师普遍认为学校对教育科研工作不够重视，因为学校办学经费不足，囊中羞涩疲于应付学校其他日常工作的运转，忽视教育科研工作的开发。学校科研制度不够完善，缺乏配套的科研经费，乡村教师工资收入微薄待遇不高，大多教师都不愿意在做课题写论文上有所花费，他们认为搞科研写论文是件费力不讨好的事情，觉得既浪费时间又浪费精力还浪费了金钱。教师们希望学校设立科研专项经费供教师们做课题。另外，乡村中小学教师工作繁忙，除教学任务外还承担非教学工作和行政管理工作。多数美育教师认为工作压力大，缺乏充足的时间和空间来搞教育研究，感觉力不从心缺乏精力从事教育教学研究。其实，教师不想

---

① 肖辉，杨丹. 艺术类特岗教师素质结构的实然分析与应然讨论——基于湖南省九个地州市的调查［J］. 湖南社会科学，2014（05）：67.

参与教育科研工作的思想根源主要是怕加重自己的工作负担，占用自己过多的工作时间和业余休息时间。

五、我的反思：完善测评体系，发挥教研员引领作用

随着教育部颁发的《中小学生艺术素质测评办法》《中小学校艺术教育工作自评》等政策的落地，教育部门及学校应认真落实相关文件，不断完善中小学生艺术素质评价体系，通过学生测评反映美育教师教育教学水平。另外，中小学美育教师需重视教育科研，通过学生测评情况撰写教学心得及论文反思自己在教育教学中存在的不足和差距，以此促进自身的专业发展。因此，我们需完善中小学生艺术素养测评工作，同时教研员应指导引领美育教师们做好教育科研工作。

（一）完善学生艺术素养测评体系

测评是庞大的系统工程，从档案袋的长期建设到测评及统计都是巨大的工作量，不能是靠几次期考甚至单次测试就给孩子评一个终结性的分数。从某种程度上来看，测评比班主任写学生评语要复杂多了，也比文化科目的月考或期考要繁杂。测评的前提是配备足量的专职艺术教师和开齐艺术课程，而结构化缺编等问题一直是师资及开课的瓶颈；在人力、物力、课程等基本建设没有达标的时候对学校进行测评，获得的往往都是有水分的数据。在大数据时代，没有精准度的数据库是不能用的。因此，我们可以尝试从以下几个方面进行探索。

1. 厘清教育部文件，分级落实及配合

（1）《中小学生艺术素质测评办法》是针对学生的具体测试和评量规则。

（2）《中小学校艺术教育工作自评》是以学校为单位，以学年为时段进行。

（3）《中小学校艺术教育发展年度报告》是各级教育行政部门撰写并

每年按要求逐级报送上级教育行政部门的年度报告。

2. 把握目的途径，避免偏颇及增负

（1）在实践中建立健全学生艺术素质评价制度，避免以目前尚不够科学和完善的测评体系给学生进行刚性定论，从而影响其升学等相关学业成绩。

（2）过程为主，结果为辅。重激励，轻甄别，以学生的互评为主，教师评价为辅。

3. 落实测评依据，反对以偏概全

（1）在测评之前，提前两年通知测评学校及单位，要求建立学生综合素质档案。测评依据为四项，包括：①学生综合素质档案，②学生写实记录，③成绩评定，④参考教师评语、学生互评、自我评价。其中，最重要的是档案的建立，这是目前最大的空缺项目。在学校已有学生综合素质档案的基础上测量，否则仅仅凭一次性的终结性测量是绝对片面的。但是，放眼各地，耗费巨大精力为学生做完整有效的综合素质档案的学校凤毛麟角。毕竟这种档案的建立和完善是学校仅有的美育教师无法承担的工作量，即使是使用电子档案袋，其拍照、建档的工作量也不是学校所能承担的，所以这个瓶颈没有得到完善解决之前，所有测评都是用一次性的技能测试（或期考成绩）代替完整的指标体系，结果都是偏颇和违背教育规律的。

（2）在不能进行全额样本测评时，要科学设定抽测样本。测评是针对全体学生而非个体，即使因为时间、人力等客观原因等不能进行全体测量，也要设定较为科学的大样本数量。

（3）明确界定现场测试的内容为课标及教材范围。现场测试的内容主要是学业指标的知识和技能，知识可以用教材范围内的内容进行笔试的试卷命题及考核，技能则以教材范围内的现场技能测试或期考成绩作为测评样本。绝不能用现场的单项技能测量代替学业指标的基本知识和基本技能，更不能夸大学业指标的权重，占用甚至替代基础指标和发展指标。艺术特长加分项要与基本技能项目的考核分开进行，内容和难度要区分开。

（4）预防艺术考级乘机侵入，混淆家长视听。任何社会艺术考级成绩都不能作为参考成绩，更不能加分，那些都是培训机构为利所驱、家长爱慕虚荣的畸形表现。这一点尤其要在学校测评普及中提前让家长知道，避免被培训机构所利用，导致测评中的不公正和不和谐。

4. 量化基本技能和艺术特长的评价指标，完善评测体系

教育部文件要求学生艺术素质测评以分数形式呈现，即基础指标 40 分；学业指标 50 分；发展指标 20 分，其中加分项目 10 分。90 分以上为优秀，75～89 分为良好，60～74 分为合格，60 分以下为不合格。但是，学业指标的基本技能和发展指标中的艺术特长的测试量化一直是个难点，要建立相应评价内容和水平分级依据才好测试，否则都将以教师的主观判断为结果。

（1）评价内容的分类：美术作品按表现领域分造型与设计两个方向，其测量评价指标就不相同。音乐也需有类似的评价指标分类。

（2）评价水平的分级：美术可按照图像识读及美术表现分为三个水平层级，按照层级的标准进行量化。

《义务教育艺术课程标准》（2022 年版）颁布后，亟待有勇气在否定之否定中自我更新的美育工作者，遵循教育和艺术的初心，在误区和选择中不断正本清源，唤起学生原本的知觉经验，进入科学的艺术学习途径。

（二）发挥教研员教育科研引领作用

近些年，湖南省教育科学研究院及地州市各教育科研院所以健全教育科研管理体制为抓手，建章立制培养了一批批优秀的教研员。教研员在各自的岗位和专业领域内结合实践开展课题研究，研究成果丰硕，为教育决策、教育改革发挥了重要作用。充分地发挥了教研员的示范引领作用，推动我省教育科研广泛深入开展，使教育科学研究工作根植于各级各类学校。

教育科研是一线教师的基本功，教育科研能力是教师重要的专业能力，是教师其他专业能力发展的助推器。[1] 因此，乡村美育教师应结合工作实际开展课题研究，通过教学实践撰写相关论文提升自身的教育科研能

---

① 刘艳艳，王晓庆 . 以教育科研引领教师专业发展的实施路径 [J]. 现代教育，2019（05）：9.

力，从而全面有效助推自身的专业发展。

（1）建立完善教育科研管理制度

乡村中小学校应成立科研职能部门，建章立制，科学管理学校科研活动，保障学校教育科研工作有序开展，该部门应在校领导及科研骨干的引领下定期组织指导教师们开展教育科研学术活动，充分调动教师科研积极性，保障学校课题研究方向与研究目标与本校教育教学实践紧密结合，做到有的放矢研究美育教学中存在的问题，通过反思探索保障美育教学质量的提升。

（2）发挥教研员的引领示范作用

以省市教育科研院所教研员、各学校教育科研骨干教师、校外教育专家为主体组建教育科研团队。以上述案主教研员邱小燕、邓宏为例，务必加大教育科研院所科研员、教育专家及校领导的引领示范作用。带领学校美育教师开展教育教学科研工作，指导提高骨干教师、课题主持人选题立项能力、课题立项申报书的设计能力、科学研究课题的能力。有效帮助乡村中小学美育教师争取科研立项课题机会，凝聚美育教师科研力量开展研究，提高美育科研实效。

（3）加强新青教师科研能力培养

遴选有思想、有水平、有能力、有干劲、有热情的教师加入教育科研队伍。很多美育新青教师没有研究经验，在课题研究及科研成果方面大多是空白。学校应鼓励经验丰富、年长的老教师发挥传帮带的作用，加大对青年教师培养力度，创造条件支持青年教师参加省、市、县各级课题研究培训体系，定期聘请专家为乡村美育教师举办专题讲座并进行现场实践指导。通过培训提升新青年教师规范做课题做研究的基本能力，培养他们的教育科研意识。我们应将江苏省教育厅为实施科教兴省和人才强省的"青蓝工程"的做法嫁接过来，培养一支能歌善舞、能绘画、能搞创作、能做研究的高素质的美育教师队伍，切实引导帮助青年教师提高业务能力和科研创新能力。

（4）为科研提供经费及时间保障

教育主管部门应加大乡村中小学美育科研经费的投入，学校设立相应的科研部门主管科研经费。课题立项后学校应按一定的配套比例给予课题研究经费资助，通过各种渠道如以社会募捐赞助形式筹措经费保障课题研究经费的开支，另外还需要给教师们减轻工作负担腾出时间来让教师们做课题研究，学校要适当定期安排学术时间供研究成员一起探讨课题研究中存在的问题和困惑。如，澳大利亚大学重视教师的科研培训和科研成果转化。针对不同层次的教师，学校除采用学术会、研讨会、培训班等形式外，澳大利亚大学还普遍设置了专门机构，如大学教师发展中心，为青年教师发展提供全方位指导。对于年轻教师早期难以申请到外部基金，学校努力通过政府拨款、企业合作和专设校内研究基金等形式，资助青年教师继续发表研究成果。[①] 为提升教师科研能力，斯坦福大学还推出了学术休假制度，为教师提供一个纯粹的学术研究时段，让教师能潜心钻研。[②] 美国研究型大学都实行了导师制，旨在导师的指导帮助下青年教师进行学术研究。

（5）建立健全科研奖励机制

根据马斯洛的人的需要层次理论，内驱力主要集中在两方面：一方面是尊重的需要；另一方面是自我实现的需要。[③] 因此，为了调动乡村中小学美育教师做科研的积极性，学校首先要关注教师精神方面的鼓励，对于在科研方面做出了成绩、转化了优秀成果的教师要及时给予表扬与肯定。其次，应建立健全荣誉奖励制度，年终考核评先评优时学校对于有突出贡献的科研骨干应单列名额优先评选。对于获得高含金量的科研成果奖的教师（省级教学成果，省级、市级优秀教育科研成果一、二等奖和省级、市级教研成果一、二等奖获得者）进行表彰授予荣誉称号并给予物质奖励。再次，给予这些教师晋升机会和关注关怀。美国哈佛大学的心理学家戴维·麦克利兰的成就需要理论认为，有成就需要的人，对胜任和成功有强烈的

---

① 曾苙华. 国外高校青年教师科研能力培养模式及启示［J］. 科教导刊, 2018（06）：10.
② 曾苙华. 国外高校青年教师科研能力培养模式及启示［J］. 科教导刊, 2018（06）：10.
③ 李静, 许毅. 新形势下技工院校高技能人才薪酬激励机制的建立［J］. 广西教育, 2021（01）：82.

要求。① 在这种内驱力的激发下教师们才会不断努力坚持科研创新，才会不断产出科研成果。最后，给予教师展示科研成果的平台。鼓励美育教师参加各级各类论文评审活动、发表课题研究成果相关论文，学校应搭建平台定期通过媒体、表彰大会、专题讲座等形式分享教师优秀成果案例或研究成果，在省、市、县域内中小学进行成果推广，以此提高美育教师的专业存在感和获得感。

【政策回顾】

三、评价方式

义务教育质量评价实施工作要注重优化评价方式方法，不断提高评价工作的科学性、针对性、有效性。

（一）注重结果评价与增值评价相结合。关注学生发展、学校办学、县域义务教育发展合格程度的同时，关注其发展水平和工作水平的进步程度，科学评判地方党委政府、学校和教师的努力程度。

（二）注重综合评价与特色评价相结合。关注县域、学校全面育人整体成效和学生德智体美劳全面发展情况的同时，注重差异性和多样性，关注每一所学校和每一名学生，促进学校特色发展和学生个性发展。

（三）注重自我评价与外部评价相结合。在引导学生、学校和县级党委政府积极开展常态化自我评价和即时改进的同时，构建主体多元、统整优化、责任明晰、组织高效的外部评价工作体系。

（四）注重线上评价与线下评价相结合。建立县域、学校、学生常态化评价网络信息平台及数据库，完善学生综合素质评价档案，并通过实地调查、观察、访谈等方式，了解掌握实际情况，确保评价真实全面、科学有效。

——教育部等六部门关于印发《义务教育质量评价指南》的通知

---

① 李静，许毅. 新形势下技工院校高技能人才薪酬激励机制的建立［J］. 广西教育，2021（01）：83.

4. 坚持把立德树人成效作为根本标准。加快完善各级各类学校评价标准，将落实党的全面领导、坚持正确办学方向、加强和改进学校党的建设以及党建带团建队建、做好思想政治工作和意识形态工作、依法治校办学、维护安全稳定作为评价学校及其领导人员、管理人员的重要内容，健全学校内部质量保障制度，坚决克服重智育轻德育、重分数轻素质等片面办学行为，促进学生身心健康、全面发展。

17. 改进美育评价。把中小学生学习音乐、美术、书法等艺术类课程以及参与学校组织的艺术实践活动情况纳入学业要求，促进学生形成艺术爱好、增强艺术素养，全面提升学生感受美、表现美、鉴赏美、创造美的能力。探索将艺术类科目纳入中考改革试点。推动高校将公共艺术课程与艺术实践纳入人才培养方案，实行学分制管理，学生修满规定学分方能毕业。

——中共中央 国务院印发《深化新时代教育评价改革总体方案》

（二）健全普通高中学生综合素质评价制度。积极探索综合素质考核评价，转变简单以高考成绩为唯一标准评价学生。推动学生走向"社会大课堂"，将学生参与的有关社会实践活动、志愿服务活动、劳动活动等记入综合素质档案。从学生进入高中一年级开始，普通高中学校客观记录学生在校学习成长过程，整体反映学生德智体美劳全面发展情况和个性特长，形成学生综合素质档案，作为普通高校招生录取的参考。

1. 评价内容。主要包括学生思想品德、学业水平、身心健康、艺术素养、社会实践等方面内容。

2. 评价程序。普通高中学校负责组织开展学生综合素质写实记录工作，客观记录学生成长过程，整理遴选的相关信息统一导入全省普通高中学生综合素质评价电子管理平台，形成学生综合素质评价档案。

3. 评价使用。按照"谁使用、谁评价"原则，招生高校根据自身特色、人才选拔培养特点和要求，研究制定高中学生综合素质评价结果的使用办法，提前向社会公布。

——湖南省人民政府关于印发《湖南省高考综合改革实施方案》的通知

第六条　学生艺术素质测评的依据是学生的写实记录、成绩评定，同时参考教师评语、学生互评、自我评价等。学校可分年级段组织实施测评工作，测评结果应及时汇总、整理、存档、上报。

第七条　学校要如实记录每一名学生的艺术素质测评结果，纳入学生综合素质档案。初中和高中阶段学校学生测评结果作为学生综合素质评价的重要内容。

——教育部关于印发《中小学生艺术素质测评办法》等三个文件的通知

第八章　乡村中学中成长起来的首席名师

　　毕业任教后，他严格要求自己，一直虚心学习，为美术教学打下扎实基础。一路上探索实践，在反思中提升教研能力，接连拿下省市各项奖。他坚持与学生共同作画，带领的高考美术生录取率遥遥领先，成为学科带头人；创建名师工作室，提升区域内美术教师队伍素质，推进美术教育改革。

一、案主简介

　　李谟辽，男，中共党员，1976 年 1 月出生于浏阳。1988 年 9 月至 1991年 7 月，就读浏阳市古港镇初级中学；1991 年 9 月至 1994 年 7 月，就读浏阳师范学校（中专）美术班。1994 年 9 月任教于浏阳市高坪乡初级中学。1996 年和 2004 年分别在株洲师范高等专科学校美术教育专业和湖南师范大学美术学专业进行三年的函授学习。2003 年 7 月至今，任教于浏阳市第三中学。多次在年度绩效考核中评为优秀，获浏阳市政府嘉奖。所领衔的浏阳市李谟辽中学美术工作室成立于 2019 年 10 月，在 2020 年年度考核中，被评为优秀名师工作室，个人也被评为优秀首席名师。现为浏阳三中高级美术教师、浏阳市骨干教师、浏阳市李谟辽中学美术工作室首席名师、长沙市第四届卓越教师之"高中美术"学科带头人。

二、专业发展历程

（一）职业定格

李谟辽老师刚参加工作时，教过物理、生物、政治、历史、体育及美术，最后定格在美术教育上。据其自述，有两方面的原因：一是自己对美术的热爱。他师范三年一直在美术班，参加工作之初，曾在 1995 年周末及寒暑假自费到长沙美术培训班和美术老师处学习，当初还想参加高考考美术学院。二是想改变贫穷状态。因家境贫寒，工资低，而自己对美术感兴趣，平常学习积累的知识要丰富一些，不需要花太多时间备课，空余时间多，可以从事一些与美术有关的副业（如：做广告、招牌，画点油画）来挣点费用，补贴家用。回首自己曾经走过的岁月，李谟辽老师感觉有快乐有悲伤，有委屈有挫折，有天真的幻想，也有自己的理想和坚定的选择。

（二）成长为首席名师不是偶然

从 1998 年开始，李谟辽老师正式成为一名专职美术老师。2003 年因所带美术特长生升学率高而调到浏阳三中。2019 年成为浏阳市中学美术名师工作室第一任首席名师，2022 年再次担任首席名师。这是他热爱美术，热爱美术教育，并孜孜不倦辛勤耕耘的结果。

1. **教育教学兢兢业业**

1998 年正值划块招生，李谟辽老师所在的三口中学每年计划内正取普通高中的人数非常有限，很多孩子需要缴纳计划外费用才能读普高，浏阳市一中教育集团艺术学校在三口中学招收美术特长生的指标仅 1 名。为了能让更多的孩子正常考取计划内指标，省下计外费，李谟辽老师做了大量工作：一方面，他筛选文化成绩处于正取线边沿且有美术爱好的孩子重点培养；另一方面，成功申办了浏阳一中教育集团艺术学校首个美术生源基地，指标一下增加至 5 名。2003 年浏阳市第三中学招生领导去三口中学招生时，发现李老师所带美术特长生质优（文化、专业均优）量多，为了招收和稳定这批学生，破格将他调入浏阳三中。李老师从三口中学调走近20年，无论是当年的领导还是同事，每次谈起他与三口中学的美术教育，都还津津乐道。当年三口中学教育办主任、现浏阳市集里中学党支部书记周映红记忆犹新："李老师当年真是有干劲、有方法，为了扩大美术生的影响，请木匠做了10个镜框，每逢传统节日时，就将学生的作品装裱好，清晨用板车拉到集市上去展览，家长们去买菜都能看到孩子们的作品，非常高兴。"

当然，这只是李老师在当时无微信、无抖音等智能设备时所采用的宣传、鼓励孩子们的一个方面。除此之外，为了培养孩子们拥有一双发现美的眼睛、保持对美术的浓厚兴趣、提高专业水平和保证孩子们能正常升学，李老师采用了多种方法。首先，让学生画身边生活中的物品。如：画杆秤，带学生到农户家去画摇井、儿童单车，画学生从家里带来的瓶瓶罐罐，周末带学生到田野中去写生，画水彩风景，使学生感受到"原来美就在身边"。当时没有什么教具，李老师买下刚杀的牛头，现场煮烂，自制牛头骨。其次，坚持带画。从石膏几何体、静物到石膏像，坚持示范带画。再次，重视学生文化知识的积累。经常在上课时给学生渗透文化知识的重要性，讲语文的文学美、体育的运动美，偶尔还会罚画画时讲话的孩子背古文。

这一系列措施很有效果。学生学习兴趣高涨，每天中午、放学后都自愿留下来画画，文化知识的学习也很认真。文化成绩不但没有受到影响，反而提高了，所以家长也支持。不到三年，李老师将一个无美术特长生的三口中学，稳定在每个年级有30名左右的美术特长生，每年有20多人升入普高和艺术学校，并继续学美术，后来大部分学生考取美术学院和重点大学美术专业，其中，2001年毕业的肖平，被浏阳一中艺术学校录取，高中阶段专业稳居全校第一名，2004年应届考取清华大学美术学院，成为三口镇目前为止唯一考取清华大学的学生。

2001年，李谟辽老师撰写的《尝试美术课外活动小组市场化运作》论文，获浏阳市一等奖。2002年，他创建浏阳一中教育集团艺术学校首个美术生源基地，浏阳电视台、《浏阳日报》相继报道。2003年，晋升中级职称。

刚调入浏阳三中（高中学校）的前3年，因李老师是中专毕业，没有读过高中，对美术高考没有经验，因此一心一意钻研美术高考生教学。在这一过程中，他的美术专业成长是采取"倒逼"的方式进行的，特别是在长沙集训期间，前三届是与学生同吃、同住、同画，第一届的学生说："老师进步最大！"由于与学生一起训练、生活，学生管理也非常到位，学生非常喜欢积极向上的李老师。浏阳三中他每年所带的高考美术生二本升学率超过美术专业学校，位居浏阳市第一名。

与高三学生一起画画，考验老师的勇气与自信。李谟辽老师认为，目前美术教师专业化发展存在一些问题，美术教师的专业基本功下降，示范技能较差，一些老师对新课标有误解，认为示范就不能体现学生自主学习，示范、带画少，这样一来美术课也就没有了学科特色，是很危险的信号。部分美术老师专业意识不牢，忽视学科知识和技能的训练，忽视课堂教学的专业性，动手绘画、手工制作的能力减弱，美术教师在学生心目中的形象大打折扣。而经常与高三学生一起画画、经常动笔做示范，可以规避这一问题。

李老师坚持与每届高三学生一起画画，所作考题示范作品《戴眼镜的女大学生头像写生》被湖南美术出版社出版的《2006年高考美术试题剖析——素描卷》收录发表，2016年参与编辑的高考美术书籍——好方法教学系列丛书《讲述素描半身像》，深受同行与学生好评。

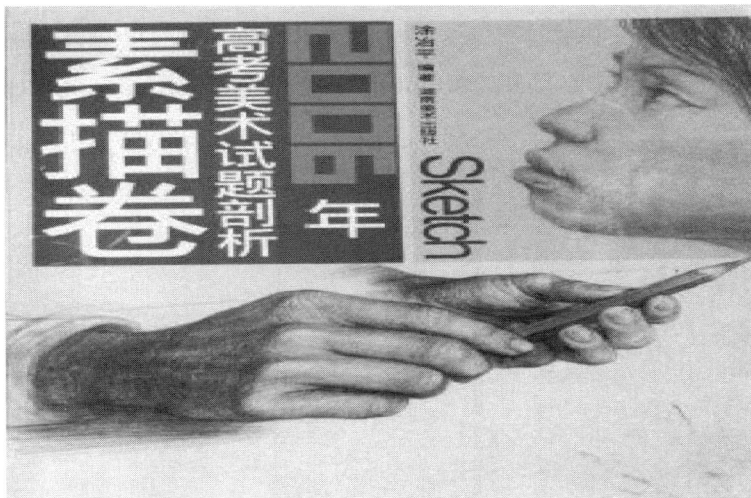

图 8-1　湖南美术出版社出版的《2006 年高考美术试题剖析——素描卷》

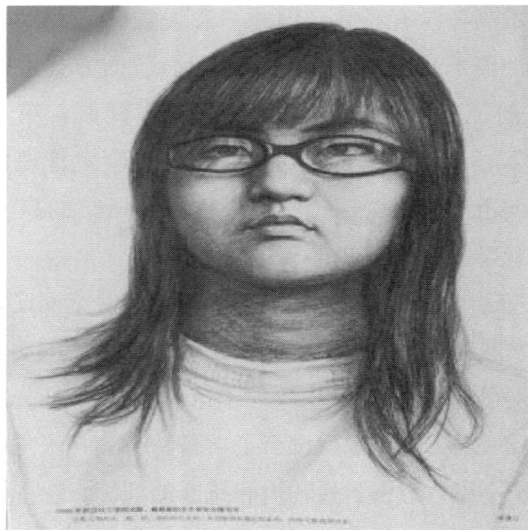

图 8 - 2   《戴眼镜的女大学生头像写生》入选《2006 年高考美术试题剖析——素描卷》

除此之外,李老师因多次帮助贫困孩子解决美术培训的费用而被长沙电视台新闻频道、《浏阳日报》等新闻媒体报道。他自愿到贫困山区进行志愿支教活动,2015、2016 年连续两年被浏阳市教育局评为年度教育系统志愿服务"优秀教师"。

图 8 - 3   《浏阳日报》圆梦大学报道 1（电子报截图）

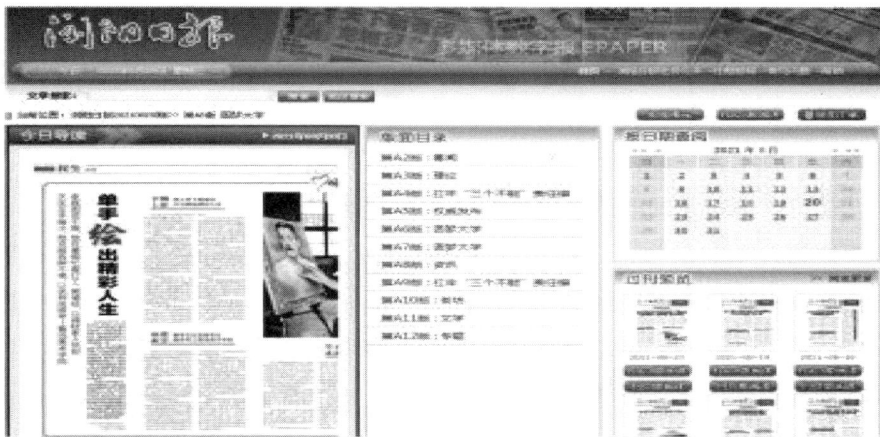

图 8 - 4　《浏阳日报》圆梦大学报道 2（电子报截图）

2. 理论实践相辅相成

从 2008 年开始，李谟辽老师开始将教学重点从保证美术高考成绩不下降的基础上，转向面向全体学生的美术课堂教学。

李老师在课堂教学上狠下功夫，每堂课都经过认真钻研、精心设计，力争上出自己的特色，给孩子们留下深刻的印象。如：在"抽象美术作品鉴赏"的教学设计中，针对学生对抽象美术作品难以理解的实际情况，李老师从学生感兴趣的鸟叫和纯音乐入手，激发他们的学习兴趣，使课堂既生动有趣，又能通俗易懂地让学生理解了作品。李老师的教学获得一致好评，也连续斩获各级奖项：

①2014、2016 年，荣获学校第十八届、十九届课堂教学比武一等奖；

②2014 年荣获浏阳市第十八届课堂教学评优一等奖第一名；

③为长沙教育学院举办的 2015 年浏阳教师信息技术应用能力提升工程全员培训（高中美术）上示范观摩课，获得一致好评；

④所设计的《图像与眼睛》一课在 2015—2016 年度"一师一优课，一课一名师"评比中获评浏阳市级优课；

⑤所设计的《空间分割与组合》一课在 2014 年度长沙市"一师一优课，一课一名师"活动中被评选为市级优课。

李老师认为，一名优秀的教师要做到多读书、重实践、勤思考、常动笔。读书是学习的重要途径，能让人与大师对话，获得智慧。想成为一名优秀的教师，就要把读书当作一种习惯，一种意识。多读书，读好的专业书（如：《中国美术教育》《中国中小学美术》等杂志；不同版本的中外美术史、美术教育家传记等）是快速提升自我的重要方法。美术教师的实践就是将读书所学的教法或名家的优质课教案，自己在课堂上实践一下是否能达到人家的效果，让每一堂课都像上公开课、比赛课一样用心去实践。这并不容易做到，因为美术课需要准备的教具、学具繁杂，学生、家长也不是很配合，需要老师有足够的耐心与毅力。对教材的处理、对教学重点与难点的把握、课堂提问的设计、学生的课堂表现等教学问题，应该是教师每天思考的内容，只有勤思考才会发现问题并解决问题。教师要经常动笔写文章，动笔写文章是提升自己的教育理论水平和写作能力最有效的方法。

李谟辽老师教学水平高、教研能力强、教学态度好，先后被评为浏阳市骨干教师、浏阳市卓越教师、长沙市学科带头人。在2019年10月浏阳市中学美术工作室首席名师遴选中，他在5位竞选教师中脱颖而出。

从一名普通教师一步步成长为首席名师，李谟辽老师始终坚持两点：一是要成为一名让学生、家长和学校均满意的老师；二是要培养出有独立审美能力的人才。他常常说："现今社会没有文盲了，但美盲很多。"正因为这样，美术老师任重而道远。"鸟欲高飞先振翅，人求上进先读书"，他一直坚持阅读，坚持画画，不断提升自己的审美能力。他认为，人生不怕起点低，就怕不上进。一件事情，你干一两年不见什么成效，但你用心干10年、20年，肯定能成为这个行业的专家。

三、发挥示范引领作用，提升教师专业水平

2019年10月，浏阳市教育局向李谟辽老师颁发了"浏阳市李谟辽中学美术工作室"的牌匾，他内心除了激动，更多的是压力，他自认为还不是一名真正的"名师"，更别谈"首席名师"，但他珍惜这份荣誉。

（一）建章立制，搭建平台

2019 年 10 月，工作室按照浏阳市教育局有关要求，成立了组织机构，制定了各项制度、三年规划、年度工作计划，要求每位成员按照工作室要求和自己的工作实际，通过自学、集中学习、网上学习交流等形式，努力从课程理念、课程目标、课题研究、教育教学、学校美育特色发展等各方面提高自己的认识和能力。工作室建立了微信群，引领和帮助成员共同学习，交流反思，不断优化美术课堂教学理念、教学策略和艺术，努力构建学科核心素养，促进学校美育健康发展，微信平台成为工作室的资源生成站和成果辐射源。

李老师的工作感想：第一，工作室不是行政机构，是一个学术团体，团队成员一定要齐心协力，要热爱研究，不能完全图虚名，更不能掣肘；第二，分工要明确，如课例研修、课题研究、活动策划、微信推送等要责任到人、安排到位。

（二）精心组织，开展研修

1. 校际交流，博采众长

工作室自成立以来，先后多次到各优秀学员学校开展活动，与师生面对面交流，发挥了工作室辐射作用，探讨了各学校美术教育不同模式，博采众长，共同提高。如：工作室优秀学员新文学校美术老师李大明，专业基础扎实，非常用心开展学校美术活动，狠抓七、八年级美术常规课堂，学生艺术中考年年名列前茅；工作室优秀学员五中美术老师黎贤斌，研究生毕业，教学方法先进，教学效果优良，美术专业生队伍大，学生美术高考成绩次次名列前茅。

2. 名师讲堂，教学示范

工作室要求团队每一个名师每年要做一次讲座或教学示范。李老师作为一名美术老师，深知美术老师的短板：自由散漫，随心所欲；只注重专业技能，学术能力相对薄弱。针对以上情况，工作室开展了名师讲堂、行动示范、专家引领等活动。

（1）名师讲堂，疏通思想。每次开展活动，召开全体成员会议时，强调专业水平高不等同于教学水平高，但专业水平高是教学水平高的先决条件，必须练好专业基本功。美术中考、高考，均可以检测教学效果。

（2）行动示范，教学优先。"打铁还需自身硬"，从自身做起，打造美术高效课堂。特别是在开发美术课程资源中，以工作室的长沙市教育规划重点资助课题"浏阳地域文化资源与中小学美术的融合"为依托，以课堂为主要活动形式，努力提高每个工作室成员的教育教学能力。如：2021 年李老师带头上示范课，将课堂搬进工厂，被湖南教育新闻网、《浏阳日报》等五家媒体报道。2022 年 3 月，工作室学员、高坪中学卢耀明老师，将美术课堂搬到油菜花田，学生积极性高，教学效果好，也引起了不小的反响。还有高华名师的课例《第 1 课：笔墨千秋》在"一师一优课、一课一名师"活动中荣获教育部优课。

（3）举办专家讲座，提升教研能力。为提高工作室成员的教育教学研究能力，工作室邀请专家为大家做讲座。先后邀请了湖南省美术教研员朱小林、株洲市美术教研员罗忠、长沙市美术教研员詹蓉、《湖南教育 D 版》主编刘翠鸿等专家为工作室成员讲美术教育发展新形势、高效美术课堂教学、教学论文写作、把握投稿要求及艺术中考、国家政策要求等。组织聆听了中南大学教授卢雨的"版画创作"，湖南师范大学博士生导师段江华的"油画创作"等名家讲座。安排工作室顾问陈国建、陈远谋老师为工作室成员示范教学等。这些举措，大大提高了工作室成员的教研及自身专业水平。

3. 学术研究，科研示范

进行教学研究、写论文、做课题是中学美术老师的"硬伤"，老师们积极性不高。怎么引领？工作室成功申报了长沙市教育规划重点资助课题"浏阳地域文化资源与中小学美术的融合"。2020 年湖南师范大学的肖弋教授拟在湖南省美术馆举办"卉木萋萋——湖南乡村美术教育成果展示暨研讨活动"，当时征集作品时，因需要特色作品，没有学员愿意参与。李老师觉得机会难得，说服学员浏阳四中美术老师史亚妮参与，并带领她辅导学生做夏布签字笔画研究，最终，所辅导的作品在湖南省美术馆展出，并得到了全国著名美育专家谢丽芳的高度认可，这让 35 岁的她晋升了高级职称。工作室最终有 7 件作品参展，中国新闻网、新华社现场报道时首页均采用了工作室辅导的炭画作品照片，新湖南、浏阳电视台都作了专题报道。李老师也在研讨会上作了"荒园培俊秀——乡村中学美术零基础孩子的专业升学之路"的主题发言，其科研成果向全省乃至全国辐射。

2021 年 11 月，中国美术出版社的专业核心期刊《中国中小学美术》刊发课题研究成果《"双减"之下，美育开启新征程：将课堂搬进工厂》，"浏阳市中学美术名师工作室首席名师李谟辽"的名字赫然在列。2022 年 3 月 30 日中国教育新闻网、《中国教师报》"晒成果"栏目刊发了工作室课题研究成果《"画"入炭雕》，"浏阳市中学美术名师工作室"的名字再一次进入国家级教育报纸。在工作室的引领下，学员们教研科研的积极性慢慢地上来了。2021 年下发的《浏阳市教育科学"十四五"规划 2021 年度立项课题总表》（浏教通〔2021〕26 号）文件中，工作室学员胡海兵主持的"'传承耀邦精神 建设红色校园'特色校建设研究"课题和李娟主持的"乡村中小学艺术课堂认知更变研究"课题成功立项。工作室成员从刚成立时的基本无人写论文，到 2020 年 21 篇论文获省一、二、三等奖，再到 2021 年 44 篇论文获省一、二等奖，这都与工作室的引领示范分不开。

名师工作室建设始终在路上。不断地激活教师内驱力，提高教师学习力，形成发展力，名师工作室就会在促进教师专业化成长、促进教育改革和发展中不断发挥其影响和作用。只要工作室成员团结进取、互帮互助，共同为推进浏阳美育助力呐喊，添砖加瓦，大家"各美其美、美人之美、美美与共"，满怀美好的信心，一定会共迎美育的新春天。

作为名师工作室主持人，李老师深有感悟：名师工作室是一个成就老师的平台，无论首席名师、名师，还是学员老师，都是相互提高，相互促进的。用于漪老师的话说就是"一辈子学做老师"。做人，做事，做学问，要经得住考量，经得起时间的考验，为人师表，与人友善，乐于分享，不浮躁，不急功近利；要有为学者的勤勉不辍和独立思考，和而不同，和而不流，认真研究，梳理经验，提炼思想，不固执，不师心自用，更勿唯我独尊。

四、教育教学中存在的问题及诉求

（一）存在的问题

1. 师资质量不够高，遴选机制欠规范

李老师认为，目前名师工作室对团队成员、学员准入门槛的把控不够严格，学员是由每个学校按要求推荐的，但素质良莠不齐。李老师工作室的名师是由当时参与竞聘的 5 人组成，李老师为首席，1 人为顾问，其余 3 人为团队名师。值得关注的是，竞聘时并不缺乏毕业于 211 重点大学和美术专业院校的老师，然而按首席名师的标准，整个浏阳市中学美术教师无一人符合条件。因此，至浏阳市第八批名师工作室创建时才设立中学美术名师工作室。在竞聘时，5 人全部没有做过课题研究，3 人没有参加过浏阳市级赛课或公开课，4 人近三年没有发表过论文获过奖。由此可见，即便是名校出身的老师，在科研、赛课等方面依然薄弱。工作室有 1/3 的学员年龄在 35 岁以上，其中部分老师缺乏上进心，在工作室中不仅不能起到正面的影响，反而还产生负面影响。

2. 学非所教，身兼多职

据李谟辽老师介绍，截至 2022 年该名师工作室有 51 名学员老师，每次开展研修活动时，总有部分老师缺席。经调查统计，40 名初中美术老师，有 27 人身兼多职，美术教学成副业，其中大部分是乡村中学。每月工作室进行研修活动，至少有 1/5 老师请假，最多的时候高达 2/5，多名学员诉苦："学校确实有其他工作，美术教学只是副业呢！"有时候，校长打电话来请假。如：某学员担任学校办公室主任、学校团委书记，承担九年级美术教学；某学员担任教科室主任，承担八年级生物和美术教学。李老师有次活动后私下跟某学员交流："你这样一个湖南师范大学美术专业硕士研究生毕业的高才生，要力争做出点成绩来啦！"她说："李老师，没有

办法，我现在在学校是政治老师，美术教学只是我的副业。"李老师说："把政治教学辞了，一心一意教美术吧！"她满脸无奈地说："辞了很多年，学校领导不同意，每年还让教九年级的政治。有时候真想故意将政治教差一点，下次领导就不会让我教了，但每到课堂看见孩子们就不忍心啰！另外，只教美术也不满工作量。"毕业于 211 重点大学美术专业及美术学院的老师，占李老师工作室成员的 1/3，这些老师教非所学，真是对美术人才的浪费。现实是，按乡村初中正常开课，1 个初中美术老师教 14 个班才满工作量。据悉，浏阳市 54 所初级中学，学校规模超过 14 个教学班的约 21 个，有约 33 所学校不能正常配备 1 名美术老师。还有不正常开课，挤占、停上美育课程的现象。面对这些情况，美术老师如何有精力上好美术课？如何来开展工作室的研修活动？乡村学校美育如何振兴？

3. 守不住课堂阵地，活动积极性不高

虽然，多年前教育部体育卫生与艺术教育副司长万丽君在《新时代学校美育工作的新使命与新任务》中说："应付、挤占、停上美育课程的现象没有得到根本扭转。"自浏阳市加大艺术中考的绩效考核分值后，九年级几乎没有这一现象了，但在乡村初中七、八年级和高中尤为严重。由于一些美术老师缺乏美育践行者的使命担当加之有图轻松的想法，因此，这部分老师守不住美术课堂阵地，工作室活动积极性也不高。

（二）主要诉求

1. 保障薪酬待遇，科学计算工作量

教师职业情怀和学科情怀的稳固，需要外因和内因两方面因素的努力与配合。外因，各级教育行政部门和学校要真正重视美育，贯彻落实好"德、智、体、美、劳全面发展"的教育方针，真正让美术成为与其他文化科目同等重要的专业学科，提高美术教师的薪酬水平。根据问卷调查，一节美术课所准备的教具与学具绝不比一节文化课少，但工作量差别却很大。美术课用到的教具与学具各式各样，如刻刀、尺子、有色卡纸、画架等，有的课上素描，有的课上色彩，有的可能还需要制作教具，这是美术教师的工作范畴，理应算入工作课时。随着美育政策落地，各学校纷纷开展丰富的艺术实践活动，可以利用社团活动增加美术教师工作量，并计入教师课时量，以保证美术教师完成专业范围内的工作量。

2. 开齐开足课程，杜绝挤占课时

升学科目教师所承担的压力，确实比素质科目要大一些，因此，我们无法改变外因，无法改变社会的重视程度，甚至领导、同事、学生及家长都会给美术教师带来消极的影响："别为了一节美术课那么上心，让学生自习算了。"那么就只有改变内因——自身，先自己重视自己的美术教学，相信付出总会有收获，锻造自身的学科专业定力。作为乡村中学美术教师，要换个角度思考，正是由于没有升学的压力，在课堂上可以大胆地尝试，有时间沉下心来研究教学，上好每一堂课。让学生喜欢美术课堂，才是最重要的，况且美术学科更容易出成绩。只有当美术教师自己认真对待每一堂课，自己重视自己，学生、同事及学校领导才会重视美术这门学科，占课现象也会慢慢消失。反之，如果乡村中学美术教师因学校或别人不重视，不专注课堂教学，在美术课堂上随便讲授一些美术知识，自暴自弃，又怎能奢望别人会重视你和你的美术学科呢？学生、同事及学校领导都会觉得浪费了一节课，与其浪费，不如上升学科目课，占课现象就会越来越严重，从而导致学生厌学、领导失望的恶性循环。如：湘西凤凰县箭道坪小学的美术教师龙俊甲，面临同样的困境，却积极上进，成为"民间美术的开拓者"。

乡村中学由于规模小、高中由于升学压力不按国家课程标准开足开齐美术课程，屡见不鲜。实际工作中，大部分乡村美术教师虽心里不愿意，但还是服从学校安排，甚至有教师面对领导都不敢表达自己的想法，导致自己要么不满工作量，要么被安排到"学非所教"的教学岗位或非教学岗位，有的教师一干就几年，经常在办公室或课堂上抱怨，最终害了学生，也害了自己。面对这样的情况，作为乡村中学美术教师就要有学科担当意识，敢于站出来，与学校进行有效沟通，力保美术课程开足开齐。如果开足开齐仍不满工作量，加其他工作，那也要以美术教学为主。万丽君强调："打好深化教学改革攻坚战，解决学校美育发展的关键问题。要做到'三聚焦'：课程建设要聚焦'开齐开足上好'，在落实'开齐开足'这个底线要求的基础上逐步实现'上好'。"解决学校美育发展问题是事关美术教师自己的事，要敢于担当，要发挥自己的聪明才智，妥善处理好这一问题。可以试试这样处理：（1）认真上好每一堂课，以有说服力的成绩（优秀课堂作业）让学生、学校认为美术确实能起到审美教育和提高审美能力的作用；（2）真诚地与学校有关领导沟通，提出解决问题的途径。

乡村中学一般只有 1 名专职美术教师，这些为数极少的教师就代表着整个学校的美术教育，是学校美术教育的具体实施人，更是学校美术教育落实的监督人。尹少淳教授在《核心素养时代美术教师的成长》一文中指出："培养人的核心素养，实质上是培养人解决问题所需要的品质和能力；在努力培养学生解决问题能力的同时，作为美术教师，我们也需要培养自己解决问题的能力。"① 乡村中学美术教师在锻造自身的学科专业定力和牢固树立学科担当意识的过程中，就是自身解决问题的过程。

3. 坚定文化自信，反对崇洋媚外

课题组采访了李谟辽名师工作室的顾问陈远谋，陈老师认为2022年网上持续发酵疯传的人民教育出版社吴勇教材插图事件，反映了当下美术界一些人崇洋媚外的现象。当前美术升学考试内容偏重西式技能，基本排斥了民族绘画艺术样式。多年来，美术升学考试几乎都是素描、色彩、速写这三门技能。而中华民族绘画样式、绘画技能、绘画理念没有得到应有的重视，如线描、勾皴点染、应物象形、散点透视、阴阳凹凸、气韵留白等民族绘画艺术样式和理念依然有其科学性、生命力。中华民族在与黄河、长江为代表的自然环境打磨过程中形成了天人合一理念和辩证思维，在这样的理念和思维样式下生发出东方绘画艺术，这种艺术个性独特、衣钵清晰、技巧独特、工具载体绝无仅有，我们的祖先给我们留下了《清明上河图》等旷世名作，我们完全有理由自信自强。

---

① 尹少淳. 核心素养时代美术教师的成长［J］. 中国中小学美术，2019（09）：5.

老艺术家无论是在人物形象塑造，还是场景描写上，无不让人叫绝。绘画语言纯正，人物个性无一雷同，场景上下连贯，这就是典型的东方艺术。

我国美术教育如果没有曹衣出水、吴带当风的线条研究，没有毛笔宣纸的绘画材料探索，没有硬笔单线平涂的技巧，没有气韵生动的艺术追求，一句话，没有民族特色，将是十分悲哀的。只有传承发扬好中华民族的绘画样式、绘画技能、绘画理念，并以"拿来主义"的态度学习借鉴西方绘画技术，我国的美术教育、美育事业才可能有美好的未来。

五、我的反思：完善遴选制度，发挥名师名校长引领作用

2018 年 2 月，教育部、国家发改委等五部门印发的《教师教育振兴行动计划（2018—2022 年）》，提出了振兴教师教育的各项措施。要求深入实施"卓越教师培养计划"并"实施中小学名师名校长领航工程，培养造就一批具有较大社会影响力、能够在基础教育领域发挥示范引领作用的领军人才"。[1] 卓越教师的培养是一个系统工程。"名师名校长培养计划"作为卓越教师培养的"领航工程"，其目的是充分发挥名师名校长的"头雁"示范作用，促进基础教育教师队伍质量的整体提升。[2] 随着以上政策文件的落地，当前，基础教育发展正朝着优质均衡发展阶段迈进，对于偏远地区或乡村薄弱地区而言，更凸显了名师名校长发挥引领作用的重要性。为了更好落实《教师教育振兴行动计划（2018—2022 年）》和《教育部办公厅关于实施新时代中小学名师名校长培养计划（2022— 2025）的通知》，我们应做好如下工作。

---

① 教育部，国家发展改革委，财政部，人力资源社会保障部，中央编办．关于印发《教师教育振兴行动计划（2018—2022 年）》的通知．［EB/OL］．（2018 – 03 – 28）［2023 – 05 – 16］．http：//www.gov.cn/xinwen/2018 – 03/28/content_ 5278034.htm．

② 肖锦川．新时代名师名校长培养系统工程探究——基于"三位一体"育人机制［J］．教师教育学报，2023，10（02）：90．

（一）完善名师名校长遴选机制

名师、名校长是教育教学和教育管理的专家，在师资队伍建设和学校建设中发挥着示范、引领和辐射的作用，他们除了是学生的引路人、教师的学习榜样外，还是一所学校的品牌和名号，为学校打造独一无二的宣传名片。"名师"之"名"归根结底只是一种符号、一种象征，更重要的是还应该关注到在制度化生产的过程中诞生的名师是否"名"符其"实"，因此，名师名校长的遴选工作非常重要。

目前名师名校长的基本评选程序为：推荐—资格审查—上报材料—专家评议—组织考察—审核批准—表彰奖励。从以上评选环节来看组织严谨，程序到位。但是在实际评选过程中，仍然存在评选制度的漏洞。另外，"名师名校长培养计划"在实施过程中还存在评价标准不统一、评选覆盖地区和学科不均衡等问题。因此，我们要完善名师名校长遴选机制。完善名师名校长遴选机制要从以下几个方面着手：一是公开透明、民主推荐优秀教师、校长，保障评选公平公正；二是科学客观设置评价标准，评价标准要统一；三是评选名额覆盖地区要均衡，遴选时要考虑城市学校区域性及城区学校与乡村学校名额的平衡；四是不同学段、不同学科评选名额需均衡，以中小学、高校学段按学科分配名师名校长名额，在遴选时应向音乐、体育、美术等边缘学科倾斜。

（二）完善乡村美育名师名校长培养机制

乡村美育名师名校长的专业素养要比普通美育教师更高，他们有较高的管理水平、专业知识和基础技能，在专业道德、专业自主、专业技能、专业素养等方面起着重要的示范作用，是普通教师学习的标杆，因此，美育名师名校长要通过培训学习练就本领，真正名副其实地起到引领示范作用，从而促进乡村美育教师队伍的整体水平的发展。随着卓越教师培养"领航工程"深入开展，名师名校长培养机制也需创新。

（1）更新培训内容

首先，更新教育理念，树立专业精神。教育是一种基于信念的事业，比知识技术更重要的是思想与精神，因此必须培训乡村名师名校长在思想与专业精神方面的更新。其次，更新专业知识，提升专业理论。专业知识和理论是成为名师名校长的基础，其不仅要精通教育教学方面的知识和理论，还要广泛涉猎其他领域。最后，要更新专业技能，形成"个人特色"的教学风格。在培训主体上，要组建一支结构合理、素质优良的培训团队，这是促进名师名校长成长发展的人力资源保证。在培训过程中要充分体现培训者与受训者双主体之间的互动，实现受训者的自我反思诊断与培训者的引领、督促相结合。①

（2）建立梯级培养模式

肖锦川认为在实施乡村美育名师名校长时要有整体规划和长远的战略目标，形成"美育学科首席教师—美育校级名师—县市级美育名师—省级美育名师"的梯级培养新模式。作者非常认同他的这种培养理念，应将这种培养模式根植于乡村美育名师名校长的培养。梯级高端美育名师名校长需要练就跨学段、跨学区、跨学科的带头、引领示范辐射作用的本领。在教研、课改、课堂、教学等方面做好"领头雁"，扎扎实实搞好教研创新，引导普通美育教师专业成长。②

（3）强化现代信息技术培训

现代信息智能高速发展时代，对教师各方面综合素养要求越来越高，教育行政部门及管理机构应积极探索，全方位思考制定乡村美育名师名校长的培养机制，根据乡村偏远闭塞、美育学科等特征制定个性化培训方案，开发出操作简单、方便适应乡村美育教学人工智能、新型信息化技术运用的教学方法进行交互学习，有效提升乡村美育教师应用现代信息技术教学的能力。以此缩小城乡信息化差距，加强乡村美育名师名校长的数字化素养和能力的培养，使其成长为教育教学改革创新的引领者、教育数字化转型的探索者。名师名校长通过线上工作室开展远程教研活动、上传资

---

① 鲁林岳. 名师名校长培训体系的构想与实践［J］. 教育研究，2009，30（02）：104 - 105.

② 肖锦川. 新时代名师名校长培养系统工程探究——基于"三位一体"育人机制［J］. 教师教育学报，2023，10（02）：90.

源、直播等方式分享优秀教学资源，通过现代信息技术网络平台学习国内外教育教学先进理念和丰富经验。

（三）完善名师名校长管理机制

（1）建立名师名校长管理动态资源库。中华人民共和国教育部、省教育厅、市区教育局分级建立名师名校长人才资源库，将相关教师个人信息，教育教学特色，学科范畴等基本信息建档。另外，建立培养名师名校长经费使用情况、培训方案、培训内容、整体培养规划和长远培养规划等动态数据库。

（2）优化名师名校长退出机制。一方面中小学校教育教学质量的高低，很大程度取决于名师名校长的作用发挥，一位名校长往往能将一所学校办出特色，办出品牌；一位名师往往能带动一门学科，形成优秀教师群体，能使学校的某一学科做大、做强、做精。① 基于名师名校长很难培养的现实情况，优化名师名校长退出机制是我们值得思考的命题，建议优秀的名师名校长可以适当延长退休时间，增加工作年限，有延期退休意愿的名师名校长可以参照中央银龄讲学计划模式执行。另一方面，对于那些后劲不足，没有教育教学成绩、没有科研成果，不求上进选择"躺平"的名师名校长，应采取优胜劣汰机制清退一批不敬业的名师名校长。

（3）加强对名师名校长考核。名师名校长培养期间需要加强管理监督考核制度，督促学员们在研修期间完成一本个人专著、一项课题研究、一篇期刊论文、一场学术报告、组建一个优秀团队、一项教育帮扶等研修任务。学员要按照培养要求完成相关要求，管理者需将考核落实到位不得讲人情通融过关。

（四）发挥中心城市美育名师名校长的引领作用

通过课题组调查了解，近些年长沙市教育局在探索如何发挥好名师名校长的引领作用方面积累了丰富的经验。因历史、编制等因素乡村学校美

---

① 冯丽芬，刘金虎. 富阳区"名师名校长"教育科研现状分析报告［J］. 浙江教育科学，2020（02）：21－25.

育教师成长平台相对有限，专业发展受到影响并制约了乡村美育教育质量的有效提高的现状，长沙市教育局针对以上情况将城区名师工作室开办到了乡村，在乡村中小学建立名师工作站，实施"植根性"培养乡村学校骨干教师的新模式。在这样的背景下，长沙市出现了一大批优秀美育名师名校长。以课题组采访的几位名师名校长为例，名校长胡雪滢以"文化立校，课程落地"办学思路培养出一批拥有优秀课程建设能力的教师，开发出深受学生喜爱的童趣、场馆、生态等课程，学生综合素养大幅提升。名师邱小燕、李曙光、易滢等通过工作室＋课题"双驱动"促进了音乐、美术教师的专业发展，他们作为音乐、美术学科首席专家常年坚持带领优秀教师到长沙市各区、湖南省各地州市乡村中小学送培送教。他们根据学校实情和现状制定讲学计划和授课内容，定期在乡村薄弱学校指导和帮助教师解决教育教学中的实际困惑。以名师讲座、公开讲学、互相听课等学习方式与教师们互动沟通、共同思考、共同研究、共同进步，通过反思进行教育教学改革再形成课题研究成果，达成共同进步互助成长传帮带的学习氛围。借助以上方式，长沙市美育名师名校长向教育落后的山区输送一线优秀教育资源，包括新的办学理念，教育教学经验，优秀的教学案例和实践经验。充分发挥了中心城市名师名校长的骨干、示范、辐射、带动、引领作用，缩小了地区、学校、城乡美育教师教学水平的差距，促进了城乡美育教育均衡、协调发展，打造了一支适应教育现代化需求的高素质乡村美育教师队伍，推动了城乡美育教师教育质量和水平的整体提升。①

【政策回顾】

（六）教师教育改革实验区建设行动。支持建设一批由地方政府统筹，教育、发展改革、财政、人力资源社会保障、编制等部门密切配合，高校与中小学协同开展教师培养培训、职前与职后相互衔接的教师教育改革实验区，带动区域教师教育综合改革，全面提升教师培养培训质量。深入实

---

① 卢鸿鸣. 名师名校长工作室教育人才培养路径探索［J］. 湖南教育（D 版），2019（07）：4-6.

施"卓越教师培养计划",建设一流师范院校和一流师范专业,分类推进教师培养模式改革。推动实践导向的教师教育课程内容改革和以师范生为中心的教学方法变革。发挥"国培计划"示范引领作用,加强教师培训需求诊断,优化培训内容,推动信息技术与教师培训的有机融合,实行线上线下相结合的混合式培训。实施新一周期职业院校教师素质提高计划,引领带动高层次"双师型"教师队伍建设。实施中小学名师名校长领航工程,培养造就一批具有较大社会影响力、能够在基础教育领域发挥示范引领作用的领军人才。加强教育行政部门对新教师入职教育的统筹规划,推行集中培训和跟岗实践相结合的新教师入职教育模式。

——教育部等五部门关于印发《教师教育振兴行动计划(2018—2022年)》的通知

各省、自治区、直辖市教育厅(教委),新疆生产建设兵团教育局,有关单位:

为深入学习贯彻习近平总书记关于教育的重要论述,落实《中共中央国务院关于全面深化新时代教师队伍建设改革的意见》和《新时代基础教育强师计划》,着力建设高素质专业化创新型教师校长队伍,在充分总结中小学名师名校长领航工程经验的基础上,决定实施新时代中小学名师名校长培养计划(2022—2025,简称"双名计划")。现就有关工作通知如下。

一、培养目标

"双名计划"旨在培养造就一批具有鲜明教育理念和成熟教学模式、能够引领基础教育改革发展的名师名校长,培养为学、为事、为人示范的新时代"大先生"。健全名师名校长遴选、培养、管理、使用一体化的培养体系和管理机制,营造教育家脱颖而出的环境,为全面落实立德树人根本任务、推动基础教育高质量发展提供有力支撑。

二、培养对象

普通中小学、幼儿园、特殊教育学校从事一线教育教学和管理工作的教师和校园长,以及教师发展机构从事教育教学研究并指导一线实践的教研员。具体条件见培养方案。

1. 培养内容与方式

"双名计划"每一集中培养周期为三年，按照"中央与地方相结合、理论与实践相结合、统一与个性相结合、培养与使用相结合"的原则，综合采用多种方式进行培养。

——教育部办公厅关于实施新时代中小学名师名校长培养计划（2022—2025）的通知

一、培养任务

2022 年—2025 年，依托 30 家左右高水平的培养基地，对 300 名左右的中小学教师校长进行为期三年的集中培养，帮助教师校长进一步凝练教育理念，提升教育教学、办学治校能力，着力培养造就一批能够引领基础教育改革发展的教育家型教师校长，支持他们发挥示范引领作用，带动更多教师校长发展。

二、培养对象

培养对象应具有以下条件：

（一）有过硬的政治素质、坚定的教育理想、深厚的教育情怀、高尚的师德师风，教学或办学业绩突出，育人成果显著，深受学生喜爱，是"四有"好老师的楷模典范。

（二）为省级名师名校长、省级骨干教师校长等基础教育高层次人才，长期在中小学一线从事教育教学、教研和学校管理工作，初步形成教育教学和办学治校的理念和风格，在区域内有较大影响。具有较强的教育研究能力，开展课题研究、编著专著或教材等，并取得较为显著的成果。

（三）具有中小学正高级教师职称或特级教师称号，其中教师年龄不超过 48 周岁，校长担任正职时间累计 5 年以上、年龄不超过 50 周岁。特别优秀者年龄可适当放宽。获得过国家级、省部级荣誉称号或政府奖励的，同等条件下优先。

四、培养内容与方式

（一）基地承担名师名校长培养的主要任务

1. 基地为每位培养对象制定个性化的培养方案，配备理论和实践双导师，搭建深度研修、思想引领和实践创新平台。

2. 基地每年组织学员开展累计不少于 2 个月的集中深度研学，线上线下结合指导培养对象针对基础教育改革、教书育人实践的重点难点问题开展研究。通过组织专题研讨交流、论坛等方式为培养对象搭建平台，凝练教育理念、教学风格。组织培养对象通过专业指导、示范教学、跨区域研修等多种方式，支持欠发达地区乡村教育发展，发挥示范引领作用。

（二）名师名校长工作室建设是培养的重要环节

1. 以工作室为载体，探索名师名校长培养和引领带动机制，营造名师名校长与区域内骨干教师校长团队合作、共同发展的良好环境，带动区域内教师校长队伍素质整体提升和基础教育改革发展。

2. 工作室由省级教育行政部门会同名师名校长所在学校（单位）的教育主管部门建设，基地提供专业指导。工作室一般由学校（单位）的教育主管部门或其委托的相关机构管理。工作室成员遴选由省级教育行政部门统筹，充分考虑区域和教师校长的专业发展需求、年龄层次等因素，应有一定的跨市、县成员，青年教师应占一定比例。

3. 培养对象结业后，省级教育行政部门要持续为其名师名校长工作室建设提供支持。

——新时代中小学名师名校长培养计划（2022—2025）培养方案

第九章 潜心校本教材、校本课程美育文化资源的开发者

他出生于小县城，二十多年来，凭着对美术的热爱和对教育事业的执着，潜心校本教材、校本课程美育文化资源开发，在平凡的岗位不断进取，成为名师工作室的骨干教师，受邀参与美术教材的编写，被聘为国培、省培专家，在教学教研领域取得了优异的成绩。

一、案主简介

李曙光，男，1973 年出生，湖南省岳阳市湘阴县人，毕业于湖南师范大学美术学院，中学高级教师。1996 年参加工作，先后在岳阳市岳阳楼区洛王中学、岳阳市第十中学、长沙麓山国际实验学校从事美术教学教研工作，现为麓山国际实验学校美术教研组长。先后主持、参与 4 个省、市课题研究并结题获奖；撰写美术教学论文 15 篇并获省、市级一、二等奖；多次被评为"长沙市教研先进个人""长沙市优秀教师""优秀共产党员"，两次获得长沙市政府嘉奖，2021 年被聘为湖南省美术出版社美术教育培训专家，2022 年受邀参加湖南省美术出版社《艺术·美术》教材编写。李老师任教的长沙麓山国际实验学校创建于 1993 年，位于长沙市岳麓区望月湖月华街 59 号，占地 9.8 万平方米，建筑面积 12 万平方米，教育教学设备设施一应俱全，是全市办学规模最大的市属完全中学。麓山国际环境优雅，艺术气息浓厚，近年来，学校贯彻落实《国务院办公厅关于全面加强和改进学校美育工作的意见》的文件精神，挖掘自身优势，突出美育特

色，加大美育拓展课程的研究，取得较好的成绩。建校以来，麓山国际实验学校已获得国家、省、市级荣誉称号一百余项，其中主要包括：长沙市首批素质教育先进单位、长沙市首批"中小学教师基地培训学校"、长沙市首批"校本研训示范学校"、长沙市两型示范学校、湖南省文明校园、湖南省传统体育特色学校、湖南省创客教育中心牵头学校等。

二、校本教材、校本课程美育文化资源开发

（一）"选课走班"制度，保障校本课程开展

2016 年，随着新高考方案出台，学校顺应时代的发展，开始大规模"试水"学生选课走班，初一、初二、高一的全体学生分别在周一、周二下午第 7、8 节课，采用"选课走班"的形式拓展丰富型课程，课程包括了兴趣类、培优类和竞赛类三大类。学校统筹规划，制定选课走班制度，确定拓展上课人员，下拨专项经费，提供专门场地，为校本课程顺利实施提供了政策和物质的保障。每位老师都可以根据自己的专业特色和研究方向开发校本课程，供各年级学生自由选择参加，每学期参与美术拓展课的学生达到 200 多人。校本课程的有序开展为发展学生个性特长、提升学生综合能力奠定了良好的基础，也使学校的美育文化资源得到深度的挖掘。

（二）名师助力，激发教师队伍活力

2017 年，学校根据"名师工作室管理文件"方案和要求，成立了以刘清峨为首席名师的美术名师工作室，名师工作室主要骨干教师有 6 名，另外还有麓山中加、麓山外国语等 10 余位美术老师一起参与。在刘清峨、李曙光等骨干老师的带领下，近年来，工作室依托省规划课题，促进课程建设和 MIFE 高效课堂教学改革，探索构建美术学科核心素养体系的校本教材及美育文化资源探索，取得丰富的研究成果，不仅广泛地提升了学生的美术素养，也促进了工作室成员教研能力迅速提升。

2017 年工作室确立了"弘扬传统文化，开发中国画校本课程"的研究方向，由李曙光老师率先在高中部进行"中国写意画"校本课程的教学，深受学生喜爱。2018 年李曙光老师的公开课《托物寄情——中国写意花鸟画》参加"第八届中国教育学会课堂教学现场展示与观摩活动"，并获中学美术组全国一等奖；2019 年刘清峨老师组织工作室老师编辑《水墨潇湘》校本课程，进行中国山水画拓展课教学，2020 年在第六届全国中小学艺术展演活动优秀案例评比中获得教育部颁发的一等奖；2021 年李曙光老师设计了《闲来弄风雅——宋人慢生活艺术品赏析》馆校结合公开课，将美术校本课堂延伸到省博物馆，该课在省博物馆、长沙市教育网络平台播放。工作室名师马文军主讲的《麓山大讲堂——中国画赏析》，是学校对外进行艺术交流的窗口项目，也是深受师生喜爱的艺术讲座。

在美术名师的带动下，美术组内的年轻老师迅速成长，在专业领域和教育教学中均取得优异的成绩：2015 年陈刚老师的油画作品《有·无》在湖南省青年美展获铜奖，2017 年陈刚老师在全省第六届教师基本功比赛中获得一等奖；2018 年陈刚、周品、扬名油画作品入选省美展；2020 年，周品老师在"一师一优课"赛课中他的课被评为"省级优课"；2021 年陈刚、周品、扬名分别被湖南省中小学继续教育中心聘为教师培训专家。

（三）聚焦核心素养，践行以美育人

随着美术核心素养的提出，麓山美术组在李曙光老师带领下，聚焦核心素养，从课堂教学、校本课程、课题研究三个方面加大教研力度，全面落实"以德立人，以美育人"的教育理念，取得了显著成效。

1. 加强 MIFE 高效课堂研究，全面落实核心素养

MIFE（迈孚）高效课堂是麓山国际实验学校经过多年教学研究、总结出来的现代高效课堂教学模式。MIFE 课堂的课堂结构：遵循设定目标、新课导入、导学提问、自学反馈、教学检测等基本课堂教学环节。MIFE 教学理念体现慕课与翻转课堂、EEPO 有效教育整合的基本思想。MIFE 教学方式：体现学生、教师双主体作用，对不同知识点学习与强化，进行"先学后教、先学后练（学而不教）、先教后练"等教学处理。MIFE 学习

方式：学生运用听、看、讲、想、做等感知方法完成学习过程，并结合单元组学习、团队学习、有效约定、表达呈现（口头表达、投影表达、平板呈现等）等，高效完成教学目标，培养核心素养。

为了熟练掌握 MIFE 高效课堂的操作方式，美术组组织老师通过一系列活动，全面提升课堂教学水平。首先，美术组制定了教师研课制度，要求每位老师每学期推出一堂研究课，经过美术工作室所有老师听课、磨课、研课老师将最终授课进行录课，撰写教案、反思。其次，组织老师进行线上集体备课，高效地进行研课交流。再次，组织教师进行现代信息技术学习，建立美术组资源库，鼓励老师开发制作微视频、微课，进行多学科融合、翻转课堂等教学研究。最后，积极向省市教学、教研平台推出教师成果，鼓励教师不断进取。近年来，麓山美术组教师向国家、省、市推出的精品课获奖、发表的案例有十余篇；多位老师在全国、省、市级赛课获奖。2020 年，李曙光老师在全省美术骨干教师培训中，进行优质课展示，2021 年在长沙市初、高中美术教研组长培训中，李曙光老师进行了美术教研组建设经验汇报。

2. 开发精品校本课程，搭建多维美育平台

近年来麓山国际实验学校美术组深度挖掘本土资源，开发了多种类型的校本课程，不断丰富校园美育的内容。其中有立足本校美育资源的课程如，《美丽校园风景画》《未来设计师》；有针对学生专业成长的课程如，《我行我素画肖像》《四格漫画创作》；有弘扬传统文化的课程如，《水墨潇湘》《麓山大讲堂——中国画鉴赏》；还有挖掘地方美育资源的课程如，与省博物馆的合作课《闲来弄风雅——宋人艺术品赏析》《王者归来——青铜器鉴赏》，与市美术馆的合作课《人性与爱——油画作品欣赏》等。校本课程关注学生兴趣特点，扎根本土文化，突出美术老师的专业特长，以自由丰富的形态有效弥补了国家美术课程的不足。

与此同时，美术组秉承"一切活动皆课程"的教育理念，开展多姿多彩的校园美术活动，为学生提供广阔的艺术展示平台，如"麓山印象摄影比赛""校园运动会海报比赛""麓山校服设计比赛""校园社团节""跳蚤市场文创设计"等，学生崇尚美、学习美、创造美蔚然成风。每年的

"校园文化艺术节美术作品展"更是麓山美术爱好者最盛大的节日，数百幅精彩纷呈的美术作品将校园装扮得格外美丽。

扎实的美术教学锻炼了麓山学生强劲的艺术实力，每年的长沙市校园艺术节美术比赛中，麓山学生作品获一等奖的数量和比例都居于长沙市前列。学校多次获得长沙市校园文化艺术节美术比赛、漫画创作比赛、国际环保四格漫画比赛"优秀组织奖"，其中2022年全省四格漫画现场PK赛中，麓山初二学生马晴原同学的现场创意作品《背后的会是谁?》获得初中组年度总冠军。2021年长沙市"学党史，跟党走"主题作品征集活动中，学生彭思涵、钟梓卿同学的美术作品荣获"优秀作品奖"，并在长沙红网上刊登展示。2022年，高二学生蒋杰瑞的油画作品《袁隆平》被湖南农业大学收藏。

麓山高中美术特长生亦成绩斐然，作为长沙市的重点高中，学校并不招收美术特长生，但在邓智刚校长、李曙光等美术老师的引领下，在学校美育大环境和校本课程的促进下，每一届有十余个美术爱好者发展成为美术专业生，走上艺考的道路。2009年以来，麓山国际实验学校美术专业生考取清华美院有15人，中央美院25人。其中2021年麓山美术生共取得6张清华美院专业合格证，其中2人被清华美院录取，3人被中央美院录取，校考成绩创全省最佳；2022年7月，麓山高考中又有2名美术专业生录取清华美院，1人录取中央美院。从美术初学者到考取全国顶尖的美术院校，在麓山的大熔炉中可能只需要两三年的时间，但每一位专业学生的成长都离不开麓山浓郁的校园文化润物无声的滋养，正如麓山今年考上清华美院的学生王子佩所说："高中阶段，我做出我人生当中最重要的一个选择——成为美术生，是麓山的学长鼓舞了我，也是麓山美育成就了我。"

3. 深入开展课题研究，提升教师教育科研水平

麓山美术组近年来积极申报省、市课题，全员参与课题研究，从微型课题到市级课题再到省级课题，在科研道路上精耕细作不断前行。通过课题研究，麓山美术老师的专业水平、教育科研水平、教学能力得到了提升，有好几位普通教师成了名师、专家。

（1）积极申报微型课题

微型课题是麓山国际的教研特色，每学年开学之初，教研组便征集老师在教学中遇到的问题，进行集体讨论，将教学中解决难度较大、理论性较强的问题，设置为微型课题，由专人主持，集体参与研究，年终进行结题汇报。这种短、平、快的课题研究方式，可以深入教学中的每一个细节，在美术组形成了"人人有课题，个个搞科研"的局面。李曙光老师先后进行了"校园风景画校本课程开发""高中美术鉴赏课堂创设问题情境策略研究""石膏像素描中提高学生造型能力研究""美术课堂教学导入法研究""高中拓展班色彩教学周期与内容研究"等微型课题的研究，美术组老师申报以及结题的微型课题达到十余个，通过个人深度思考和集体讨论，高效、准确地解决教学中的许多问题，也锻炼了老师的教学教研能力。

（2）承担省级课题的子课题研究

大课题囊括了教学中的许多方面，子课题围绕课题目标，能有效解决单个项目内的问题。2019 年，邓智刚校长主持省级课题"基于中学生核心素养培育的三维课程建构与教学改革"，李曙光老师主持了该课题的子课题"精品校本课程的开发与利用"。子课题针对学校的特色和教师的专业特点，组织老师从多层面开发了多套校本课程，并设计课程方案，制定实施策略，完善了校本课程考核评价制度：从学生学习态度、材料准备、作业完成、能力发展四个方面对学生进行评价。该课题于 2021 年成功结题并评为二等奖。

（3）主持、参与省、市级课题

2018 年，美术组成功申报了省规划课题"基于核心素养培养的中学美术 MIFE 高效课堂探索实践——以中国山水画课程教学为例"，该课题深入研究了 MIFE 课堂落实山水画教学的基本策略、步骤以及取得的成果，并开发了《水墨潇湘》校本课程。MIFE（迈孚）高效课堂是一种务实的教育理念建构。MIFE 是 "MOOC Integrated with Flipped Classroom and EEPO" 的简称，是指慕课与翻转课堂、EEPO 有效教育的整合。中文"迈孚"意为理念超群，令人信服。MIFE 高效课堂的基本思想是：充分利用现代信息技术，针对核心知识点制作教学微视频，整合相关教学资源，实现先学后教（交流、展示、释疑），充分发挥单元组及团队合作的力量，提高展示交流释疑的效能，推进"教学一体化、学科特色化"，最大程度实现慕课与翻转课堂、EEPO 有效教育的整合，从而提升教学效能。

中国山水画课程旨在通过中国绘画作品赏析、临摹、创作，引导学生了解中国美术作品的精神内涵、哲学思想，以及在几千年发展历程中的文化内涵和艺术魅力；感受中国绘画的笔墨特点、意境营造、精神追求，对中国历代美术作品进行认知和解读；让学生尝试从研究者的角度解读中国绘画的精神内涵。课程的展开以问题带动课程，从认识和了解、临摹和创作两个方面展开，对美术拓展课程开设情况进行分析，结合美术学科核心素养提出问题，比如如何实现美术课程在学生成长过程中的核心价值引领，如何培养学生创新意识等，从研究问题出发，培养学生的创作能力，使学生具有正确理解和善于欣赏现实美和艺术美的知识与能力。该省级课题于 2021 年成功结题并被评为优秀课题。

2022 年美术组申报了省重点课题"基于核心素养的中学生艺术课程校本研究"，针对艺术教材的发布和艺术课程在学校的全面开展，研究艺术课程在学校的实施情况，研究艺术课程的开展策略、实施步骤、管理手段、评价方法等，确保艺术课程的顺利落实，全面提升学生的艺术综合能力，该课题成功立项。

三、校本课程研究三阶段

（一）技能培训研究阶段

2014 至 2015 年，美术组发动全员进行校本课程的征集，先后开发了"素描基础""色彩常识""人物速写""动漫创作"等校本课程，但是大多以知识技能为核心，教学目标停留在知识技能的层面较多，受众学生较窄，学生兴趣不高。

（二）核心素养发展阶段

2016 至 2017 年，在新的课改形势下，为了落实美术核心素养，美术组开始探索校本课程开发和利用的有效开展途径和方法，构建美术校本课程管理和评价体制。在校本课程的选课单上包含了几个方面的内容：课程简介、限选人数、课程整体框架、课程总课时与各个课时的教学内容、学业层次目标以及学业评价方式。学生可以根据这些信息选择适合自己的校本课程。

（三）深化课题研究阶段

2018 至今，美术组以课题研究、课程拓展、教学研讨、教材研制为主要途径，全面提升学生美术核心素养，实现工作室成员专业快速成长，开发了《风雅宋——宋朝艺术赏析》《水墨潇湘——走进中国山水画》《奇思妙想——四格漫画创作》《抗疫宣传画赏析与创作》等校本课程，通过运用现代化的教学信息技术手段、开展校本课程体验活动、展示学生创作的作品等方式，深化对于校本课程的研究，使校本课程的开展更为专业、更为系统。

四、课程研发中存在的问题及诉求

（一）存在的问题

1. 选课走班制流于形式

选课走班制是新高考改革背景下催生的组织形态，学生可以自主选择课程，自主走班进行学习，给予学生充分的自主权。其目的是拓展学生的知识技能、发展学生的兴趣和特长、培养学生的个性。然而在实施过程中，学生选课时会存在一定盲目性，由于每门课程都有名额限制，部分学生选不到自己想学的课，而在学习中途申请退出和加入，不仅不利于学生系统学习及教学评价，而且学生的兴趣爱好无法得到充分的发展，致使选课走班制流于形式。针对这一情况，应尽量完善选课走班制。在正式选课前，可以先进行模拟选课，让学生了解初步选课分布情况，也让教师了解学生初步的选课意向、兴趣爱好、学习需求，这样学校可以针对模拟选课情况，做好课程设置、师资安排和资源配置等方面的准备工作。在选课前也可以开展选课的指导工作，向学生介绍每门课程的基本概况，对学生的问题进行解答，还可以结合生涯规划教育，引领学生进行中期、长期的规划，针对学生的规划指导选课，对学生的发展给予指导和建议，让选课走班制的效益最大化。

2. 校本教材缺乏本土性

内容的本土性是校本教材最大的特色，本土性包括学校的历史、当地的风土人情、传统习俗等，通过对本土性知识的学习，可以让学生认识和了解所在学校，热爱自己的家乡以及本土的文化和历史。然而部分校本教材对本土资源的开发不够，不能很好地使学生产生深入学习的兴趣和热情，存在不少学生一学期换一个班的现象，也没有达到传授本土性知识、培养学生认同感和归属感的目标。教师应深入挖掘本土文化，围绕乡土文化，编订校本教材、开发校本课程。让湖南文化、长沙特色进入校本课堂，使学生理解、热爱乡土文化，在提高学生美术素养的同时，弘扬和保护乡土文化。

3. 校本教材缺乏现代性

与具有明显知识取向的国家课程不同，校本课程是学生需求和兴趣导向的，具有很强的时效性和变化性。然而校本教材在对现代艺术和现代媒介学习的挖掘上不够，如手绘板绘画、电脑美术设计等体现现代科技内容缺乏，不能很好地给学生普及最新技术手段的相关知识。对此，教师要加强现代信息技术的学习，挖掘运用现代科技手段和新媒介的艺术课程。

4. 校本教材缺乏学校特色

学校对校本课程的定位偏离，不清楚教什么、怎么教，对人才培养的方向较为盲目迷失，美育校本教材零散杂乱，没有开发出能真正展现学校特色的校本教材。一些乡村校本课程逐渐"城市化"，在学习城市校本课程开发的经验中渐渐迷失了以校为本的出发点，从借鉴走向复制，失去了开发校本课程的初心。学校特色是对学校办学经验的总结、升华，是一种先进的、符合时代要求的学校文化，学校要彰显特性，就要办好特色课程，开发高质量校本教材。校本教材的编写应体现学校的优良传统与教育特色，提升学校文化内涵，对特色学校的创建与学生核心素养的培养具有积极意义。

（二）个人诉求

1. 加强基础设施建设

学校应保障教师开展活动的场所及基本设备设施，这是教学活动得以顺利开展的基础条件，也是教师进行教学的依托。学校应在调查的基础上，明确所缺少的教学设施种类与数量，对已存在的、功能老旧的设施进行维修与更新。也要加强教师的培训，确保每位教师掌握使用教学设施的技能，在教学中能够顺利、合理地运用。

2. 为课程开发提供保障

开发有特色、有质量的校本课程，离不开教学经费的支撑，学校应争取政府资金补助，联合社会各界对校本课程共同予以经济支持，统筹协调资金投入数量，合理分配资金投入比例。同时，课时的保障也是校本课程顺利开展的必要条件，应合理安排课时数量，给予校本课程课时支持。

3. 开展在职教师培训

学生是教师的着眼点，而教师是教育的着力点。要提升教育教学质量，最关键的是要提升教师的专业教学能力和素养。通过采取灵活多样的培训形式及模式，提高培训内容的针对性和适用性，搭建优质教师培训资源共享平台等方式，逐步完善在职教师培训体系，使教师自身能力得以发展和提高，为教师提供外出参观学习的机会。

五、我的反思：因地制宜开发校本课程

校本课程也称学校课程，是学校基于学生的需要，结合办学特色而开发的课程，旨在有效利用地方、学校优势资源，全面促进学生可持续发展。国家课程无法顾及各学校的实际情况，校本课程恰恰弥补了这一缺憾，改变了学校同课程、教师同教案、学生同书本的境况，使资源得到合理分配。但校本课程开发极具挑战性，各学校应依据实际优化特色课程。

（一）校本课程开发要聚焦学校特色建设与发展

校本课程，顾名思义，即以学校为本位，就地取材，是学校自主制定的课程，体现着学校对教育理想的追求，是使学校脱颖而出的有力抓手。校本课程的开发以国家政策为导向，以学生发展为中心，围绕着学校的教育理念，彰显学校办学特色，是对国家课程与地方课程的补充调整。校本课程开发与校园文化建设二者之间存在共同的价值取向，校本课程开发应当在学校整体特色发展的视域下进行，从而形成合力进一步促进学生的成长，① 丰富育人方式。例如，长沙高新区雷锋小学是伟大的共产主义战士雷锋同志的母校，学校始终秉承"以雷锋精神兴校育人"的办学方略，牢牢把握新时代学校美育工作的着力点，以雷锋精神为根，以剪纸文化为魂，以美育人、以文化人，培养雷锋传人，收到了很好的效果。② 每一所学校所处的地理环境、积累的文化底蕴、遵循的办学特色不同，应基于学校的文化积淀、实际情况，结合优良传统，整合自身独特资源，打造贴近生活，符合校情、学情品牌的独特的校本课程。

---

① 任家熠. 中小学校本课程开发的模式批判与超越［J］. 基础教育课程，2020（02）：30.

② 湖南省委教育工作领导小组秘书组. 坚持"五育"并举 落实立德树人根本任务专辑（之十三）［EB/OL］.（2020 - 12 - 25）［2023 - 04 - 10］. http://zcc.hnedu.gov.cn/c/2020 - 12 - 25/1028944.shtml.

（二）　美育校本课程开发须立足历史、传承优秀文化

历史孕育了优秀的中华传统文化，文化是华夏民族的血脉、灵魂，对学生培养爱国主义精神，增强文化自信具有积极意义。教育部印发的《完善中华优秀传统文化教育指导纲要》提出在课程建设和课程标准修订中强化中华优秀传统文化内容，鼓励各地各学校充分挖掘和利用本地中华优秀传统文化教育资源，开设专题的地方课程和校本课程，[①] 2022 年版义务教育艺术课程标准强调课程应以坚持中华优秀传统文化为主体，讲好中国故事，借鉴人类文化成果，追求精神高度、文化内涵、艺术价值相统一的内容。[②] 永州四中课程组对江华瑶族自治县的教育资源进行研究、开发，最终形成《我从瑶山来》的校本教材，在全国发行，是全市中小学校推荐使用的校本教材。[③] 优秀的中华传统文化为校本课程内容的开发提供编订指南，将优秀文化渗入中小学美育课程，大力宣传中华文化魅力。学校要自觉加强中华文化教育，全面推进中华优秀传统文化进学校的总体规划，促进传统优秀文化的传承发展，增强学生弘扬家乡文化的使命意识。

（三）　校本课程需群策群力合作开发

美育校本课程开发因专业性强、难度大、每个学校文化背景及办学特色各异，开发过程比较复杂，仅本校的美育教师可能难以完全肩负起这份责任，因此，为了顺利开发有深度有特色的校本课程，全校各个部门需积极配合支持。为了挖掘校本课程本土相关素材，美育教师作为课程开发主体责任人可以邀请课程专家、学者、校领导、有经验的教师、民间艺人、社区代表、家长代表和学生共同合作开发校本课程，集思广益，呼吁多元

---

① 中华人民共和国教育部. 完善中华优秀传统文化教育指导纲要［EB/OL］.（2014 – 03 – 28）［2023 – 04 – 12］. https：//www. moe. gov. cn/srcsite/A13/s7061/201403/tz0140328 _ 166543. heml.

② 教育部. 义务教育艺术课程标准（2022 年版）［EB/OL］.（2022 – 03 – 25）［2023 – 08 – 10］. https：//www. moe. gov. cn/srcsite/A26/s8001/202204/W020220420582364678888. pdf.

③ 湖南省教育厅. 开发校本课程，落实学校办学理念［EB/OL］.（2014 – 09 – 25）［2023 – 04 – 15］. jyt. hunan. gov. cn/jyt/sjyt/xxgk/gzdt/tpxw/201701/t20170121_ 3961481. html.

主体参与校本课程的开发，美育教师要与其他学科教师及以上代表多沟通交流，以会议座谈、研讨、调研等方式加强联系与合作，广泛听取他们的意见和建议，吸纳大家的观点，集体审议决策开发美育校本课程。

（四）探索乡村学校美育校本课程开发路径

校本课程的开发最后总要回归到怎么做的问题上，自 1999 年颁布《中共中央 国务院关于深化教育改革全面推进素质教育的决定》中提出普通高中课程实行国家、地方和学校三级管理体制，我国中小学就全面开始了对三级课程体系的探索，① 但相比于国家课程、地方课程，校本课程在开发过程中遇到的难题更多，如规划经验不足、开发质量较低、课时不足等，致使校本课程难以落实，要学会利用当地鲜活的课程资源，积极探寻学校的传统和优势，尊重乡村学生的兴趣和需要，激发学生的求知欲，自主开发和实施校本课程。其途径包括：1. 开设课外艺术活动。美育教师可以利用地方特色节庆日、纪念日、校园文化艺术节开展文艺汇演、艺术作品展示等，增强学习的广度与深度。② 2. 利用学校网络资源。学校的电台、网站是重要的学习资源，应配合美育课堂教学，营造良好的美育氛围。3. 邀请老艺术家开展主题讲座、课堂讲课。丰富学校美育课程形式，增强学生民族文化自信。

（五）建立美育校本课程评价体系

教育评价是教育教学活动的重要组成部分，教育评价是依据一定社会教育性质、教育方针和政策，对所确立的目标，运用有效的方法和手段，对实施的各种教育教学活动的过程与效果、完成和满足个体学习与发展需要的过程作出价值判断的过程。③ 衡量美育校本课程的最终成效，要依托于

---

① 中共中央 国务院. 关于深化教育改革全面推进素质教育的决定［EB/OL］.（2017 - 04 - 28）［2023 - 08 - 10］. https：//www. nwccw. gov. cn/2017 - 04/28/content_ 152489. htm.

② 教育部. 义务教育艺术课程标准（2022 年版）［EB/OL］.（2022 - 03 - 25）［2023 - 08 - 10］. https：//www. moe. gov. cn/srcsite/A26/s8001/202204/W020220420582364678888. pdf.

③ 朱咏北，王北海. 新编音乐教育学［M］. 北京：人民教育出版社，2004：171.

评价体系。学校应建立科学的美育校本课程评价体系，坚持立德树人的育人思想，将形成性评价与终结性评价、定性评价与定量评价、自评与互评等多种评估方式相结合，发挥评价的导向功能、诊断功能、激励功能。校本课程评价，一方面能培养学生的审美素养、探索能力、创新意识，使学生增长智慧，展示个性，促进核心素养的全面发展。另一方面，通过评价诊断可以让美育教师了解校本课程的不足与短板，以此鞭策激励自己不断提高开发校本课程的能力，从而全方位促进美育教师知识结构综合素养的提升。

【政策回顾】

三、课程设置

（一）课程类别

义务教育课程包括国家课程、地方课程和校本课程三类。以国家课程为主体，奠定共同基础；以地方课程和校本课程为拓展补充，兼顾差异。

国家课程由国务院教育行政部门统一组织开发、设置。所有学生必须按规定修习。

地方课程由省教育行政部门统一组织开发、设置，在全省部分年级开设，学生必须按规定修习。充分挖掘和利用湖南自然、人文、经济、科技等优质资源独特的育人价值，整合和落实各类专题教育内容，强化综合性、实践性、体验性、选择性，加强课程与地方社会经济发展、学生生活实际的联系，满足学生多样化发展的需要，促进学生传承和弘扬湖湘文化精神，涵养家国情怀，铸牢中华民族共同体意识。

校本课程由学校组织开发，要立足学校办学传统和目标，发挥特色教育教学资源优势，以多种课程形态服务学生个性化学习需求。校本课程原则上由学生自主选择。

（二）科目设置

有关科目开设要求如下：

小学阶段开设英语，起始年级为三年级；有条件的地区和学校可在一至二年级开设，以听说为主，可与校本课程统筹使用。初中阶段开设外语，可在英语、日语、俄语等语种中任选一种。

科学在一至九年级开设，初中阶段分科开设物理、化学、生物学。

信息科技在三至八年级独立开设。

艺术在一至九年级开设，其中一至二年级包括唱游·音乐、造型·美术；三至七年级以音乐、美术为主，融入舞蹈、戏剧（含戏曲）、影视（含数字媒体艺术）相关内容；八至九年级包括音乐、美术、舞蹈、戏剧（含戏曲）、影视（含数字媒体艺术）等，学生至少选择两项学习。

校本课程由学校按规定设置。学校要结合学生发展状况和学校特色，充分利用本地课程资源，开发适宜的校本课程，供学生自主选择。

各门课程均应结合本学科特点，将社会主义核心价值观教育及社会主义先进文化、革命文化、中华优秀传统文化、国家安全、生命安全与健康等重大主题教育有机融入课程教育教学，并渗透法治、国防、生态文明、心理健康、安全、毒品预防等专题教育内容，增强学科育人功能。

四、课程实施

（一）科学规划课程实施

各市州、县市区教育行政部门要加强对课程实施的组织领导，强化课程管理和条件保障。指导和督促学校落实国家课程规定，开齐开足开好国家课程；指导和督促学校落实地方课程要求，依据地方课程标准（或指导纲要），按规定要求开设地方课程；指导学校开发建设校本课程，明确每门校本课程目标、内容、结构、实施与评价方式要求，严把政治观、科学观，确保课程的思想性、科学性和适宜性。校本课程原则上不编写出版教材。

学校依据我省义务教育课程实施办法，立足学校办学理念，分析资源条件，制订学校课程实施方案，注重整体规划，有效实施国家课程，规范开设地方课程，合理开发校本课程。加强幼小衔接，坚持零起点教学，基于对学生在健康、语言、社会、科学、艺术领域发展水平的评估，合理设计小学一至二年级课程，注重活动化、游戏化、生活化的学习设计。在小学一年级第一学期安排必要的入学适应教育，适当利用地方课程、校本课程和综合实践活动课时组织开展入学适应活动，对学生学习、生活和交往进行指导。依据学生从小学到初中在认知、情感、社会性等方面的发展，合理安排不同学段内容，体现学习目标的连续性和进阶性。了解高中阶段学生特点和学科特点，为学生进一步学习做好准备。鼓励将小学一至二年级道德与法治、劳动、综合实践活动，以及班队活动、地方课程和校本课程等相关内容整合实施。统筹各门课程跨学科主题学习与综合实践活动安排。注重统一规范与因校制宜相结合，统筹校内外教育教学资源，将理念、原则要求转化为具体育人实践活动。学校课程实施方案报上级教育行政主管部门备案，作为对学校开展教育督导的重要依据。

（四）强化专业支持

强化教师队伍建设。加强教师培养，师范院校要加强紧缺学科和薄弱学科的教师培养。各级教育行政部门要配齐配足各学科专业教师及专职教师，保障课程实施质量。加强教师培训，明确省、市州、县市区教育行政部门及学校培训职责，建立健全培训工作体系。学校要组织教师参与各级各类课程、教材、教学、考试评价培训，定期开展校本研修。

强化教研、科研的专业支撑。充分发挥教研部门的作用，明晰教研工作定位，深入研究培养时代新人的要求，传播先进教育理念，推介课程改革优秀经验，帮助教师准确把握课程改革方向，钻研课程标准、教材，改进教学。增强教研供给的全面性与均衡性，实现学段全覆盖、学科全覆盖、教育教学环节全覆盖，强化薄弱环节，确保各类各项教研活动发挥应有的服务、引领作用。提高教研活动的针对性，深入学校、课堂、教师和学生之中，了解和把握各方对教研的多样化需求，积极利用多种技术和手段，丰富教研活动的途径和方式，注重提供个别化指导服务。充分利用高等学校、科研院所、学术团体等机构的专业力量，开展相关的基础研究、国际比较研究、案例研究等，为课程改革提供指导。

（五）健全实施机制

省教育行政部门全面落实国家课程、建设地方课程、规范校本课程，统筹规划课程实施安排、资源建设与利用等，指导督促市州、县市区教育行政部门落实相关要求。市州、县市区教育行政部门负责课程实施过程的检查指导，提供课程实施必要保障条件。学校是课程实施的责任主体，要健全课程建设与实施机制，制订相关考核、奖惩等措施，不断加强教师队伍建设，提升课程实施能力。

开展课程实施监测，涵盖国家课程、地方课程和校本课程，主要包括课程开设情况、课程标准落实情况、教材使用情况和课程改革推进情况，重点是党中央、国务院一系列教育要求，特别是习近平新时代中国特色社会主义思想落实情况。省教育行政部门委托有关专业机构实施省级监测，并协助完成国家级监测相关工作；市州教育行政部门协助完成国家级、省级监测相关工作。

开展课程实施督导，对市州、县市区各级人民政府实施义务教育课程保障情况、学校课程开设和教材使用情况进行督查，把义务教育质量监测结果作为评价课程实施质量的参考指标，强化反馈指导，确保课程开齐开足开好。

本实施办法自印发之日起施行。

——湖南省教育厅关于印发《湖南省义务教育课程实施办法（2022 年版)》的通知

第十章　坚持美育非物质文化
遗产创新的传承者

她暖心支教山区，引导留守儿童感受美、体验美、创造美，引领他们走向至美人生；她与美术组齐心打造学校品牌——传统娃娃，探索非遗课堂，开展丰富有活力的社团活动，在程艺校长的引领下以"书法、武术、京剧、中医"四大国粹为文化内核，致力于打造一所孩子们喜欢的集花园、学园、乐园、家园于一体的特色学校。

一、案主简介

周添阳，女，1988 年出生，湖南省长沙市人，2010 年参加工作，先后在国防科技大学附属小学、清水塘三小、四方坪小学、郴州汝城县二完小（支教）、开福区一小工作，现任开福一小教导主任。曾被评为全国艺术课程教学改革优秀积极分子，长沙市优秀少先队辅导员；曾获 2022 年长沙市青年岗位能手，中共开福区委、区教育局先后授予优秀共产党员、卓越教师，开福区优秀团队辅导员、区骨干教师、区优秀艺术教师、区优秀教研积极分子、区校本研训先进个人、区优秀教研工作者、区艺术活动先进个人等称号；曾作为湖南省唯一代表赴广东省参加中南六省美术比赛并荣获一等奖，获长沙市中小学美术竞赛一等奖、长沙市综合实践说课一等奖、长沙市市级优课、开福区美术竞赛特等奖等。多次参与"国培计划"送教到山西临汾、益阳、宁乡、汨罗等地，得到了当地老师"完美课堂"的好评。从教 12 年，用爱心、执着、激情、奉献，编织着自己的教育理想。无论是教学工作，或是辅导员、教导主任等不同的管理工作，她都以满腔的热情默默挑起工作重担，勤勤恳恳地付出着，孜孜不倦地耕耘着，书写了自己的青春最美好的模样。

二、关注留守儿童，情暖"三区"支教路

习近平总书记提出"让贫困地区的孩子享受良好的教育，这是功在当下、利在千秋的大事"。2016 年，周老师积极响应国家的号召，来到了汝城县二完小支教。汝城县二完小是当地的重点小学，学校有 30 几个班，每个班有 70 余人。报到那天她信心满满接任了四年级和六年级的美术课和思品课，正式开启了她的支教工作。可是在随后的日子里，她感受到乡村学校和城区学校的差距。在实施美术课时遇到了很多的困难，比如学校领导不重视、家长不支持、缺乏合格的教师、留守学生厌学等种种因素让她感觉到上课很吃力！是任由这种情况发展，还是自己也混混沌沌地度过支教年限？她暗自下决心：绝不！一定要让孩子们爱上美术课，爱上画画！慢慢地，她发现乡村孩子和城市孩子一样渴望美。只是他们基本上没有接受过美术技能的培养和学习，对美术课有些畏难。学校美术课的设备、设施缺失，连画画使用的材料、工具都非常简陋。没有绘画工具，那她就从长沙带！于是她联系以前的同事，凑齐四百多本美术作业本，数张卡纸、皱纹纸等，还买了很多小奖品。美术绘画课上，她从最简单的"点、线、面"开始教学生，鼓励孩子们大胆采用黑色绘画笔。她告诉孩子们"画画没有绝对的对错，遇到不满意之处不要急于撕掉，勇于面对敢于创新"。美术手工课，带来的材料用完了，周老师就发动学生去寻找一切可以变废为宝的材料，如旧报纸、塑料瓶盖、田里的菜叶等。她常常把美术课搬到操场、校外、郊外。小县城很多地方都成了孩子们创造美、发现美的天地，塑料袋做成了风筝放飞，秋叶做成了书签，塑料水瓶被当成了画笔，等等。生活是艺术创作的源泉，就这样，孩子们越学越感兴趣，每节课课前孩子们簇拥着她走进教室并问道："老师今天画什么？"课堂上，周老师采用奖字章的方法评选上课最认真之星、爱思考之星、美术之星，渐渐地

她看到了上课时如小树挺拔的坐姿、回答问题如春笋般的小手、下课还依然挥笔涂鸦的身影，他们那么的好学！那么的可爱！之后，周末只要不回长沙，周老师都会叫学生到她的宿舍来学画画，学校领导也开始重视这门课程，校长让她辅导学生参加校级、县级、市级各类美术比赛辅导人数达一百多余人次，家长也一个个争相向她咨询孩子上课的表现，甚至问她如何引导孩子走艺术道路。在她支教期满临走的前一个多月，学校校长还对她说："周老师，你能不能把明年孩子们参加县级比赛的作品提前辅导出来？"她欣然答应了。看到孩子们脸上绽放出幸福的笑容，她不禁悄悄舒了口气，这些乡村的孩子像稚嫩的小草，好的引导和教育就是他们的阳光雨露。

小浪是四年级学生，他阳光活泼，大大的眼睛，红红的脸蛋，很是可爱。可是他上课时喜欢做小动作，经常打骂同学扰乱课堂纪律，因为父母常年在外打工，没人管教，班主任很是头疼。

有趣的是，每次上美术课，他都特别认真。记得有一次手工课，周老师要学生们用报纸做帽子。小浪很兴奋，他又快又好地做出了一顶漂亮的帽子，跟周老师说："老师，我要把帽子拿回去送给奶奶，奶奶带我很辛苦！"

"你真懂事！那你爸妈呢？"周老师问。

"妈妈跟别人跑了，爸爸有了新家，平时不管我。我和奶奶住，有人说我是奶奶的儿子。在我心里，有没有爸爸妈妈无所谓，奶奶比爸妈好！"这是一个孩子的真心话。他的眼神那样无助、那样冷漠、那样失望、又那样忧郁。小浪调皮捣蛋的言行其实是内心迷茫无奈情绪的宣泄。类似小浪这样的留守儿童这里有很多，大多数孩子的父母亲要么是去城市打工挣钱养家糊口，要么是家里发生意外变故无法照顾的情形。周老师看着这群没有人关心照顾，学习、生活不能自理且随性的孩子，觉得有义务有责任去爱护他们、教育他们。

有专家曾经说过，艺术可以让孩子释放不可言说的情感和情绪。100 多年前欧洲就有人通过绘画艺术来干预人的心理疾病，周老师想为什么不尝试用绘画艺术去点亮孩子的心灯，激发他们热爱学习、热爱生活的信心！

于是，根据孩子们的兴趣爱好，周老师用绘画艺术干预留守儿童的心理问题，对留守儿童逐步实施关爱计划。

在一次教孩子们画花的绘画课中，周老师把小花画得灵动而大气。她引导孩子们说："鲜花是我们的好朋友，它能净化空气优化生活环境，我们要爱护它保护它，不能践踏它。花儿虽小，绽放的时间虽短，但是它却闪烁生命的光辉。"让孩子们明白每个人再怎么渺小都有自己的价值，要珍惜生命。周老师要孩子绘画花丛的时候，告诉孩子们大自然中的树木、鲜花都喜欢簇拥在一起生长！它们团聚在一起，互相供给养分，享受大自然的阳光雨露。我们应该像大自然中的植物，学会交朋友，和老师同学们团结在一起，我们的生活才有意义，生命之花绽放得更加美丽。我们要像梅花一样不畏严寒，坚强勇敢，不屈不挠，坚忍不拔，自强不息，奋勇当先。像莲花出淤泥而不染，冰清玉洁，有着高尚、纯洁、谦虚、坚贞、圣洁和高雅的品质。

周老师寓教于乐，把每一堂课都作为传达正能量的媒介，帮助留守儿童树立正确的人生观、价值观，教孩子热爱生活，热爱学习，尊重生命。孩子们喜欢周老师的美术课，在她耐心引导下，以小浪同学为代表的留守儿童改掉了以往学习中的坏习惯，学习成绩得到了提高。

三、学校非物质文化遗产美育课程实施建设

开福区第一小学共有美术专职教师 6 人，其中 2 人为学校行政人员。2019 年 9 月，周老师调入开福区第一小学任教导主任，主抓美术组。文化强校，文化兴校，是开福区第一小学建设的主旋律。校长程艺认为校园文化建设既要渗透丰富的文化元素，又要彰显美术艺术文化，程校长要求周添阳老师作为主管美术学科的中层管理者，要充分发挥美术教育的优势，带领美术组教师将校园传统娃娃打造成学校的特色和品牌，用美术教育助推校园文化建设的品质。

非物质文化遗产作为一个民族生生不息的根脉，不仅是中华传统文化源远流长的精髓，更是华夏民族世代相传的智慧结晶。在新时代背景下，为了全面推动中华优秀传统文化进课本、进课堂、进校园，开福区第一小学结合传统文化底蕴，建立了以程艺校长为组长，教导主任周添阳老师、杨璐主任（社团管理）为小组长，协同校外专业机构建立专兼职结合的非遗教育师资

队伍，开展丰富多彩的美术社团课程，让非遗走进大家的生活。

　　每个周五下午，静谧的校园热闹起来，学校各个社团的同学打破班级限制，重新组合，快乐地开展一项项特色课程，其中非物质文化遗产特色课程更是格外吸引着孩子们的眼球——京剧、木工、皮影、糖画……学生们都纷纷感叹：作为开福一小的学生，他们太幸运了！

（一）传统娃娃卡通形象深入人心，助推校园文化建设

　　开福区第一小学以四大国粹（武术、戏曲、中医、书法）为文化内核。在此基础上，周老师设计了与此相匹配的传统娃娃"智智""美美"，以武术和戏曲行礼动作作为设计元素，让国学经典也变得"萌萌哒"。

　　在她的带领下，音乐组的邱婷老师也加入进来，给传统娃娃"智智""美美"穿上了戏曲和武术的衣裳，让人眼前一亮。

图 10 - 1　校园吉祥物"智智"

图 10 - 2　校园吉祥物"美美"

图 10 - 3　公众号上也有"智智""美美"的身影

　　现在，开福区第一小学校园各个楼层通道都可以看到他们可爱的形象，在每学期期末优秀少先队员评奖时，优秀的孩子们都有机会获得传统娃娃笔、本子、钥匙扣等等，这俨然已让"美育"深入人心。

图 10 - 4　　"六一"儿童节，学校自制给学生的福娃娃奖品

（二）将京剧元素融入美术课程，提质美育

2010 年京剧被选为世界级的非物质文化遗产，京剧这一瑰宝之所以被传承，不仅仅是它的唱腔充满无限魅力，还因为京剧是一门综合艺术。京剧的表演与美术有着不解之缘，服饰、布景、道具、妆容、配饰等的设计与制作都需要美术来支撑，其背后衍生的文化源远流长。由此在小学美术课中融入京剧元素是弘扬传统文化京剧的最佳途径，是培养学生核心素养的有效载体，是弘扬京剧这一传统文化的有效方式。

开福区第一小学以京剧特色课程弘扬中华戏曲美育精神已开展了一年多，为了有声有色地开展京韵美术文化教育，学校双管齐下，多途径开展教学活动。

在程艺校长引领下，音乐组的邱婷老师申报了题为"小学京剧艺术课程开发与实施研究"的课题并成功立项，该课题正在研究中。主持人邱婷老师带领课题组成员美术老师伍颖等以课题研究促进教学的方式将京剧元素融入了平常的美术教学中，利用多种教学手段将一件件京味十足的美术作品呈现在学生面前，让孩子们感受京剧中的色彩美与形式美。教研课上，以喜闻乐见的方式，让学生们来认知京剧脸谱、服饰与头饰、人物造型、布景图案等，做到戏中有画，画中有趣，趣中有悟，展现传统文化的精髓，让学生从生活的方方面面感受京韵所包含的中华民族博大精深的传统文化。

他们探索出了京剧文化融入小学美术课堂的内容体系：

（1）梳理出适合儿童身心发展的京剧剧目，从一年级到六年级，共筛选出合适的京剧剧目24段，包括《穆桂英挂帅》《空城计》《红灯记》《智取威虎山》，等等。

（2）挖掘出京剧文化中的美术教学元素，根据剧目总结出适合融入美术课堂的京剧文化元素，其中涵盖了京剧场景布置、人物趣味创新、京剧周边设计、人物剪纸研究、人物造型描绘等。

（3）将以上京剧文化美术教学元素结合现有美术课本中合适的内容进行教学，以达到学生最终在京剧课堂上学习该曲目、演唱选段时，已经有了共同情感。对于人物的命运、遭遇代入自己的情感，表演中也就更加生动、形象。具体从以下几方面展开：

①京剧场景布置研究：一年级的学习剧目为《三岔口 起解》，结合一年级美术课本中《大眼睛》一课，将剧目中的场景布置和人物造型代入眼睛中看到的景色。

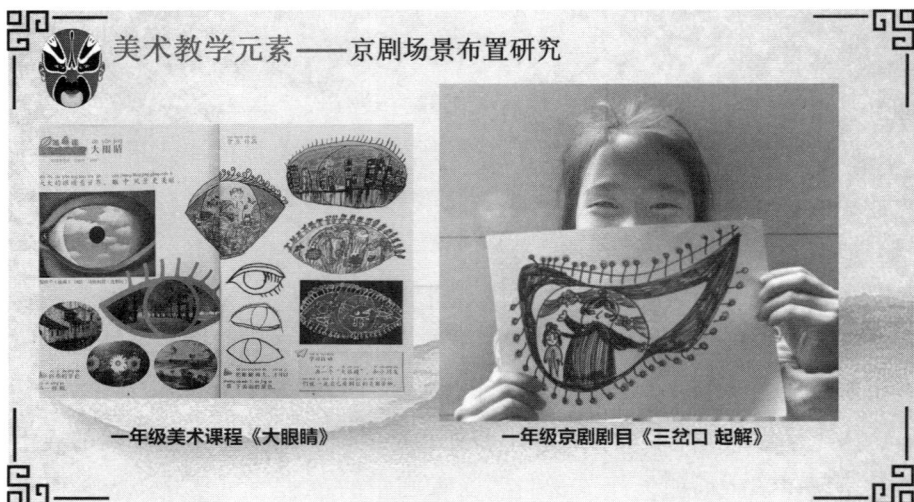

图 10-5 京剧场景布置研究课《大眼睛》

②京剧人物趣味创新研究：将二年级学习剧目《洪洋洞》中人物诙谐幽默的丑角形象，与同年级美术课本中《折大嘴巴》相融合，制作趣味京剧手工人物。

图 10 - 6　京剧人物趣味创新研究，制作京剧手工人物

③京剧人物绘画造型创作研究：将三年级剧目《柜中缘》同《快乐的舞蹈》《杂技高手》人物动态绘画学习相融合。

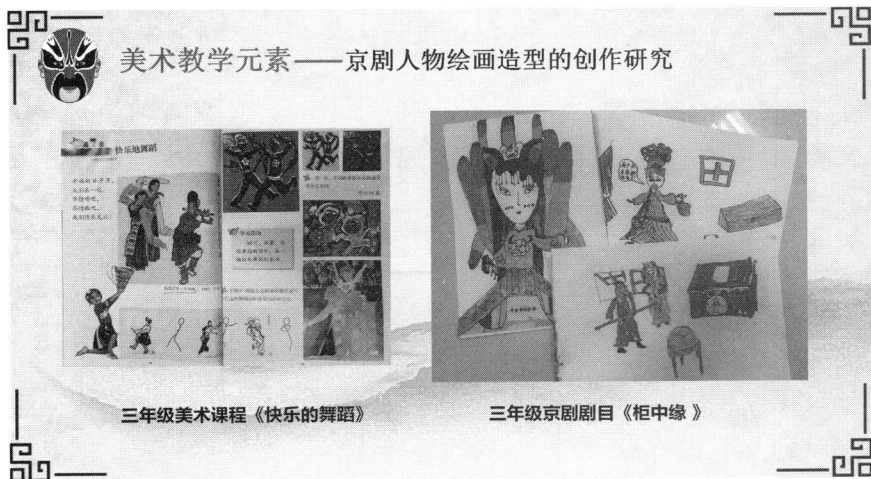

图 10 - 7　京剧人物绘画造型创作研究

④设计京剧周边研究：利用四年级学习剧目《红灯记 穷人的孩子早当家》，结合美术课本中《中国龙》来设计京剧邮票。

美术教学元素——设计京剧周边研究

四年级美术课程《中国龙》   四年级京剧剧目《红灯记 穷人的孩子早当家》

图 10 – 8　设计京剧周边研究，设计京剧邮票

⑤京剧人物剪纸研究：利用五、六年级《红色娘子军》《定军山》等剧目则结合美术课本中《剪纸故事》《皮影》等课，引导学生们欣赏分析京剧主题人物的优秀剪纸作品，通过动手剪纸，学会剪纸的相关技巧。

美术教学元素——京剧人物剪纸研究

五年级美术课程《剪纸故事》   五年级京剧剧目《智取威虎山》

图 10 – 9　京剧人物剪纸研究，学生欣赏优秀剪纸作品

（4）创设富有京剧特色的区域环境

①结合四年级美术课程"美化教室一角"，打造京剧文化的班队角以及班级整体京剧文化布置。

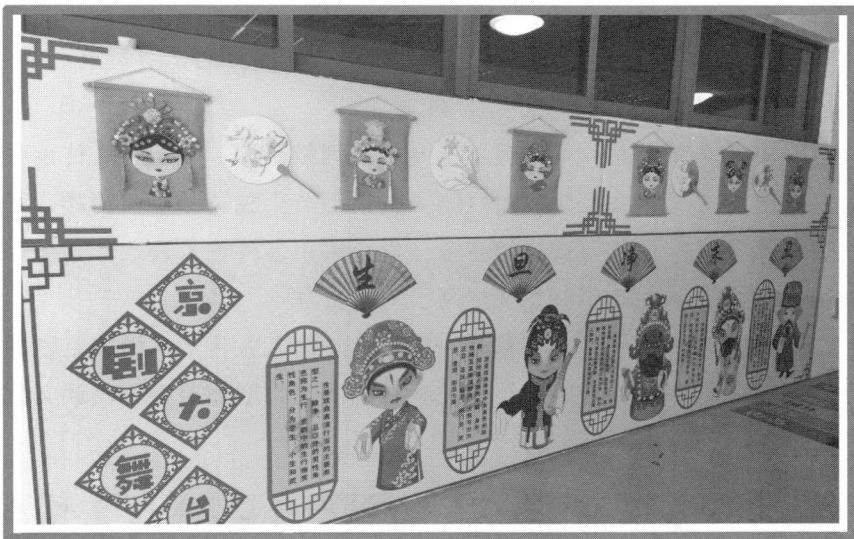

图 10 - 10　创设富有京剧特色的区域环境（1）

图 10 - 11　创设富有京剧特色的区域环境（2）

②打造京剧长廊，合理安排京剧服装、京剧头饰、人物造型、名家故事、荣誉榜、学生京剧美术作品等的摆放与展示，增加学生的自豪感和文化自信。

③将学生在京剧美术课堂上制作的作品进行展示，学生看到自己的作品得以展示，对京剧美术课程乃至整个京剧文化课程的学习都更有兴致，氛围感也更加浓厚。

美术组老师们将京剧融入美术课堂的系列教研课，让学生对传承中华传统文化产生强烈的责任感，对京剧人物造型产生独特的审美情趣，了解了京剧人物服饰、脸谱、造型等特征，学会采用多种艺术表现形式来呈现京剧美术作品，并在动手制作中提高了创新能力。

这样的学习方式学生易于接受，能够让学生有效传承、汲取京剧的传统文化精髓，让学生在接触传统文化教育的同时，增强对中华民族文化价值的认同感。

图 10 - 12　学生制作的各类京剧美术作品（1）

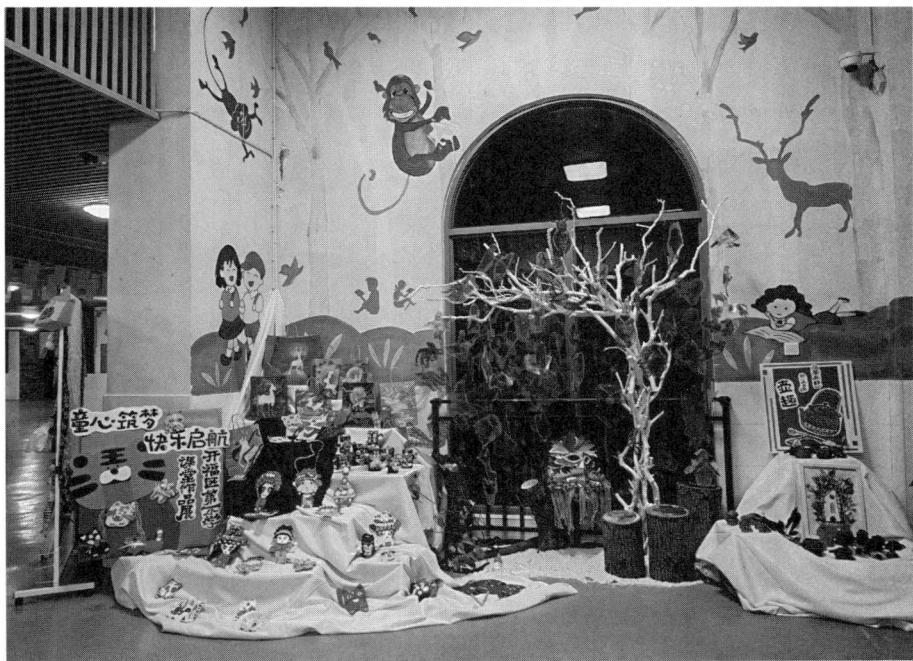

图 10 - 13　学生制作的各类京剧美术作品（2）

（三）木艺精雕，传承工匠精神

中国传统木艺文化博大精深，其中传统的榫卯结构为技艺核心，是非物质文化遗产。为了传承木艺文化及工匠精神，开福区一小创立了木艺社团，社团由从事多年木工制作的专业辅导师负责。老师们将传统手工艺与现代木工相结合，让学生们从认识木材开始，逐步学习使用木工工具，再创作出不同造型的艺术品。

校园木工课大多避开了现代工艺的机械操作，利用传统的工艺及工具来制作。一凿、一锉、一刨、一磨，尽可能还原传统手工的魅力。木艺讲究三心——耐心、专心、细心，在制作的过程中可以不断提升孩子的专注力！木工课程的开展使学生们的想象力、思维力、注意力、创造力、动手能力等综合素质都得到了提升。

每个孩子不仅拥有独立制作的体验，课堂上还需要大家合作，团队合作意识对于成长期的孩子们来说也是至关重要的。校园木艺课堂还原传统手工的魅力，主旨便是动手，而动手可促进孩子记忆和思维能力的发展，人的记忆有形象记忆、逻辑记忆、动作记忆、情绪记忆等，在这几种记忆中最不易遗忘的是动作记忆。同样，抽象逻辑思维也是以形象思维和动作思维为依托和支撑的。木艺课堂中，孩子们的思维能力将得到全面的发展。

学生们学习木工相关的知识、各种工具的使用、木材与其他材质的结合……通过发现、思考、设计、动手来启发和唤醒自身的创造力。

实践能力不是在理论中养成的，必须经历一个个真实的项目、一次次成功与失败，才能从中得到锻炼。

（四）传承皮影，提质美育

中国皮影戏是一种以皮制或纸制的彩色影偶形象，伴随音乐和演唱进行表演的戏剧形式。皮影艺术作为民族文化百花园中一朵瑰丽秀美的奇葩，已经越来越受到国家社会和人民的青睐与重视。"只有民族的，才是世界的"，如何将皮影这一非物质文化遗产进行薪火相传的保护与传承呢？学校教育作为继承和发扬非遗文化的沃土，对皮影非遗传承人才的储备具有源源不断的动力支撑。基于一年多的实践，开福区一小探究出多种教育途径和方法，旨在传承皮影，希望学生们具有深厚的文化底蕴，真正做到办学宗旨——"为孩子们至美的人生奠基"。

（1）多学科知识渗透与社团课程交叉融合

课堂教学不仅是学生最直接获取知识的主阵地，也是皮影传承最好的主渠道。多学科知识的渗透，有利于孩子们增强对皮影的了解。

每周一节的皮影社团课，老师花心思备课，学生特别期待。教科室采取了教材、师资两手抓的策略，首先培训师资，授课老师为皮影专业老师，同时，学校鼓励老师积极参加皮影校外培训；其次，教材上层层把关，要求学习内容涵盖语文课学习的《岳母刺字》《穆桂英挂帅》等历史故事，音乐课欣赏的地方皮影表现，美术课学习的对皮影的鉴赏、色彩、造型等知识。皮影社团课主要围绕三个育人目标进行授课，即绘图目标：所有的皮影都需要自己动手绘图设计与分解图样；动手目标：所有的皮影都需要自己动手剪下来，上色，组装等；表演目标：所有的皮影都需要通过与其他同学合作表演展示自己的作品。如此一来，孩子们通过丰富的学科知识，从不同侧面了解皮影，皮影与文化课得到很好的衔接与补充。

孩子们以高涨的热情展开实践操作，从打稿、镂空、剪料、敷彩、缀节到配合一人到多人表演，他们在反复的磨炼制作中深深感受到了高超技艺是来自于勤学苦练和踏实用功，更体会到做任何事要有恒心有毅力，高超的技术来源于每次的精益求精。

（2）多活动联合开展，挖掘内在创造力

非遗作为一种活态的文化基因，它来源于生活，必将回归于生活。在有一定皮影制作和表演经验的基础上，鼓励学生在模仿中有创新，在创新中有超越。在以"共青团在闪耀，少先队队员齐向前"为主题的展示活动上，孩子们将葫芦娃、灰太狼等形象融入现代动漫元素，有的把课本中的精彩故事用皮影形象来演绎，有的开展皮影私人订制，还有皮影自画像、皮影灯罩、皮影名片、皮影杯子、皮影室内装饰等作品，孩子们以不同的形式理解皮影，运用五花八门的皮影创作让到会的领导们赞不绝口。该活动不仅丰富了学生的阅历、激发了更多的创作新意，寻找到更多的创作素材，还给予孩子们充分想象、敢于实践创新的平台。

（五）以勺为笔，融糖为墨

开福区一小的童趣校园里，总能看见小朋友们一蹦一跳地手持着糖画，时不时还舔上一口。"你哪儿买的糖画？""我自己做的呀！"小朋友得意洋洋地说着，那模样十分有趣。顺着香味找寻，你会惊喜地发现，原来这是开福区一小糖画社团的孩子每周最快乐的时刻了！

糖画，顾名思义，就是以糖做成的画，它亦糖亦画，可观可食。糖画作为国家非物质文化遗产之一，起始于明代的"糖丞相"，古人通过自己的智慧将一块平淡无奇的黄糖升华为造型别样的艺术品，具有非常辉煌的艺术历史。如今承袭糖画技艺的人却越来越少，为了发扬并传承我国优秀非物质文化遗产，开福区一小糖画社团引进一套完整的糖画制作工具，自主设计专属系列课程，学习糖画技法，通过多学科知识渗透，引导学生认识、了解、学习、尝试、传承、发扬糖画的技艺。

糖画虽然看起来是民间艺人的"雕虫小技"，但实际却是一门高深的技艺，里面蕴含了历史、美术、地方民情风俗、蔗糖工艺等复杂的元素。教师教学时融入糖画内容，带领学生了解各具特色的糖画工具，知晓糖画历史，感受传统手艺人的匠心，体验糖画的制作过程。借助糖画，美育之种悄然萌发继而开枝散叶。

图 10 - 14　学生们自制的糖画作品

　　开福区一小通过课后练习、社团培训、节日赠礼等形式将糖画技艺传授于糖画社团学生，让学生从最基础的倒糖饼开始，逐步学习传统糖画技艺——丝丝货、板板货、皮皮货等。在学习的过程中融入思政课堂与跨学科的知识，全面高效地传播中国优秀传统非物质文化遗产。

　　在传承中国优秀非物质文化遗产技艺的同时，教师鼓励学生摆脱传统糖画造型的束缚，创造出富有个人特色的糖画作品，学生在增强民族自豪感的同时提升美术核心素养。每学期末，学校会对积极创作糖画的孩子予以奖励，孩子们别提多开心了！

图 10－15　学校奖励积极创作糖画的孩子

　　相较于高端的艺术，糖画更加亲切，它不仅仅是一种食物，更是一代人对童年的记忆。开福区一小本着潜心育人宗旨，结合传统文化活动多途径宣传糖画系列作品，同时积极联合民间艺人、文化馆、博物馆等单位进行糖画宣传活动，达到运用非遗技艺弘扬中华文化的美育效果，守护非遗火种。

习近平总书记曾说："中华优秀传统文化，是中华民族的根和魂。"非物质文化遗产的传承与保护不是一朝一夕、更不是一蹴而就的。作为教育人应该不断地探索和思考更有效的常态式、多样化的途径和策略。非遗教育的星星之火需要我们去点燃，引领青少年去接力传承和弘扬非遗这一国家"根之灵魂"是我们的使命所在！我们将用毕生去奉献，不遗余力地在教育这条探索之路上潜心钻研、推陈出新，不辱使命，不断前行！

四、教育教学中存在的问题及诉求

（一）存在的问题

1. 学校结构化缺编

学校结构化缺编导致美术教师不够，部分美术课只能由语、数、外等学科老师执教，工作量也随之加大，教非所学现象呈常态。因专业不对口，美术课由门外汉或其他学科教师任教难免出现知识传授谬误的现象。这无论是对美术老师，还是其他学科老师的专业发展都不利。

2. 教师内驱力不够

教师内驱力不够，"躺平"现象严重。这种现象主要集中在中老年教师身上，他们觉得只要不出教学事故，不违反学校纪律，按时上完课就可以了。至于自己专业知识结构、专业水平、专业发展的提升以及课堂质量、活跃程度、学生学得怎样都不关自己的事情。职业倦怠"躺平"情绪严重。希望主管部门、学校领导、家长、学生重视美术教育，提高美术教师地位，采取激励措施调动美术老师的工作积极性。

3. 教师知识结构单一

部分美术教师知识结构单一，只能教一些绘画技能，不能实现美术课堂全程育人、全员育人、全方位育人的目标，学生的全面发展受到限制。美育教师需要博览群书，提高综合素质。

（二）个人诉求

1. 配齐配足美育教师

希望人社厅、教育厅等上级主管部门根据学校需求，解决结构性缺编问题，按照师生比例配齐美术教师，俗话说得好，"闻道有先后，术业有专攻"，愿所有学科老师做自己专业的事情。

2. 实现连堂教学的模式

湖南省课程设置要求每周安排两节美术课，但由于教师教学能力和学生学习情况等因素，40 分钟内，部分学生无法在课堂上及时完成作业。根据课堂内容的延续性及知识的完整性，希望实现两节课连堂教学的模式。

3. 提供政策和经费保障

我国优秀的传统特色艺术有的已经濒临失传，作为美育工作者我们有义务发挥专业特长，为抢救国家非物质文化遗产作出应有的贡献。

希望国家、政府做顶层设计出台相关政策，为非物质文化遗产入校园提供必要的政策和经费保障，加大各地中小学校建立非物质文化遗产教学必备的设备设施的力度。

五、我的反思：非物质文化遗产传承发展策略

非物质文化遗产是各族人民世代相承、与群众生活密切相关的各种传统文化表现形式和文化空间。非物质文化遗产既是历史发展的见证，也是珍贵的、具有重要价值的文化资源。要充分认识我国非物质文化遗产保护工作的重要性和紧迫性，作为美育工作者，我们认为需要加强以下几个方面的工作。

（一）贯彻落实好国家方针政策

2011 年 2 月 25 日第十一届全国人民代表大会常务委员会第十九次会议通过了《中华人民共和国非物质文化遗产法》。2021 年，中共中央办公

厅、国务院办公厅印发了《关于进一步加强非物质文化遗产保护工作的意见》通知。非物质文化遗产法指出传统美术、书法、音乐、舞蹈、戏剧、曲艺和杂技等属于非物质文化遗产。《关于进一步加强非物质文化遗产保护工作的意见》强调要建设一批国家非物质文化遗产传承教育实践基地，鼓励非物质文化遗产进校园。作为美育教育工作者，我们应该认真解读并贯彻落实非物质文化遗产的国家方针政策，加大非物质文化遗产进校园和课堂的力度，将传承、传播的接力棒传递好。

（二）提供一定的经费保障

为了保障非物质文化遗产顺利传承，教育主管部门及学校领导应加强认识，在经费方面给予大力的支持，加强中小学非物质文化遗产基础设施建设，保障学生有学习场地及配套的学习用具。案主周添阳老师任教的开福区一小打造了京剧长廊，合理安排京剧服装、京剧头饰、人物造型、名家故事、荣誉榜、学生京剧、美术作品等。将校园传统娃娃打造成了他们学校的特色品牌，用音乐、美术教育助推校园文化建设的品质。校园文化建设能顺利地开展是与学校领导、全校师生的重视程度分不开的，程艺校长认为宁愿压缩学校其他经费的开支也要优先保障传承非物质文化遗产工作的推进。

（三）加强研修学习，培养传承队伍

一是民间艺人请进来。那些鲜为人知、濒临失传的非物质文化遗产艺术我们的教师因知识的局限性不会、不懂，那么我们就不能避重就轻地绕开它们。可以将民间艺人请到学校，进入课堂为教师、学生传经送宝，传授本土民族艺术。比如：上文提到的开福区一小木工课、皮影社团、糖画社团开展的学习活动有声有色，在学习的过程中将非物质文化遗产融入思想政治课堂与跨学科知识，全面高效地传播中国优秀传统非物质文化遗产。二是要实施非物质文化遗产传承人研修培训计划。[1] 要不定期、按批次派美育教师出去交流学习，通过民间采风、校外培训等形式将本土非物

---

[1] 中共中央办公厅，国务院办公厅．印发《关于进一步加强非物质文化遗产保护工作的意见》［EB/OL］．（2021 - 08 - 12）［2023 - 08 - 10］．https：//www.gov.cn/gongbao/content/2021 - 08/12/content_ 5630974. htm.

质文化遗产艺术知识和技艺引进校园和课堂，从而进一步提升传承人的艺术技能。三是加强传承梯队建设。促进传统传承方式和现代教育体系相结合，拓宽人才培养渠道，不断壮大传承队伍。[①] 这样既丰富了中小学美育教师的专业知识，提高了美育教师专业素养，又促进了美育教师专业的长足发展。同时提高了学生的核心素养，又保障了传承人才不会断层。

（四） 加大入校进课堂力度、扩大普及率

通过调研发现，经济发达的中心城市学校，对非物质文化遗产进校园、进课堂的重视程度高于乡村学校。城市中小学相对乡村学校而言，非物质文化遗产传统艺术进校园、进课堂比较普及。反观乡村中小学包括偏远教学点的学校对非物质文化遗产传统艺术的传承有缺失的现象，少有校长、教师关注这方面的工作。而现实中，乡村是非物质文化艺术缘起的广袤天地，无论是时间、空间、地域、环境等条件都要优于城市学校，乡村学校的教师忽略了这得天独厚的优势。各民族非物质传统文化艺术是乡村本土的宝藏，它就在我们身边，很多令我们惊艳的本土艺术有待我们挖掘、开发、应用并传承，包括民间歌谣、舞蹈、绘画、手工艺术等。教师们稍加引导，学生们随时随地可以从曾祖父、曾祖母、爷爷、奶奶那里学习我们的民族民间艺术。我们应以开福区一小传承非物质文化艺术的做法为蓝本进行推广，通过学习借鉴他们好的做法来扩大非物质文化遗产传统文化进校园、进课堂的普及率和覆盖率，尤其要加大革命老区、民族地区、边疆地区、脱贫地区中小学校非物质文化遗产进校园、进课堂的力度。将民族优秀的、濒临失传的非物质文化遗产艺术发扬光大。

（五） 加强美育课程开发

1. 建立非遗校本课程研发师资队伍

在非物质文化遗产校本课程开发与实施过程中遇到的最大困难是缺乏一支敢想、敢拼、敢挑战的师资队伍。因职业倦怠等因素作祟，部分美育

---

① 中共中央办公厅，国务院办公厅. 印发《关于进一步加强非物质文化遗产保护工作意见》[EB/OL]. （2021 - 08 - 12）[2023 - 08 - 10]. https：//www. gov. cn/gongbao/content/2021/ - 08/12/content_ 5630974. htm.

教师对教育教学缺乏激情，内驱力不够，"躺平"现象比较严重。各级教育部门应通过各种激励措施激发教师们的潜能，启动每位教师自主发展的内动力，为每位教师提供多元潜能发展的机会来挑战教育变革。通过教学理念的转变、教学技能的提升、思维的开放、改革意识的增强，提升中小学美育教师的专业素养。以开发非物质文化遗产课程为契机建立一支有能力、有思想、有变革精神的研发团队，让这批美育教师成为非物质文化遗产美育课程开发、建设、实施的中坚力量。

2. 加大美育课程开发力度

党和政府高度重视非物质文化遗产保护工作，特别是党的十八大以来，在以习近平同志为核心的党中央领导下，我国非物质文化遗产保护工作取得显著成绩。为了非物质文化遗产能持续长久地传承，需响应国家号召加大非物质文化遗产美育课程的开发。首先，从政府层面来考虑，建议将非物质文化遗产纳入到国家开发的中小学美育课程中，作为中小学生的必修课程。其次，各地区及学校根据地方特色及师生实际情况来开发校本课程。再次，为开阔学生视野，中小学校应开发非物质文化遗产选修课，使国家课程、校本课程、选修课程有机地结合在一起，以此来开阔中小学生的视野，启迪学生的探究意识和创新精神。

3. 多途径丰富美育课程内容

为了丰富完善非物质文化遗产中小学美育课程内容，国家、政府、社会及教育部门应形成合力，支持非物质文化遗产课程研发团队面向社会发布非物质文化遗产征集令。根据国家课程标准和地方非物质文化遗产特色，鼓励民间艺人，社会有心人士献计献策，为研发团队提供有价值的适用于中小学课程的非物质文化遗产的相关知识及作品。另外，鼓励学校定期组织中小学校开展非物质文化遗产展览活动，通过展览活动来挖掘教师、学生珍藏的非物质文化遗产作品及他们创作的作品。活动结束后，美育教师应有意识地分门别类收集、整理相关作品。例如，知识拓展类：传统生产和生活知识、民间文学等；社会实践类：传统工艺美术、传统节日、仪式等；表演艺术类：舞蹈、戏剧、音乐、技艺等。展览活动中呈现的文字、图片、唱片、视频、纪录片等内容①及面向社会征集的非物质文化遗产知识、作品经过研发团队甄别遴选后纳入到非物质文化遗产美育课程中，从而开发出适用中小学非物质文化遗产的课程和教材，并形成非物质文化遗产课程体系和教材体系。这些课程及教材应开辟专门章节对非物质文化遗产相关内容进行阐释，并将非物质文化遗产的形态美、绘画美、色彩美、科技美、生活美等内容贯穿于课程和教材中，以此发挥非物质文化遗产的美育功能和教育价值，同时促进美育教师有效教学。

总之，在新课程改革进程中，中小学非物质文化遗产课程开发既是我国基础教育课程改革实践的现实需要与非物质文化遗产传承的重要途径，也是教师专业发展和学生核心素养形成的基础。②

【政策回顾】

第一章　总则

第二条　本法所称非物质文化遗产，是指各族人民世代相传并视为其文化遗产组成部分的各种传统文化表现形式，以及与传统文化表现形式相关的实物和场所。包括：

（一）传统口头文学以及作为其载体的语言；

（二）传统美术、书法、音乐、舞蹈、戏剧、曲艺和杂技；

（三）传统技艺、医药和历法；

（四）传统礼仪、节庆等民俗；

（五）传统体育和游艺；

（六）其他非物质文化遗产。

第三章　非物质文化遗产代表性项目名录

第十八条　国务院建立国家级非物质文化遗产代表性项目名录，将体

---

① 郑雪松. 中小学非物质文化遗产校本课程开发［J］. 课程·教材·教法，2017，37（01）：98－100.

② 郑雪松. 中小学非物质文化遗产校本课程开发［J］. 课程·教材·教法，2017，37（01）：98－100.

现中华民族优秀传统文化，具有重大历史、文学、艺术、科学价值的非物质文化遗产项目列入名录予以保护。

省、自治区、直辖市人民政府建立地方非物质文化遗产代表性项目名录，将本行政区域内体现中华民族优秀传统文化，具有历史、文学、艺术、科学价值的非物质文化遗产项目列入名录予以保护。

第四章　非物质文化遗产的传承与传播

第二十八条　国家鼓励和支持开展非物质文化遗产代表性项目的传承、传播。

——《中华人民共和国非物质文化遗产法》

一、总体要求

（一）指导思想。以习近平新时代中国特色社会主义思想为指导，深入贯彻党的十九大和十九届二中、三中、四中、五中全会精神，坚持以社会主义核心价值观为引领，坚持创造性转化、创新性发展，坚守中华文化立场、传承中华文化基因，贯彻"保护为主、抢救第一、合理利用、传承发展"的工作方针，深入实施非物质文化遗产传承发展工程，切实提升非物质文化遗产系统性保护水平，为全面建设社会主义现代化国家提供精神力量。

（三）主要目标

到2025年，非物质文化遗产代表性项目得到有效保护，工作制度科学规范、运行有效，人民群众对非物质文化遗产的参与感、获得感、认同感显著增强，非物质文化遗产服务当代、造福人民的作用进一步发挥。

到2035年，非物质文化遗产得到全面有效保护，传承活力明显增强，工作制度更加完善，传承体系更加健全，保护理念进一步深入人心，国际影响力显著提升，在推动经济社会可持续发展和服务国家重大战略中的作用更加彰显。

二、健全非物质文化遗产保护传承体系

（六）完善代表性传承人制度。健全国家、省、市、县代表性传承人认定与管理制度，以传承为中心审慎开展推荐认定工作。对集体传承、大众实践的项目，探索认定代表性传承团体（群体）。加强对代表性传承人的评估和动态管理，完善退出机制。实施中国非物质文化遗产传承人研修培训计划，进一步提升传承人技能艺能。加强传承梯队建设，促进传统传承方式和现代教育体系相结合，拓宽人才培养渠道，不断壮大传承队伍。

三、提高非物质文化遗产保护传承水平

（十）加强分类保护。阐释挖掘民间文学的时代价值、社会功用，创新表现方式。提高传统音乐、传统舞蹈、传统戏剧、曲艺、杂技的实践频次和展演水平，深入实施戏曲振兴工程、曲艺传承发展计划，加大对优秀剧本、曲本创作的扶持力度，增强表演艺术类非物质文化遗产的生命力。推动传统体育、游艺纳入全民健身活动。继续实施中国传统工艺振兴计划，加强各民族优秀传统手工艺保护和传承，推动传统美术、传统技艺、中药炮制及其他传统工艺在现代生活中广泛应用。将符合条件的传统工艺企业列入中华老字号名录，支持符合条件的传统医药类非物质文化遗产代表性传承人依法取得医师资格。丰富传统节日、民俗活动的内容和形式，深入实施中国传统节日振兴工程。

四、加大非物质文化遗产传播普及力度

（十五）融入国民教育体系。将非物质文化遗产内容贯穿国民教育始终，构建非物质文化遗产课程体系和教材体系，出版非物质文化遗产通识教育读本。在中小学开设非物质文化遗产特色课程，鼓励建设国家级非物质文化遗产代表性项目特色中小学传承基地。加强高校非物质文化遗产学科体系和专业建设，支持有条件的高校自主增设硕士点和博士点。在职业学校开设非物质文化遗产保护相关专业和课程。加大非物质文化遗产师资队伍培养力度，支持代表性传承人参与学校授课和教学科研。引导社会力量参与非物质文化遗产教育培训，广泛开展社会实践和研学活动。建设一批国家非物质文化遗产传承教育实践基地。鼓励非物质文化遗产进校园。

——中共中央办公厅 国务院办公厅印发《关于进一步加强非物质文化遗产保护工作的意见》

参考文献

一、学术著作类

[1] 李婷. 新时代乡村教师发展诉求叙事研究 [M]. 长沙：湖南师范大学出版社，2022.

[2] 陆费逵，舒新城，陈望道，等. 辞海 [M]. 上海：上海辞书出版社，1999.

[3] 王希君，葛希. 审美教育 [M]. 山东：中国石油大学出版社，2007.

[4] 赵宋光. 赵宋光文集 [M]. 广州：花城出版社，2001.

[5] [美] 博耶. 关于美国教育改革的演讲 [M]. 涂艳国，等译. 北京：教育科学出版社，2002.

[6] 朱咏北，王北海. 新编音乐教育学 [M]. 北京：人民教育出版社，2004.

二、中文期刊类

[1] 桑潇. 山东省农村中小学音乐教师核心能力提升研究 [J]. 中国成人教育，2017（24）.

[2] 丁嫚莉，权辉. 音乐教师专业知识现状及对策研究 [J]. 东北师大学报（哲学社会科学版），2014（01）.

[3] 钦媛.《乡村教师支持计划》背景下乡村音乐教师专业发展路径 [J]. 成都师范学院学报，2021，37（03）.

[4] 周玮."全科教师"背景下乡村音乐教师的培养路径 [J]. 新课程研究，2022（15）.

[5] 龙宝新. 论国外教师专业发展的现状与走向 [J]. 现代基础教育研

究，2016（03）.

［6］何声钟. 教师专业发展的概念、历程与目标取向［J］. 江西教育学院学报，2012，33（01）.

［7］肖辉，廖小芒. 湖南省乡村音乐教师队伍建设现状及对策研究——基于社会治理的分析框架［J］. 武陵学刊，2021，46（04）.

［8］王延丽. 关于改进和加强农村边远山区中小学音乐教育的思考［J］. 音乐天地，2017（10）.

［9］龙宝新. 论国外教师专业发展的现状与走向［J］. 现代基础教育研究，2016，23（03）.

［10］周庆元，等. 走向美育的完整［J］. 教育研究，2006（03）.

［11］任琳琳，郭志辉. 国外实施"艰苦边远地区教师津补贴政策"状况分析［J］. 比较教育研究，2013（03）.

［12］王成龙. 新生代乡村教师的文化困境与职业选择［J］. 青年探索，2016（01）.

［13］庞丽娟，杨小敏，金志峰，等. 构建综合待遇保障制度提升乡村教师职业吸引力［J］. 中国教育学刊，2021（04）.

［14］林丹，沈晓冬. 教师个体均衡发展的逻辑起点探析——基于2020年中国教师职业"健康幸福感"调查［J］. 现代教育管理，2021（12）.

［15］唐晓玲. 师范生审美教育满意度及其影响因素研究［J］. 教师教育学报，2021，8（04）.

［16］陈晓清. 农村中小学美育课程资源的开发与利用［J］. 教育理论与实践，2017，37（02）.

［17］王俊民，林长春. 核心素养评价的基本问题探析［J］. 中小学教师培训，2018（11）.

［18］钱初熹. 人工智能时代中小学生艺术素养评价的研究［J］. 艺术教育研究，2023，14（02）.

［19］姚小明. 构建新时代教师评价体系的探索［J］. 初中生世界，2021（05）.

[20] 席梅红，万小羽．新时代加强中小学师德师风建设的挑战与路径 [J]．广东第二师范学院学报，2022，42（01）．

[21] 单莹，吴停风，何国清，等．湖南"三区"支教计划实施状况及其改进对策 [J]．吉首大学学报（社会科学版），2017，38（04）．

[22] 赵宁．支教政策的成效、困境与突围——基于甘肃省"三区支教计划"的研究 [J]．西北成人教育学院学报，2018，135（03）．

[23] 邱小燕．浅析利用柯达伊教学法培养学生准确歌唱能力的策略 [J]．新课程评论，2019（12）．

[24] 冯丹．柯达伊教学法对基础音乐教学的影响研究 [J]．北方音乐，2020（24）．

[25] 蒋瑛．艺术院校的美育价值追求及实现路径 [J]．中国大学教学，2022（03）．

[26] 周福盛，黄一帆．社会美育力量参与学校美育：价值、困境与路径 [J]．中国电化教育，2022（01）．

[27] 王安全，刘飞．特岗教师专业化发展中存在的问题及解决办法 [J]．教育理论与实践，2013，33（11）．

[28] 何义田，赵梓如，牛德芳．小学教师队伍性别失衡的校内破解之道 [J]．人民教育，2016（13）．

[29] 白雪，李广．"一体化"美育课程建构的价值、逻辑及路径 [J]．教育科学研究，2023（02）．

[30] 范兴华，黄亚丹，阳惠，等．农村留守儿童处境不利问卷的修订 [J]．中国临床心理学杂志，2023，31（01）．

[31] 霍小光，张晓松．习近平在北京市八一学校考察时强调 全面贯彻落实党的教育方针 努力把我国基础教育越办越好 [J]．人民教育，2016（18）．

[32] 赵明仁，谢爱磊．国际视野中乡村教师队伍高质量发展的策略与启示 [J]．中国教育刊，2021（10）．

[33] 曾水兵，余国圣，陈油华．新型城镇化背景下城区"大班额"困境及其化解——基于江西省的调查分析 [J]．上海教育科研，2017

（06）．

［34］黄建辉．城区义务教育学校大班额问题成因及其化解［J］．教学与管理，2014（11）．

［35］朱秀红，刘善槐．我国乡村教师工作负担的问题表征、不利影响与调适策略——基于全国18省35县的调查研究［J］．中国教育学刊，2020（01）．

［36］尹少淳．不种地的收割者——论美术考级之不合情理［J］．少儿美术，2018（03）．

［37］辉进宇，褚远辉．中小学教师教育科研中存在的问题与对策［J］．教育导刊，2005（05）．

［38］肖辉，杨丹．艺术类特岗教师素质结构的实然分析与应然讨论——基于湖南省九个地州市的调查［J］．湖南社会科学，2014（05）．

［39］刘艳艳，王晓庆．以教育科研引领教师专业发展的实施路径［J］．现代教育，2019（05）．

［40］曾莶华．国外高校青年教师科研能力培养模式及启示［J］．科教导刊，2018（06）．

［41］李静，许毅．新形势下技工院校高技能人才薪酬激励机制的建立［J］．广西教育，2021（01）．

［42］尹少淳．核心素养时代美术教师的成长［J］．中国中小学美术，2019（09）．

［43］肖锦川．新时代名师名校长培养系统工程探究——基于"三位一体"育人机制［J］．教师教育学报，2023，10（02）．

［44］鲁林岳．名师名校长培训体系的构想与实践［J］．教育研究，2009，30（02）．

［45］冯丽芬，刘金虎．富阳区"名师名校长"教育科研现状分析报告［J］．浙江教育科学，2020（02）．

［46］卢鸿鸣．名师名校长工作室教育人才培养路径探索［J］．湖南教育（D版），2019（07）．

［47］任家熠．中小学校本课程开发的模式批判与超越［J］．基础教育课

程，2020（02）.

［48］郑雪松．中小学非物质文化遗产校本课程开发［J］．课程·教材·
教法，2017，37（01）.

三、硕博论文类

［1］吕锦航．一位初中音乐教师专业发展困境的叙事研究——以 D 中学 A
教师为例［D］．郑州：郑州大学，2021.

［2］唐兵．近百年中国美育观念演变研究［D］．重庆：西南师范大
学，2001.

［3］高冬冬．我国区县义务教育质量测评体系研究［D］．武汉：武汉大
学，2020.

［4］冯云．济南市历下区中小学民乐社团活动现状的调查与研究［D］.
山东：山东师范大学，2017.

［5］李可．我国中部地区城市小学大班额问题研究——以河南省南阳市为
例［D］．西安：陕西师范大学，2010.

四、电子文献

［1］国务院办公厅．关于全面加强和改进学校美育工作的意见：国办发
［EB/OL］．（2015 – 09 – 28）［2023 – 06 – 15］．https：//www. gov.
cn/zhengce/content/2015 – 09/28/content_ 10196. htm.

［2］李梦婕．美育的历史发展［EB/OL］．（2022 – 02 – 23）［2023 – 06 –
15］．https：//www. wenmi. com/article/pnce0w04egcv. html？ivk ＿ sa ＝
1024320u.

［3］中共中央求办公厅，国务院办公厅．关于全面加强和改进新时代学校
美育工作的意见［EB/OL］．（2020 – 10 – 15）［2023 – 02 – 28］. ht-
tps：//www. gov. cn/gongbao/content/2020/content 5554511. htm.

［4］浅谈蔡元培美育思想［EB/OL］．（2022 – 10 – 04）［2023 – 02 – 26］.
https：//www. wenmi. com/article/pyu7zp02o71j. html.

［5］教师司．湖南省乡村教师支持计划（2015 – 2022 年）实施办法［EB/

OL］．（2015－12－31）［2023－04－10］．http：//www. moe. gov. cn/jyb_ xwfb/xw_ zt/moe_ 357/jyzt_ 2015nztzl/2015_ zt17/15zt17_ gdssbf/gdssbf_ hunan/201512/t20151231_ 226616. html.

［6］2015 年全国教育事业发展统计公报［EB/OL］．（2016－07－06）［2023－11－06］．http：//www. moe. gov. cn/srcsite/A03/S180/moe-633/201607/t20160706_ 270976. html.

［7］2020 年全国教育事业发展统计公报［EB/OL］．（2021－08－27）［2023－11－06］．http：//www. moe. gov. cn/；yb_ sjzl/sjzl_ fz-tjgb/202108/t20210827_ 555004. html.

［8］教师司．提升农村教育质量："特岗计划"实施十五年［EB/OL］．（2020－09－04）［2023－04－10］．http：//www. moe. gov. cn/jyb_ xwfb/xw_ zt/moe_ 357/jyzt_ 2020n/2020_ zt16/tegangjihua/202009/t20200907_ 485967. html.

［9］澎湃新闻．教育部：到 2020 年全国义务教育阶段美育教师达 77.8 万［EB/OL］．（2021－05－06）［2023－04－13］．https：//edu. sina. com. cn/zxx/2021－05－06/doc－ikmyaawc3662219. shtml.

［10］中共中央 国务院．关于全面深化新时代教师队伍建设改革的意见［EB/OL］．（2018－01－31）［2023－04－11］．https：//www. gov. cn/zhengce/2018－01/31/content_ 5262659. htm？trs＝1.

［11］中共中央 国务院．关于深化教育教学改革全面提高义务教育质量的意见［EB/OL］．（2019－06－23）［2023－04－12］．https：//www. gov. cn/gongbao/content/2019/content_ 5411564. htm.

［12］教育部，国家发展改革委，财政部，人力资源社会保障部，中央编办．关于印发《教师教育振兴行动计划（2018—2022 年）》的通知．［EB/OL］．（2018－03－28）［2023－05－16］．http：//www. gov. cn/xinwen/2018－03/28/content_ 5278034. htm.

［13］湖南省委教育工作领导小组秘书组．坚持"五育"并举 落实立德树人根本任务专辑（之十三）［EB/OL］．（2020－12－25）［2023－04－10］．http：//zcc. hnedu. gov. cn/c/2020－12－25/1028944. shtml.

［14］中华人民共和国教育部．完善中华优秀传统文化教育指导纲要［EB/OL］．（2014 – 03 – 28）［2023 – 04 – 12］．https：//www. moe. gov. cn/srcsite/A13/s7061/201403/t20140328_ 166543. html.

［15］教育部．义务教育艺术课程标准（2022 年版）［EB/OL］．（2022 – 03 – 25）［2023 – 08 – 10］．https：//www. moe. gov. cn/srcsite/A26/s8001/202204/W020220420582364678888. pdf.

［16］湖南省教育厅．开发校本课程，落实学校办学理念［EB/OL］．（2014 – 09 – 25）［2023 – 04 – 15］. jyt. hunan. gov. cn/jyt/sjyt/xxgk/gzdt/tpxw/201701/t20170121_ 3961481. html.

［17］中共中央 国务院．关于深化教育改革全面推进素质教育的决定［EB/OL］．（2017 – 04 – 28）［2023 – 08 – 10］．https：//www. nwccw. gov. cn/2017 – 04/28/content_ 152489. htm.

［18］中共中央办公厅，国务院办公厅．印发《关于进一步加强非物质文化遗产保护工作的意见》［EB/OL］．（2021 – 08 – 12）［2023 – 08 – 10］．https：//www. gov. cn/gongbao/content/2021 – 08/12/content _ 5630974. htm.

五、其他

［1］周爱玲．科学技术哲学视角下地方普通高校应用转型探析［C/OL］．会议名称：对接京津——借势京津协同融合，（2018 – 09 – 30）［2023 – 02 – 26］．http：//k. vipslib. com/asset/detail/20632078722.

［2］中共中央办公厅，国务院办公厅．印发关于全面加强和改进新时代学校美育工作的意见［N］．人民日报，2020 – 10 – 16.

［3］叶澜．"生命·实践"教育的信条［N］．光明日报，2017 – 02 – 21.

［4］柴葳．全国义务教育阶段美育师资状况分析报告［N］．中国教育报，2016.

［5］龙念南．考级与测评［N］．美术报，2020 – 11 – 21.

附录1　湖南省乡村美育教师队伍建设问卷星调查结果

一、基本情况

第1题　您的性别：　　　　　　　　　　　　　　　　　　　　［单选题］

选项	小计	比例
男	195	17.52%
女	918	82.48%
本题有效填写人次	1113	

第2题　您的年龄：　　　　　　　　　　　　　　　　　　　　［单选题］

选项	小计	比例
35岁及以下	697	62.62%
36~50岁	378	33.96%
51岁及以上	38	3.42%
本题有效填写人次	1113	

第3题　您的婚姻状况：　　　　　　　　　　　　　　　　　　［单选题］

选项	小计	比例
未婚	254	22.83%
已婚	825	74.12%
其他	34	3.05%
本题有效填写人次	1113	

第 4 题　您的最高学历：　　　　　　　　　　　　　［单选题］

选项	小计	比例
高中及以下	0	0%
大专	138	12.4%
本科	953	85.62%
硕士研究生及以上	22	1.98%
本题有效填写人次	1113	

第 5 题　您是否具有教师资格证：　　　　　　　　　［单选题］

选项	小计	比例
是	1102	99.01%
否	11	0.99%
本题有效填写人次	1113	

第 6 题　您的教龄是：　　　　　　　　　　　　　　［单选题］

选项	小计	比例
5 年及以下	392	35.22%
6～10 年	265	23.81%
11～20 年	230	20.66%
20 年及以上	226	20.31%
本题有效填写人次	1113	

第 7 题　您的专业技术职务是中小学教师系列哪一级？　［单选题］

选项	小计	比例
未定级	169	15.19%
三级	22	1.98%
二级	444	39.89%
一级	308	27.67%
中级	125	11.23%
副高级	43	3.86%
正高级	2	0.18%
本题有效填写人次	1113	

第 8 题　您任职的学校类型：　　　　　　　　　　　　　　　［单选题］

选项	小计	比例
地级市及以上城市学校	82	7.37%
县（县级市）城市学校	415	37.28%
农村中心校及分校	550	49.42%
村小或教学点	66	5.93%
本题有效填写人次	1113	

第 9 题　您的教师身份：　　　　　　　　　　　　　　　　　［单选题］

选项	小计	比例
公办学校在编教师	977	87.78%
公办学校合同制教师	22	1.98%
公办学校代课教师	11	0.98%
民办学校在编教师	15	1.35%
民办学校合同制教师	16	1.44%
民办学校代课教师	0	0%
特岗教师	69	6.2%
其他，请写出_____	3	0.27%
本题有效填写人次	1113	

第 10 题　您目前每月获得的农村边远贫困地区教师岗位补贴为：

　　　　　　　　　　　　　　　　　　　　　　　　　　　［单选题］

选项	小计	比例
0 元	88	14.28%
1～300 元	376	61.04%
301～500 元	115	18.67%
501～800 元	25	4.06%
801～1000 元	7	1.14%
1001 元及以上	5	0.81%
本题有效填写人次	616	

第 11 题　您所学专业与任教专业是否一致？　　　　　　［单选题］

选项	小计	比例
一致	608	54.63%
不一致	201	18.06%
兼多科教学	296	26.59%
其他	8	0.72%
本题有效填写人次	1113	

第 12 题　职前父母在您音乐专业培养费用方面的支出情况：

［单选题］

选项	小计	比例
年均 2 万以下	446	40.07%
年均 2 万 ~ 5 万	414	37.2%
年均 5 万以上 ~ 10 万	133	11.95%
年均 10 万以上 ~ 20 万	77	6.92%
年均 20 万以上	43	3.86%
本题有效填写人次	1113	

第 13 题　职前音乐教育投入与入职后的收入是否匹配？　　［单选题］

选项	小计	比例
完全匹配	31	2.79%
基本匹配	371	33.33%
收入远远低于投入	696	62.53%
收入远远高于投入	15	1.35%
本题有效填写人次	1113	

第 14 题　职后收入与教育投入失衡时您会产生哪些想法？（依赖于第 13 题的 B、C、D 选项）

［多选题］

选项	小计	比例
心理不平衡	591	53.1%
消极怠工	173	15.54%
脱离教育行业	292	26.24%
自己创业争取丰厚收入	672	60.38%
本题有效填写人次	1113	

第15题　当地教育部门或学校对音乐学科建设的重视程度：

〔多选题〕

选项	小计	比例
非常重视	44	3.95%
比较重视	227	20.4%
一般	638	57.32%
非常不重视	117	10.51%
不重视	224	20.13%
本题有效填写人次	1113	

第16题　您认为发展乡村基础音乐教育的关键是： 〔多选题〕

选项	小计	比例
联动当地村民开展形式多样的音乐活动，为学生学习音乐营造良好氛围	555	49.87%
培养学生学习音乐的兴趣	845	75.92%
音乐教师有义务传承发展原生态传统音乐	480	43.13%
加强音乐教师综合素养	772	69.36%
提升乡村音乐教师基本技能技巧等专业素养	767	68.91%
开设音乐课程，开足音乐课时	672	60.38%
专职教师任教	833	74.84%
本题有效填写人次	1113	

第 17 题　贵县或者学校是否对音乐教师有考核评价机制？　［单选题］

选项	小计	比例
有，已落实	312	28.03%
有，机制没有落实	127	11.42%
正在建立考评机制	237	21.29%
没有	437	39.26%
本题有效填写人次	1113	

第 18 题　您认为从哪些方面对音乐教师进行考核评价？　［多选题］

选项	小计	比例
获奖情况	640	57.5%
科研成果情况	456	40.97%
课堂教学情况	977	87.78%
基本技能专业素养	937	84.19%
出勤情况	464	41.69%
师德品行情况	752	67.57%
本题有效填写人次	1113	

第 19 题　您身边有没有不称职的音乐教师？（主要指：先天性音准差
五音不全、节奏感差、缺乏音乐基础知识迫不得已任教的音乐教师）（C、
D 选项是含在 A 选项内的）　　　　　　　　　　　　　　［单选题］

选项	小计	比例
没有	511	45.92%
有，很多	57	5.12%
有，比较多	119	10.69%
比较少	426	38.27%
本题有效填写人次	1113	

第 20 题　您所在地区或学校对于在音乐教学比武大赛及文艺汇演中获奖者，是否有配套的奖励措施？（C、D 选项是含在 A 选项内的）

［单选题］

选项	小计	比例
有，奖励力度较大	68	6.11%
有，奖励力度不大	734	65.95%
没有	311	27.94%
本题有效填写人次	1113	

第 21 题　您有没有参与教育科研的机会？（C、D 选项是含在 A 选项内的，E 选项是含在 B 选项内的）　［单选题］

选项	小计	比例
有，比较多	70	6.29%
有，比较少	575	51.66%
没有	468	42.05%
本题有效填写人次	1113	

第 22 题　您所在的学校音乐教学场地及配套设施设备情况：

［单选题］

选项	小计	比例
配备有多媒体音乐教室	343	30.82%
有钢琴	265	23.81%
有电子琴	287	25.79%
有脚踏风琴	15	1.35%
有其他小乐器	48	4.31%
无教学场所	91	8.18%
无多媒体设施	29	2.61%
没有乐器	35	3.14%
本题有效填写人次	1113	

第 23 题　您所在的学校音乐课程是否依据教材内容上课：　［单选题］

选项	小计	比例
正常依据教材内容上课	647	58. 13%
有时没有依据教材内容上课	353	31. 72%
没有依据教材内容上课	113	10. 15%
本题有效填写人次	1113	

第 24 题　您的学校是否有其他学科或者活动挤占美育课的现象：

［多选题］

选项	小计	比例
没有	460	41. 33%
有，经常性挤占	148	13. 3%
有，偶尔挤占	532	47. 8%
本题有效填写人次	1113	

第 25 题　您认为乡村音乐教学存在的主要问题是什么：　［多选题］

选项	小计	比例
不是主要科目，领导不重视	780	70. 08%
缺少师资	683	61. 37%
缺少教学设备设施	756	67. 92%
缺少课程资源	659	59. 21%
乡村学生对音乐课不感兴趣	216	19. 41%
其他，请写出_____	18	1. 62%
本题有效填写人次	1113	

二、福利待遇

第 26 题　您的住房类型是：　　　　　　　　　　　　　　　　［单选题］

选项	小计	比例
享受政策分房	10	0.9%
享受周转房或者教职工宿舍	287	25.79%
购置单位自建房	8	0.72%
自行购置住房	510	45.82%
父母住房	199	17.88%
租房或借住	99	8.89%
本题有效填写人次	1113	

第 27 题　您近年的年均收入（实发数）是：　　　　　　　　　　［单选题］

选项	小计	比例
30000 元及以下	325	29.2%
30001～50000 元	655	58.85%
50001～80000 元	125	11.23%
80001～100000 元	6	0.54%
100001 元及以上	2	0.18%
本题有效填写人次	1113	

第 28 题　您的年收入水平与同您年龄、学历等情况相当的当地公务员比，处于什么位置：　　　　　　　　　　　　　　　　　　　　［单选题］

选项	小计	比例
高很多	5	0.45%
略高	11	0.98%
持平	88	7.91%
略低	521	46.81%
低很多	488	43.85%
本题有效填写人次	1113	

第 29 题　学校是否有以下福利津贴：　　　　　　　　　　〔多选题〕

选项	小计	比例
13 月工资	294	26.42%
超课时酬金	253	22.73%
班主任津贴	562	50.49%
工作餐	311	27.94%
住房补贴	82	7.37%
高温补贴	58	5.21%
交通补贴	107	9.61%
免费体检	473	42.5%
传统节日物资	559	50.22%
本题有效填写人次	1113	

第 30 题　近三年以来您获准参加区（县）级及以上学科培训次数：

〔单选题〕

选项	小计	比例
0 次	213	19.14%
1 次	378	33.96%
2~3 次	438	39.35%
4~5 次	60	5.39%
6 次及以上	24	2.16%
本题有效填写人次	1113	

第 31 题　您认为乡村音乐教师在哪些方面需要加强培训？　〔多选题〕

选项	小计	比例
音乐教育教学理论	742	66.67%
课堂教学方法、技能指导	1016	91.28%
网络技术与现代教育技术	683	61.37%
心理健康教育	385	34.59%
班级管理技能	369	33.15%
其他，请写出_____	18	1.62%
本题有效填写人次	1113	

第 32 题　您认为乡村音乐教师培训的主要障碍是：　［多选题］

选项	小计	比例
领导不重视音乐学科，不鼓励音乐教师参与培训	694	62.35%
教学任务重，没时间参与	621	55.8%
家庭或个人事务多，没精力参加	184	16.53%
培训理论多，实践少，难以满足个人需求	515	46.27%
经费有限，参加学习培训机会太少	729	65.5%
年龄大，无法接受	45	4.04%
本题有效填写人次	1113	

第 33 题　您认为影响自己专业发展最主要的因素有：（多选题，限选三项）　［多选题］

选项	小计	比例
工作负担过重，没有时间和精力自修	645	57.95%
没有适合自身专业发展的学习机会	677	60.83%
缺乏专业引领和指导	764	68.64%
没有激励因素，获取进步意愿低	345	31%
周围环境气氛不好，趋同心理严重	273	24.53%
本题有效填写人次	1113	

第 34 题　您目前最迫切需要的是：（多选题，限选三项）　［多选题］

选项	小计	比例
提高待遇	922	82.84%
保证假期	200	17.97%
减轻工作负担	472	42.41%
改善工作生活条件	413	37.11%
提高社会地位	448	40.25%
学习充电	724	65.05%
增加职称、职务晋升机会	515	46.27%
组建家庭	33	2.96%

（续表）

选项	小计	比例
方便子女入学	83	7.46%
给予工作自主权	122	10.96%
加快符合条件的非在编教师入编	63	5.66%
增加教辅人员和工勤人员	63	5.66%
拉开教师与教辅人员工资收入差距	101	9.07%
增加交流轮岗机会	146	13.12%
缓解心理压力	198	17.79%
本题有效填写人次	1113	

三、职业认同

第35题　关于教师职业，您认为比较贴切的表述是：　　　　　［单选题］

选项	小计	比例
社会地位高、待遇高	26	2.34%
社会地位高、待遇一般	76	6.83%
社会地位高、待遇低	55	4.94%
社会地位低、待遇高	0	0%
社会地位低、待遇一般	188	16.89%
社会地位低、待遇低	310	27.85%
社会地位一般、待遇高	5	0.45%
社会地位一般、待遇一般	276	24.8%
社会地位一般、待遇低	177	15.9%
本题有效填写人次	1113	

第 36 题 关于职业倦怠、职业幸福感，您在工作中的感受是：

[单选题]

选项	小计	比例
幸福快乐，无倦怠感	66	5.93%
虽然忙累，但很幸福	284	25.52%
身心疲惫，正常休息难以保障	101	9.07%
讨厌每天的工作	19	1.71%
与教育教学无关的干扰太多令人疲惫	511	45.91%
一切司空见惯，没什么感觉	132	11.86%
本题有效填写人次	1113	

第 37 题 您认为提高教师职业吸引力的主要途径是： [多选题]

选项	小计	比例
提高待遇	922	82.84%
加强业务培训	407	36.57%
增加职称、职务晋升机会	570	51.21%
加强教师工作生活配套措施建设	303	27.22%
减少不必要的非教学任务	520	46.72%
提高教师社会地位	325	29.2%
实行县管校聘	17	1.53%
其他，请写出_____	8	0.72%
本题有效填写人次	1113	

附录 2　稳定乡村中小学美育教师队伍建设调研访谈提纲

（访谈对象：教育行政管理人员及校长）

1. 贵县（校）音乐、美术教师队伍总体是否稳定？影响稳定的主要因素有哪些？

2. 贵县（校）音乐、美术教师在职业道德、工作作风等方面表现如何？

3. 贵县（校）音乐、美术教师荣誉感、成就感、幸福感及身心健康状况整体情况如何？

4. 贵县（校）音乐、美术教师队伍整体素质如何？采取了哪些措施支持音乐教师参加国培、省培、市县（校）级培训？

5. 贵县（校）音乐、美术教师补充是否困难，有何建议？

6. 贵县（校）教师的工资和五险一金到位情况怎样？教师住房问题主要是用什么办法解决的？

7. 您认为稳定音乐、美术教师队伍需要出台哪些政策？

8. 您认为教师年度总收入与当地公务员年度总收入比较，差距体现在哪些地方？

附录 3　稳定乡村中小学美育教师
队伍建设调研访谈提纲

（访谈对象：教师）

1. 您认为您所在县（校）的基层教师队伍稳定吗？主要影响因素有哪些？

2. 您对您的工作满意吗？"三感"（荣誉感、成就感、幸福感）如何？有没有换工作或调动的意向？

3. 您对您的收入和职称是否满意？有什么政策建议？

4. 您认为对自己专业发展最有用的途径有哪些？

5. 您所学专业与所任教学科是否一致？您对自己的课堂教学满意吗？主要困难是什么？

6. 您感觉自己和同事的工作负担如何？

7. 您在工作和生活中面临的最大困惑是什么？

8. 您对稳定基层教师队伍最期盼的政策是什么？

9. 您认为教师年度总收入与当地公务员年度总收入比较，差距体现在哪些地方？

附件4　中小学美育教师专业发展叙事研究访谈提纲

（访谈对象：教师）

1. 请您做一个简单的自我介绍。

2. 请您介绍一下自己工作单位的基本情况。

3. 请问您从教生涯中是否有印象最深的育人故事？

4. 请问学校美育教师队伍师资和硬件设施配置情况怎样？

5. 请问名师名校长应该在哪些方面发挥引领示范作用？

6. 请问名师工作室有哪些特色项目活动、创新性教学方法手段、成果展示、成功经验？

7. 请问您在开展教育教学活动中存在哪些问题和困惑？有何诉求？

8. 请问您在教育教学改革中有哪些成功的做法、相关案例及成功的经验？

9. 请问您在美育校本教材、校本课程文化资源开发中取得了哪些成绩？开发中存在哪些困难和问题？有何诉求？

10. 请问您在教学中应用哪些教学法？这些教学法对促进教师和学生的知识结构和综合素养有何帮助？

11. 请问您或者学校在传承非物质文化遗产传统文化方面做出了哪些成绩？（包括课堂教学、课外实践活动的开展，非物质文化遗产传统文化传承现状与成效）在传承过程中存在哪些问题、困惑及诉求？

12. 您认为增强美育教师职业吸引力需从哪些方面着手？

13. 您认为中小学生艺术素质评价存在哪些问题？有何好的对策与建议。

14. 您认为美育教师专业发展存在哪些障碍?

15. 教育部门及学校为提升美育教师专业发展采取了哪些有益的手段和措施?

16. 您认为提升美育教师专业发展需从哪些方面加强,有何好的建议与对策?

后　记

　　我于 2001 年由湖南第一师范学院调入湖南省教育科学研究院工作，其间在《当代教育论坛》杂志社工作，杂志社的工作内容主要就是编辑核稿，保证杂志所刊发文章没有意识形态方面问题，稿件无差错，日常工作运转顺畅就行了。直至 2018 年，因机缘巧合被调岗至我院教育人力资源研究所，教育人力资源研究所的主要工作是研究教育人力资源相关问题，按照省教育厅的要求组织全省教育人力资源状况调研工作；建立湖南教育人力资源数据库；编发湖南教育人力资源信息；为全省教育人力资源建设提供决策依据和咨询服务；承担省教育厅交办的其他工作；组织开展教育人力资源培训、代理、评价、设计等各种服务项目。教育人力资源研究所的工作对于我而言是个崭新的工作领域，为了能尽快适应新的工作环境与工作角色，我虚心向所室领导和同事学习，不懂就问，很快我就进入了工作角色。多次组织参与特岗教师招聘、"三区支教"、"银龄讲学"计划、"校长教师轮岗交流"、县管校聘、局长高端研修培训等工作。多次组织参与了关于加强教师职业吸引力、银龄讲学教师、艺术特岗教师、美育教师和稳定基层教师队伍建设等系列调研工作，与厅领导及教研骨干深入一线了解乡村教师队伍建设的情况。

　　通过调研，接触到了与以往完全不同性质的工作和群体，陌生的工作领域既让我有压力又让我充满了激情，每次调研所看到的、所听到都能让我有深深的感触。回想 2019 年我全程参与吴桂英副省长交办我院的"稳定基层教师队伍建设对策"智库课题研究与调研活动。5 月中旬，我带领第二调研小组按照总课题研究工作计划，先后赴益阳的安化县、南县，常德的安乡县、桃源县和张家界市的慈利县，开展了为期 9 天的实地调研，召开座谈会 5 次，查看学校 11 所，访谈校长、教师 500 多人。在调研中我们了解到基层教师数量不足、学科结构不合理、工资待遇不高、性别结构不合理、年轻教师找对象难等现状。我们了解到乡村教师性别严重失衡。又如，桃源县早几年招聘教师 1924 名，男女比例约为 1：6，全县还有 900 多名女教师未婚；南县男女比例为 1：1.6，新入职教师 90% 为女教师，女教师很难找到合适的对象；安乡县招聘的教师中，男性教师占比不足 10%，造成教师性别比例严重失调。当了解到这些情况时，我深深地感受到了我们乡村教师的敬业、坚守与不易。也感悟到，我现在的工作非常有意义，它能让我脚踏实地深入基层，深入学校了解一线教师的真实情况，这为我做教育教学研究提供了有血有肉的素材，所撰写的报告与论文不再苍白、空洞、脱离实际。通过几年的磨砺与沉淀与积累，近几年我参与了撰写智库研究报告和年度报告的工作，所参与撰写的研究报告被评为不同等级的获奖成果。近些年撰写了十几篇关于乡村美育教师队伍建设的学术论文，这些论文分别被 CSSCI 核心期刊、武大核心期刊、省级期刊刊发，有的被人大复印资料全文转发，在自己的努力下取得了一定的科研成果，我将继续朝着美育教育这个方向去研究我们的乡村教师队伍建设。

2020 年，陈波涌副所长主持了湖南省教育科学"十三五"规划重点资助课题"新时代乡村教师发展诉求研究"的课题研究。研究成果专著出版后，我认真地拜读了她的专著，感觉她的这种研究方式非常好，比较接地气，比以往纯理论性研究更具有特色，内容更丰富，人物形象更立体饱满。这种叙事研究方式给了我很大的启发。工作之余，我和陈老师聊天时说："这种叙事研究方法很好，很想借鉴学习，希望有机会以这种方式去研究美育方面的课题，争取我们所的每位同志根据自己的专业特点研究出一系列的成果。"她鼓励我说："你的这个想法非常好，可以早点行动起来进行研究，研究虽然苦但是当成果呈现在自己面前时，你会感到非常欣慰，觉得自己的付出是值得的，只要付出了时间和心血，水到渠成，成果在不知不觉中就形成了，回过头看做研究也不是那么苦那么难了。"在陈老师的鼓励下，我于 2022 年 10 月份开始组建研究团队，研究内容确定好后，通过知名教授、专家、教研员的推荐，我们在全省范围内开始遴选研究对象，综合考虑到年龄、性别、户籍、进入教师队伍渠道、所在学校类型、学科、学段、职称、职务、教育教学特色等方面的因素，最终确定了10位中小学音乐、美术教师作为研究对象开展研究。与研究对象取得联系后，对他们进行了跟踪采访调研，反复沟通交流时间长达半年之久。通过对他们的成长和专业发展的经历来深度挖掘他们的教育教学故事，搜集整理中小学美育教师专业发展现状、存在的问题以及基本诉求，分析提出解决中小学美育教师专业发展策略与建议。为了使这个研究项目落地，2023年3月份我申报了湖南省教育科学"十四五"规划2023年度专项课题，课题名称为"乡村中小学美育教师专业发展研究"，这个课题成功立项（课题编号：XJK23BJSF028），自此这个研究项目也有了一定的经费支撑，这便是我研究这个项目的缘起和过程。在此，需特别说明的是该著作为"乡村中小学美育教师专业发展研究"专项课题研究的阶段性成果。

这10位教师成长的故事及专业发展经历在专著中已经呈现，不在此一一赘述。他们的故事记录了中小学美育教师在促进美育专业发展所做出的努力与奉献，在他们的引领下，我们身边出现了一大批知识结构全面、专业素养高、基本技能技巧过硬、思想品德好的教师。也感谢他们默默无闻地推动我省美育教师专业的发展，在此向他们致以崇高的敬意。经过一年的努力研究，研究成果即将呈现。经过探讨反复斟酌，最终将专著书名定为《乡村中小学美育教师专业发展叙事研究》。

这部书稿是课题组集体智慧的结晶。首先要感谢接受课题组邀请，参与研究的10位音乐、美术教师。教师们肩负着管理、教研、教学等工作，他们平时工作忙任务繁重，在研究过程中，积极配合分享交流他们的成长故事和教育教学的成功案例。叙事研究时间长，10位教师尽他们所能为课题组提供有价值的素材。使得研究项目按照预期的时间、目标、效果顺利推进，感谢他们为此次研究付出的心血！其次要感谢我院美术教研员朱小林老师，湖南第一师范学院廖小芒教授的推荐，使课题组成员顺利组合，顺利地找到了6位音乐教师和4位美术教师作为我们研究的对象，这10位教师在美育教育教学方面各有特色，使得我们的研究更具有创新和特点，研究对象还成了本课题组成员，感谢他们为本研究的付出。我还要特别感谢课题组成员廖小芒、刘雨宜、罗莎为课题立项出谋划策，收集整理资料，修改文稿，是他们的付出为本专著奠定了坚实的基础。我还要感谢湖南第一师范学院音乐与舞蹈学院的王文君教授，研究生凌安婕、窦欢同学，他们承担了为本专著收集资料、查找文献、访谈研究对象、收集10位案主的感人故事及他们专业成长的相关素材、稿件整理等工作。尤其是廖小芒教授协助我带领课题组全体人员全程参与课题的研讨论证，对研究工具、全书框架提出了自己的见解和宝贵的意见。感谢上述专家、教授、课题组成员、在校研究生们，牺牲了大量的休息时间，正是他们辛勤的付出，是他们花费了大量的精力才使研究成果得以呈现。

在一次又一次地斟酌、修改与校对后，我们终于交出了这部书稿。这是我第一次采用叙事研究的方法来撰写专著，难免青涩，学术高度不够，但也正是因为"第一次"，我拿出了百分百的热忱与专注，希望它能丰富美育教师的研究资料，帮助中小学美育教师实现他们的诉求，并为美育教育、"新时代基础教育强师计划"、乡村振兴贡献出我们教育科研人员的力量。最后，特别感谢湖南师范大学出版社的大力支持，感谢他们细心专业的编辑与校对，保障了本书的顺利出版。囿于笔者的研究阅历与学术水平，书中难免有不当与不足之处，敬请读者们批评指正。

肖 辉
2023 年 7 月 20 日于教育街